U0628172

第一部分　学习工作单

学习工作单1

课程：_____　姓名：_____　学号：_____　日期：_____

| 项　目1：　发动机电控系统总体认识 | 车　　型：_____ |
| 任　务1：　发动机电控系统主要元件识别 | 总成型号：_____ |

序号	元件名称	安装位置	功能简介
1	空气流量计		
2	节气门控制组件		
3	进气温度传感器		
4	1～4缸喷油器		
5	燃油泵		
6	油泵保险丝		
7	油泵继电器		
8	活性炭罐电磁阀		
9	转速传感器		
10	霍耳传感器		
11	氧传感器		
12	水温传感器		
13	1、2号爆震传感器		
14	电控单元（ECU）		
15	ECU电源保险丝		
16	点火线圈		
17	分缸线		
18	火花塞		

学习工作单2

课程：＿＿＿＿＿＿＿＿　　姓名：＿＿＿＿＿　学号：＿＿＿＿＿　　日期：＿＿＿＿＿＿

| 项　目1：　发动机电控系统总体认识　　　　　　车　　型：＿＿＿＿＿＿ |
| 任　务2：发动机电控元件线束插接器拆装与线束通 |
|　　　　　　断性测量　　　　　　　　　　　　　　总成型号：＿＿＿＿＿＿ |

测量步骤	测量项目		测量部位		额定值/Ω	测量结果/Ω
			ECU 插头端子号	组件插头端子号		
1	至空气流量计（G70）		11	4	＜0.5	
			12	3	＜0.5	
			13	5	＜0.5	
2	节气门控制组件（J338）	至节气门定位器（V60）	66	1	＜1	
			59	2	＜1	
		至怠速开关（F60）	69	3	＜0.5	
		至节气门电位计（G69）	62	4	＜0.5	
			75	5	＜0.5	
		至怠速开关（F60）	67	7	＜0.5	
		至节气门定位电位计（G88）	74	8	＜0.5	
3	至水温传感器（G62）		67	1	＜1	
			53	3	＜0.5	
4	至进气温度传感器（G72）		54	1	＜0.5	
			67	2	＜1	
5	至发动机转速传感器（G28）		搭铁点	1	＜0.5	
			63	2	＜0.5	
			56	3	＜0.5	
6	至氧传感器（G39）		熔丝 S30	1	通	
			27	2	＜20	
			25	3	＜1.5	
			26	4	＜1.5	

目 录

目　录

（续）

测量步骤	测量项目	测量部位		额定值/Ω	测量结果/Ω
		ECU 插头端子号	组件插头端子号		
7	至点火线圈（N152）	搭铁点	4	通	
		78	3	<0.5	
		71	1	<0.5	
8	至霍尔传感器（G40）	62	1	<0.5	
		76	2	<0.5	
		67	3	<1	
9	至活性炭罐电磁阀（N80）	15	2	<0.5	
		熔丝 S30	1	通	
10	至爆震传感器（G61）	68	1	<0.5	
		67	2	<1	
		2	3	<0.5	
11	至爆震传感器（G66）	60	1	<0.5	
		67	2	<1	
		2	3	<0.5	
12	至一缸喷油器（N30）	73	2	<1	
13	至二缸喷油器（N31）	80	2	<1	
14	至三缸喷油器（N32）	58	2	<1	
15	至四缸喷油器（N33）	65	2	<1	

测量操作要点总结：

学习工作单3

课程：_____ 姓名：_____ 学号：_____ 日期：_____

	项 目 1：_____发动机电控系统总体认识_____ 任 务 3：_____常用拆装工量具、维修手册、检测设备的认 识和使用_____		车 型：_____ 总成型号：_____	
常用拆装工量具功能认识	序号	工量具名称	功能与使用	备注
	1			
	2			
	3			
	4			
	5			
	6			
	7			
	8			
	9			
	10			
维修手册的功能和使用	序号	主要功能	使用说明	备注
	1			
	2			
	3			
	4			
	5			

（续）

	序号	设备名称	主要功能	发动机及点火开关状态	连接位置	备注
常用检测设备的功能与使用	1	万用表				示范操作
	2	诊断仪				示范操作
	3	示波器				
	4	尾气分析仪				
	5	油压表				
	6	真空表				
	7	红外线测温仪				

任务学习总结：

学习工作单 4

课程：＿＿＿＿＿＿＿＿　姓名：＿＿＿＿＿＿　学号：＿＿＿＿＿＿　日期：＿＿＿＿＿＿

	项　目 2：　喷油器的拆装及检修	车　型：＿＿＿＿＿＿
	任　务 1：　喷油器拆装与更换	总成型号：＿＿＿＿＿＿

1. 喷油器拆装步骤

2. 喷油器拆装与更换注意事项

学习工作单 5

课程：_____ 姓名：_____ 学号：_____ 日期：_____

	项 目 2：__喷油器的拆装及检修_____ 任 务 2：__喷油器清洗_____	车 型：_____ 总成型号：_____

1. 简单介绍喷油器清洗仪的主要功能。

2. 简述使用喷油器清洗仪对多个喷油器进行自动检测清洗、反冲清洗和超声波清洗的操作步骤。

学习工作单6

课程：＿＿＿＿＿＿＿ 姓名：＿＿＿＿ 学号：＿＿＿＿ 日期：＿＿＿＿

| | 项 目2：喷油器的拆装及检修 | | | 车 型：＿＿＿＿ | |
| 任 务3：喷油器检测 | | | | 总成型号：＿＿＿＿ | |

序号	检测项目	检测仪器	发动机和点火开关状态	检测结果	分析结果
1	电阻				
2	电压				
3	喷油波形				
4	喷油时间				
5	故障码				
6	最终控制诊断				
7	喷油器密封性				

喷油器检测的操作要点总结：

学习工作单7

课程: _____ 姓名: _____ 学号: _____ 日期: _____

	项 目2: 喷油器的拆装及检修				车 型: _____	
	任 务3: 喷油器或其线路异常故障的检测与排除				总成型号: _____	

序号	操作步骤	内容记录				备注
1	发动机故障现象					
2	检测项目	1	电阻			
		2	电压			
		3	喷油波形			
		4	喷油时间			
		5	故障码			
		6	最终控制诊断			
		7	喷油器密封性			
3	分析思路					
4	排除故障					
5	验证排除结果					

学习工作单 8

课程：＿＿＿＿＿＿＿＿＿　姓名：＿＿＿＿＿　学号：＿＿＿＿＿　日期：＿＿＿＿＿

	项　目 3：　供油不正常故障的检修与诊断	车　　型：＿＿＿＿＿
	任　务 1：　油压测试	总成型号：＿＿＿＿＿

序号	检测项目	发动机状态	检测结果	分析结果	备注
1	系统油压	怠速			
2	加速油压	急加速后稳定节气门开度			
3	全负荷油压	节气门全开			
4	大气压作用下油压	拔掉油压调节器真空管			
5	最高油压	夹住油压调节器回油管			
6	残余油压	熄火，过 10min 后			

油压测试操作要点总结：

学习工作单 9

课程: _____ 姓名: _____ 学号: _____ 日期: _____

	项 目 3: 供油不正常故障的检修与诊断		车 型: _____		
	任 务 2: 供油系统主要元件的拆装与检测		总成型号: _____		

序号	检测项目		检测仪器	发动机和点火开关状态	检测结果	分析结果
1	油泵电机	电阻				
		电压				
2	油泵保险丝导通状态					
3	油泵继电器	线圈电阻				
		开关				
		故障码				
4	炭罐电磁阀	电阻				
		电压				
5	最终控制诊断	油泵				
		油泵保险丝				
		油泵继电器				
		炭罐电磁阀				

学习工作单10

课程：＿＿＿＿＿＿＿＿＿　姓名：＿＿＿＿＿＿　学号：＿＿＿＿＿＿　日期：＿＿＿＿＿＿

	项 目3：　供油不正常故障的检修与诊断＿＿＿＿＿＿			车　　型：＿＿＿＿＿＿
	任 务3：　供油油压不足故障的检测与排除＿＿＿＿＿＿			总成型号：＿＿＿＿＿＿

序号	操作步骤	内容记录			备注
1	发动机故障现象				
2	检测项目	1	检测系统油压		
		2	最终控制诊断		
		3	故障码		
		4	油泵保险丝		
		5	油泵继电器		
		6	油泵电阻/电压		
3	分析思路				
4	排除故障				
5	验证排除结果				

学习工作单11

课程: _____ 姓名: _____ 学号: _____ 日期: _____

	项 目4: 进排气系统故障的检修与诊断		车 型: _____	
	任 务1: 真空度检测		总成型号: _____	

序号	发动机工况	测量结果	分析结果	备注
1	发动机起动过程中			
2	发动机正常怠速时			
3	发动机稳定在 2000r/min 时			
4	发动机2000r/min时部分堵塞排气管			
5	油门快速踩下和松开时			
6	切断某缸工作时			
7	拔掉某真空管时			
8	部分堵塞进气管时			

真空度检测操作要点总结:

学习工作单 12

课程：_____ 姓名：_____ 学号：_____ 日期：_____

	项　目 4：　进排气系统故障的检修与诊断	车　　型：_____
	任　务 2：　进气系统主要元件的拆装与修复	总成型号：_____

1. 对节气门进行匹配操作的应用场合

2. 对节气门进行匹配前的操作要求

3. 对节气门进行匹配的操作步骤

学习工作单 13

课程：＿＿＿＿＿＿＿＿＿＿　姓名：＿＿＿＿＿＿　学号：＿＿＿＿＿＿　日期：＿＿＿＿＿＿

	项　目 4：　进排气系统故障的检修与诊断		车　　型：＿＿＿＿＿＿
	任　务 3：　进排气系统重要数据流检测		总成型号：＿＿＿＿＿＿

序号	检测项目	发动机工况	检测结果	分析结果	备注
1	进气量	怠速			
		2000r/min			
2	节气门开度	怠速			
		2000 r/min			
		熄火，点火开关ON，节气门全关～全开			
3	氧传感器信号	怠速			
		2000r/min			
4	λ 调节值	怠速			
		2000r/min			

数据流检测及分析学习体会：

学习工作单 14

课程：＿＿＿＿＿＿＿、＿＿＿＿＿＿＿　姓名：＿＿＿＿＿＿　学号：＿＿＿＿＿＿　日期：＿＿＿＿＿＿

| 项　目 4： | 进排气系统故障的检修与诊断 | 车　　型：＿＿＿＿＿＿＿ |
| 任　务 4： | 进排气系统故障的检测与排除 | 总成型号：＿＿＿＿＿＿＿ |

序号	操作步骤	内容记录			备注
1	发动机故障现象				
2	重要数据流状态（怠速时）	真空度			
		进气量			
		节气门开度			
		氧传感器信号			
		λ 调节值			
3	检测项目	序号	主要位置	检测方法	检测结果
		1	空气滤清器			是否堵
		2	排气管			是否堵
		3	进气软管		
		4	油压调节器真空管		
		5	PCV 管		
		6	活性炭罐真空管		
		7	节气门体前后连接管		
		8	喷油器安装座孔		
		9	进气歧管垫片		
4	分析思路				
5	排除故障				
6	验证排除结果				

学习工作单15

课程：＿＿＿＿＿＿＿＿＿＿　姓名：＿＿＿＿＿＿　学号：＿＿＿＿＿＿　日期：＿＿＿＿＿＿

	项　目5：　燃油喷射系统电控元件检测　＿＿＿＿＿＿＿＿＿＿ 任　务1：　电子控制系统主要元件的拆装　＿＿＿＿＿＿＿＿＿	车　　型：＿＿＿＿＿＿＿ 总成型号：＿＿＿＿＿＿＿

列出电子控制系统主要元件及对应拆装工具。

学习工作单16

课程：＿＿＿＿＿＿＿＿＿　姓名：＿＿＿＿＿＿　学号：＿＿＿＿＿＿　日期：＿＿＿＿＿＿

| 项　目5： | 燃油喷射系统电控元件检测 | | | 车　　型： | ＿＿＿＿＿ | |
| 任　务2： | 主要电控元件检测 | | | 总成型号： | ＿＿＿＿＿ | |

序号	检测元件	检测项目		检测仪器	发动机和点火开关状态		检测结果	分析结果
1	空气流量计（G70）	1	供电电压					
		2	参考电压					
		3	进气流量					
		4	故障代码					
		5	波形					
2	节气门控制组件（J338）	1	供电电压					
		2	节气门电位计 G69 信号电压	KOEO	怠速			
					全负荷			
					怠速～全负荷			
		3	节气门开度数据流					
		4	怠速开关 F60	KOEO	怠速			
					非怠速			
		5	节气门定位器 V60					
		6	故障代码					
		7	节气门开度信号波形					
3	水温传感器	1	供电电压					
		2	电阻阻值					

（续）

序号	检测元件	检测项目		检测仪器	发动机和点火开关状态	检测结果	分析结果
3	（G62）	3	水温数据流				
		4	故障代码				
4	进气温度传感器（G72）	1	供电电压				
		2	电阻阻值				
		3	进气温度数据流				
		4	故障代码				
5	氧传感器及其加热器（G39）	1	氧信号数据流				
		2	加热器供电电压				
		3	加热器电阻阻值				
		4	故障代码				
		5	波形				
6	转速传感器（G28）	1	电阻阻值				
		2	发动机转速数据流				
		3	故障代码				
		4	波形				
7	霍尔传感器（G40）	1	供电电压				
		2	故障代码				
		3	波形				
8	电控单元（J220）	1	供电电压				
		2	搭铁				

学习工作单 17

课程：＿＿＿＿＿＿＿＿　　姓名：＿＿＿＿＿　　学号：＿＿＿＿＿　　日期：＿＿＿＿＿

	项　目5：　燃油喷射系统电控元件检测	车　　型：＿＿＿＿＿
	任　务3：　ECU 匹配	总成型号：＿＿＿＿＿

1. 给新发动机控制单元设定编码

2. 防盗系统控制单元与发动机控制单元自适应匹配

3. 进行节气门控制单元 J338 的自适应匹配

学习工作单 18

课程：_____ 姓名：_____ 学号：_____ 日期：_____

	项 目 5：__燃油喷射系统电控元件检测__	车 型：_____
	任 务 4：__燃油喷射系统故障的检测与排除__	总成型号：_____

序号	操作步骤	内容记录	备注
1	发动机故障现象		
2	故障码记录		

序号	操作步骤	序号	数据流	检测结果	参考范围	备注
3	重要数据流状态（怠速时）	1	发动机转速			
		2	节气门开度			
		3	进气量			
		4	喷油时间			
		5	氧信号			
		6	水温			
		7	进气温度			
		8	λ 调节值			

（续）

序号	操作步骤	内容记录				备注
4	检测项目	序号	主要位置	检测方法	检测结果	
		1				
		2				
		3				
		4				
		5				
5	分析思路					
6	排除故障					
7	验证排除结果					

学习工作单 19

课程：_____　姓名：_____　学号：_____　日期：_____

	项　目6：　点火系统故障的检修与诊断	车　　型：_____
	任　务1：　点火波形测试与分析	总成型号：_____

1. 检测次级点火波形时，示波器的连接使用步骤

2. 标准的次级点火波形及关键参数分析

学习工作单 20

课程：＿＿＿＿＿＿＿＿　姓名：＿＿＿＿＿＿　学号：＿＿＿＿＿＿　日期：＿＿＿＿＿＿

项　目 6：　点火系统故障的检修与诊断	车　　型：＿＿＿＿＿＿
任　务 2：　废气测试与分析	总成型号：＿＿＿＿＿＿

1．废气分析仪的连接与使用步骤

2．废气检测结果及分析（与标准值比较）

学习工作单 21

课程: _____ 姓名: _____ 学号: _____ 日期: _____

	项 目6: <u>点火系统故障的检修与诊断</u>	车 型: _____
	任 务3: <u>点火系统主要元件拆装与检测</u>	总成型号: _____

1. 火花塞的拆装步骤及要求

2. 次级点火线圈的电阻检测和结果分析

3. 单缸跳火试验的操作步骤及要求

学习工作单22

课程：＿＿＿＿＿＿＿＿　　姓名：＿＿＿＿＿　　学号：＿＿＿＿＿　　日期：＿＿＿＿＿

项　目6：　点火系统故障的检修与诊断	车　　型：＿＿＿＿＿＿
任　务4：　点火系统故障的检测与排除	总成型号：＿＿＿＿＿＿

序号	操作步骤	内容记录				备注
1	发动机故障现象					
2	故障码记录					
3	重要数据流状态（怠速时）	序号	数据流	检测结果	参考范围	
		1	发动机转速			
		2	氧信号			
		3	点火提前角			
		4	喷油时间			
		5	节气门开度			
		6	进气量			
		7	尾气分析仪检测项目	HC		
				CO		
				O_2		
				CO_2		
		8	其他			

（续）

序号	操作步骤	内容记录				备注
4	检测项目	序号	主要位置	检测方法	检测结果	
		1				
		2				
		3				
		4				
		5				
5	分析思路					
6	排除故障					
7	验证排除结果					

学习工作单 23

课程：_____ 姓名：_____ 学号：_____ 日期：_____

项　目 7:	发动机电控系统常见故障检修	车　型：_____
任　务 1:	发动机不能起动故障检测与排除	总成型号：_____

序号	操作步骤	记录内容				备注
1	故障现象描述					
2	基础性检查		检查项目		检查结论	
		1	蓄电池指示灯			
		2	发动机故障指示灯			
		3	油量指示表			
		4	电控元件线束插接器			
		5	分缸线连接			
		6	其它			
3	分析诊断		检测项目	元件位置	检测方法	检测结果
		1	故障码	—		
		2	ECU 电源保险丝			
		3	油泵保险丝			
		4	油泵继电器			
		5	油泵线束接头			
		6	油泵搭铁线			
		7	转速传感器			
		8	喷油器保险丝			
		9	其它			
4	排除故障					
5	验证故障排除结果					
6	故障诊断与排除思路分析					

学习工作单 24

课程：_____ 姓名：_____ 学号：_____ 日期：_____

	项　目 7：　发动机电控系统常见故障检修	车　　型：_____
	任　务 2：　发动机怠速不稳故障检测与排除	总成型号：_____

序号	操作步骤	内容记录			备注
1	发动机故障现象				
2	故障码记录				
3	重要数据流状态（怠速时）	序号	数据流	检测结果	参考范围	
		1	发动机转速			
		2	喷油时间			
		3	进气量			
		4	节气门开度			
		5	氧信号			
		6	水温			
		7	进气温度			
		8	尾气分析仪检测项目	HC		
				CO		
				O_2		
				CO_2		
		9	真空度			
		10	油压			

（续）

序号	操作步骤	内容记录				备注
		序号	主要位置	检测方法	检测结果	
4	检测项目	1				
		2				
		3				
		4				
		5				
5	排除故障					
6	验证排除结果					
7	故障诊断与排除思路分析					

学习工作单 25

课程: _____ 姓名: _____ 学号: _____ 日期: _____

	项 目 8: 考核与报告	车 型: _____
	考核任务: 发动机电控系统故障诊断排除	总成型号: _____

故障现象	
故障代码	

主要数据流				

诊断思路及故障原因分析:

确定故障点	

第二部分 学习报告样例

学习报告（样例）

学习模块：×××发动机电控系统检测与诊断

系　　部：_____×××××××_____

专业名称：_____×××××××_____

班　　级：_____×××××_____　学　号：_____××_____

姓　　名：_____×××××××_____

指导教师：_____×××××××_____

完成时间：_____年_____月_____日

目　录（样例）

奥迪 FSI 发动机电控系统
检测与诊断（样）

（正文小二黑体加粗居中）

一、奥迪 FSI 发动机电控系统结构与原理（一级标题一、二……，黑体，四号，顶格）

（一）燃油喷射系统（二级标题，黑体，小四，首行缩进2个字符）

　　燃油直喷汽油发动机由一个可按需要调节的燃油泵来供油。这种按需要来调节的装置是为了降低燃油泵所消耗的电能，从而节省燃油。燃油泵只供应发动机所需要的燃油量，这个燃油量是根据规定的系统压力得出的。这个过程由发动机控制单元和一个电子功率控制装置来完成。这个电子功率控制装置通过脉冲宽度调制来调节燃油泵的转速，工作示意图如图1所示。（正文小四，宋体，行间距1.5倍）

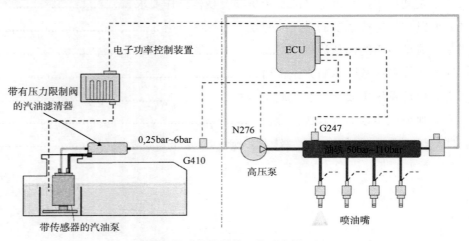

图1　燃油供给系统工作示意图

（五号黑体居中，图要标号加说明文字）

　　A4 2.0T FSI 发动机燃料供给系统的工作原理，如图2所示。燃油压力是由一个单活塞高压泵经燃油计量阀建立起来的，然后再经燃油分配管输送到四个高压喷油阀上。在低压系统中采用电动燃油泵给高压泵供应压力约为 6bar 的燃油，在高压系统中燃油压力约为50～110bar（取决于负荷和转速），过压阀是用来保护高压部件的，该阀在压力超过120bar时打开。

　　1．单活塞高压泵（三级标题，宋体，小四，首行缩进2个字符）

　　单活塞高压泵由凸轮轴以机械方式来驱动，电动燃油泵给高压泵预供油，预供油压力约为6bar。高压泵产生燃油轨内所需要的压力，压力缓冲器会吸收高压系统内的压力波动。

　　1）压力建立

　　××，××，如表1所示。

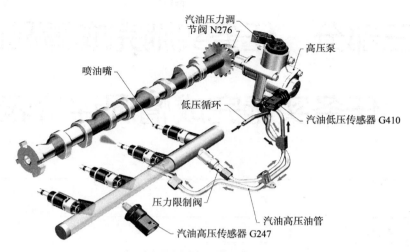

图 2 燃油供给系统的工作原理图

表 1 单活塞高压泵的性能参数（五号黑体顶格，表要标号加说明文字）

××。

参考文献（参考文献单独做一页，一级标题，顶格）

[1]　张福德. 新款奥迪 A4 轿车 2.0T FSI 发动机结构与功能[M]. 北京：清华大学出版社，2005.

（正文，楷体 GB2312，小四）

[2]　肖金秀，张德军. 汽车电子控制系统原理与检修[M]. 北京：机械工业出版社，2006.

[3]　张德军. 奥迪轿车故障排除四例[J]. 汽车与配件，2007.

[4]　钟秀斌. 奥迪电路故障两例[J]. 互联网周刊，2008.

第三部分 任务实施完成情况评价表

任务实施完成情况评价表1

姓名			学号		分值	自评	互评	师评
序号	观察点		评分标准					
1	学习态度		遵守纪律，不迟到、不早退、不高声说话、不串岗		10			
			在任务实施过程中表现出积极性、主动性和发挥作用					
2	学习方法		运用各种资料提取信息进行学习，获得新知识		2			
			在任务实施过程中发现问题、分析问题和解决问题		3			
			认真分析学习工作单		3			
			资料归档完整（收集资料、计划方案、学习工作单）		2			
3	任务实施完成情况		能正确找出学习工作单1中所列发动机电控系统主要元件的安装位置		25			
			能熟练叙述学习工作单1中所列发动机电控系统主要元件的功能		25			
			学习工作单填写是否正确完整		20			
4	职业素养		团队关系融洽，共同制定计划方案		2			
			发现问题协商解决，认真对待他人意见		2			
			主动沟通，语言表达流利		2			
			具备安全防护与环保意识		2			
			做好5S（整理、整顿、清扫、清洁、自律）		2			
总 计					100			
权 重						20%	30%	50%
得 分								

任务实施完成情况评价表 2

姓名		学号		分值	自评	互评	师评
序号	观察点	评分标准					
1	学习态度	遵守纪律，不迟到、不早退、不高声说话、不串岗		10			
		在任务实施过程中表现出积极性、主动性和发挥作用					
2	学习方法	运用各种资料提取信息进行学习，获得新知识		2			
		在任务实施过程中发现问题、分析问题和解决问题		3			
		认真分析学习工作单		3			
		资料归档完整（收集资料、计划方案、学习工作单）		2			
3	任务实施完成情况	能规范、熟练拆装学习工作单 2 中涉及到的电控元件线束插接器		20			
		能规范使用万用表测量电控元件线束通断性		15			
		能用正确的方法测量学习工作单 2 中涉及到的电控元件线束		20			
		学习工作单填写是否正确完整		15			
4	职业素养	团队关系融洽，共同制定计划方案		2			
		发现问题协商解决，认真对待他人意见		2			
		主动沟通，语言表达流利		2			
		具备安全防护与环保意识		2			
		做好 5S（整理、整顿、清扫、清洁、自律）		2			
总 计				100			
权 重					20%	30%	50%
得 分							

任务实施完成情况评价表 3

姓名		学号		分值	自评	互评	师评
序号	观察点		评分标准				
1	学习态度	遵守纪律，不迟到、不早退、不高声说话、不串岗		10			
		在任务实施过程中表现出积极性、主动性和发挥作用					
2	学习方法	运用各种资料提取信息进行学习，获得新知识		2			
		在任务实施过程中发现问题、分析问题和解决问题		3			
		认真分析学习工作单		3			
		资料归档完整（收集资料、计划方案、学习工作单）		2			
3	任务实施完成情况	能熟悉实验室提供常用拆装工量具的功能和使用要求		10			
		能熟悉实验室发动机型号对应维修手册的功能和使用方法		10			
		能熟悉万用表、诊断仪、示波器、尾气分析仪、油压表、真空表、红外线测温仪等检测设备的功能和使用方法		20			
		能规范使用万用表和诊断仪进行基本检测		20			
		学习工作单填写是否正确完整		10			
4	职业素养	团队关系融洽，共同制定计划方案		2			
		发现问题协商解决，认真对待他人意见		2			
		主动沟通，语言表达流利		2			
		具备安全防护与环保意识		2			
		做好 5S（整理、整顿、清扫、清洁、自律）		2			
总　计				100			
权　重					20%	30%	50%
得　分							

任务实施完成情况评价表 4

姓名			学号		分值	自评	互评	师评
序号	观察点		评分标准					
1	学习态度		遵守纪律，不迟到、不早退、不高声说话、不串岗		10			
			在任务实施过程中表现出积极性、主动性和发挥作用					
2	学习方法		运用各种资料提取信息进行学习，获得新知识		2			
			在任务实施过程中发现问题、分析问题和解决问题		3			
			认真分析学习工作单		3			
			资料归档完整（收集资料、计划方案、学习工作单）		2			
3	任务实施完成情况		能掌握规范拆装喷油器的工艺步骤		15			
			能正确使用常用工量具和专用工具拆装实验室提供发动机总成上喷油器		20			
			能正确说明喷油器拆装与更换的注意事项		20			
			学习工作单填写是否正确完整		15			
4	职业素养		团队关系融洽，共同制定计划方案		2			
			发现问题协商解决，认真对待他人意见		2			
			主动沟通，语言表达流利		2			
			具备安全防护与环保意识		2			
			做好 5S（整理、整顿、清扫、清洁、自律）		2			
总　计					100			
权　重						20%	30%	50%
得　分								

任务实施完成情况评价表 5

姓名		学号		分值	自评	互评	师评
序号	观察点		评分标准				
1	学习态度		遵守纪律，不迟到、不早退、不高声说话、不串岗	10			
			在任务实施过程中表现出积极性、主动性和发挥作用				
2	学习方法		运用各种资料提取信息进行学习，获得新知识	2			
			在任务实施过程中发现问题、分析问题和解决问题	3			
			认真分析学习工作单	3			
			资料归档完整（收集资料、计划方案、学习工作单）	2			
3	任务实施完成情况		熟悉喷油器清洗仪的结构和功能	15			
			能正确阅读并使用实验室提供喷油器清洗仪使用说明书	15			
			能正确使用喷油器清洗仪对多个喷油器进行自动检测清洗、反冲清洗和超声波清洗等操作	25			
			学习工作单填写是否正确完整	15			
4	职业素养		团队关系融洽，共同制定计划方案	2			
			发现问题协商解决，认真对待他人意见	2			
			主动沟通，语言表达流利	2			
			具备安全防护与环保意识	2			
			做好 5S（整理、整顿、清扫、清洁、自律）	2			
总 计				100			
权 重					20%	30%	50%
得 分							

任务实施完成情况评价表 6

姓名		学号		分值	自评	互评	师评
序号	观察点		评分标准				
1	学习态度		遵守纪律，不迟到、不早退、不高声说话、不串岗	10			
			在任务实施过程中表现出积极性、主动性和发挥作用				
2	学习方法		运用各种资料提取信息进行学习，获得新知识	2			
			在任务实施过程中发现问题、分析问题和解决问题	3			
			认真分析学习工作单	3			
			资料归档完整（收集资料、计划方案、学习工作单）	2			
3	任务实施完成情况		能正确使用万用表检测喷油器电阻和电压，并分析结果	10			
			能正确使用示波器测出喷油器喷油波形，并分析结果	15			
			能正确使用诊断仪读取喷油时间和故障码，并分析结果	10			
			能正确使用最终控制诊断功能判断喷油器线路的好坏	10			
			能有效进行喷油器密封性检测，并分析结果	15			
			学习工作单填写是否正确完整	10			
4	职业素养		团队关系融洽，共同制定计划方案	2			
			发现问题协商解决，认真对待他人意见	2			
			主动沟通，语言表达流利	2			
			具备安全防护与环保意识	2			
			做好 5S（整理、整顿、清扫、清洁、自律）	2			
总　计				100			
权　重					20%	30%	50%
得　分							

任务实施完成情况评价表7

姓名		学号		分值	自评	互评	师评
序号	观察点		评分标准				
1	学习态度		遵守纪律，不迟到、不早退、不高声说话、不串岗	10			
			在任务实施过程中表现出积极性、主动性和发挥作用				
2	学习方法		运用各种资料提取信息进行学习，获得新知识	2			
			在任务实施过程中发现问题、分析问题和解决问题	3			
			认真分析学习工作单	3			
			资料归档完整（收集资料、计划方案、学习工作单）	2			
3	任务实施完成情况		能认真观察发动机故障现象	10			
			能正确检测并分析学习工作单7中所列检测项目	15			
			能结合发动机故障现象和相应检测项目结果，正确梳理故障分析思路	20			
			能正确确定故障部位，排除故障，并验证故障排除结果	15			
			学习工作单填写是否正确完整	10			
4	职业素养		团队关系融洽，共同制定计划方案	2			
			发现问题协商解决，认真对待他人意见	2			
			主动沟通，语言表达流利	2			
			具备安全防护与环保意识	2			
			做好5S（整理、整顿、清扫、清洁、自律）	2			
总 计				100			
权 重					20%	30%	50%
得 分							

任务实施完成情况评价表 8

姓名			学号		分值	自评	互评	师评
序号	观察点		评分标准					
1	学习态度		遵守纪律，不迟到、不早退、不高声说话、不串岗		10			
			在任务实施过程中表现出积极性、主动性和发挥作用					
2	学习方法		运用各种资料提取信息进行学习，获得新知识		2			
			在任务实施过程中发现问题、分析问题和解决问题		3			
			认真分析学习工作单		3			
			资料归档完整（收集资料、计划方案、学习工作单）		2			
3	任务实施完成情况		能按照规定的工艺正确连接三通管和油压表		20			
			能正确使用油压表测量学习工作单 8 所列油压		15			
			能正确分析学习工作单 8 所列油压检测结果		20			
			学习工作单填写是否正确完整		15			
4	职业素养		团队关系融洽，共同制定计划方案		2			
			发现问题协商解决，认真对待他人意见		2			
			主动沟通，语言表达流利		2			
			具备安全防护与环保意识		2			
			做好 5S（整理、整顿、清扫、清洁、自律）		2			
总　计					100			
权　重						20%	30%	50%
得　分								

任务实施完成情况评价表 9

姓名		学号		分值	自评	互评	师评
序号	观察点		评分标准				
1	学习态度	遵守纪律，不迟到、不早退、不高声说话、不串岗		10			
		在任务实施过程中表现出积极性、主动性和发挥作用					
2	学习方法	运用各种资料提取信息进行学习，获得新知识		2			
		在任务实施过程中发现问题、分析问题和解决问题		3			
		认真分析学习工作单		3			
		资料归档完整（收集资料、计划方案、学习工作单）		2			
3	任务实施完成情况	能正确使用万用表检测并判断油泵电机、油泵继电器、油泵保险丝和炭罐电磁阀的好坏		20			
		能正确使用诊断仪判断油泵继电器、油泵保险丝和炭罐电磁阀的好坏		30			
		学习工作单填写是否正确完整		20			
4	职业素养	团队关系融洽，共同制定计划方案		2			
		发现问题协商解决，认真对待他人意见		2			
		主动沟通，语言表达流利		2			
		具备安全防护与环保意识		2			
		做好 5S（整理、整顿、清扫、清洁、自律）		2			
总 计				100			
权 重					20%	30%	50%
得 分							

任务实施完成情况评价表 10

姓名		学号		分值	自评	互评	师评
序号	观察点		评分标准				
1	学习态度	遵守纪律，不迟到、不早退、不高声说话、不串岗		10			
		在任务实施过程中表现出积极性、主动性和发挥作用					
2	学习方法	运用各种资料提取信息进行学习，获得新知识		2			
		在任务实施过程中发现问题、分析问题和解决问题		3			
		认真分析学习工作单		3			
		资料归档完整（收集资料、计划方案、学习工作单）		2			
3	任务实施完成情况	能认真观察发动机故障现象		10			
		能正确检测并分析学习工作单 10 中所列检测项目		15			
		能结合发动机故障现象和相应检测项目结果，正确梳理故障分析思路		20			
		能正确确定故障部位，排除故障，并验证故障排除结果		15			
		学习工作单填写是否正确完整		10			
4	职业素养	团队关系融洽，共同制定计划方案		2			
		发现问题协商解决，认真对待他人意见		2			
		主动沟通，语言表达流利		2			
		具备安全防护与环保意识		2			
		做好 5S（整理、整顿、清扫、清洁、自律）		2			
总　计				100			
权　重					20%	30%	50%
得　分							

任务实施完成情况评价表11

姓名		学号		分值	自评	互评	师评
序号	观察点		评分标准				
1	学习态度	遵守纪律，不迟到、不早退、不高声说话、不串岗		10			
		在任务实施过程中表现出积极性、主动性和发挥作用					
2	学习方法	运用各种资料提取信息进行学习，获得新知识		2			
		在任务实施过程中发现问题、分析问题和解决问题		3			
		认真分析学习工作单		3			
		资料归档完整（收集资料、计划方案、学习工作单）		2			
3	任务实施完成情况	能按照规定的工艺正确连接真空压力表		15			
		能正确使用真空压力表测量学习工作单 11 所列项目真空度		20			
		能正确分析学习工作单 11 所列项目真空度检测结果		20			
		学习工作单填写是否正确完整		15			
4	职业素养	团队关系融洽，共同制定计划方案		2			
		发现问题协商解决，认真对待他人意见		2			
		主动沟通，语言表达流利		2			
		具备安全防护与环保意识		2			
		做好5S（整理、整顿、清扫、清洁、自律）		2			
总　计				100			
权　重					20%	30%	50%
得　分							

任务实施完成情况评价表 12

姓名			学号		分值	自评	互评	师评
序号	观察点		评分标准					
1	学习态度		遵守纪律，不迟到、不早退、不高声说话、不串岗		10			
			在任务实施过程中表现出积极性、主动性和发挥作用					
2	学习方法		运用各种资料提取信息进行学习，获得新知识		2			
			在任务实施过程中发现问题、分析问题和解决问题		3			
			认真分析学习工作单		3			
			资料归档完整（收集资料、计划方案、学习工作单）		2			
3	任务实施完成情况		能正确叙述对节气门进行匹配操作的应用场合		15			
			能正确叙述对节气门进行匹配前的操作要求		15			
			能正确对实验室提供的发动机进行节气门匹配操作，并简要叙述其操作步骤		25			
			学习工作单填写是否正确完整		15			
4	职业素养		团队关系融洽，共同制定计划方案		2			
			发现问题协商解决，认真对待他人意见		2			
			主动沟通，语言表达流利		2			
			具备安全防护与环保意识		2			
			做好 5S（整理、整顿、清扫、清洁、自律）		2			
总　计					100			
权　重						20%	30%	50%
得　分								

任务实施完成情况评价表 13

姓名			学号		分值	自评	互评	师评
序号	观察点		评分标准					
1	学习态度		遵守纪律，不迟到、不早退、不高声说话、不串岗		10			
			在任务实施过程中表现出积极性、主动性和发挥作用					
2	学习方法		运用各种资料提取信息进行学习，获得新知识		2			
			在任务实施过程中发现问题、分析问题和解决问题		3			
			认真分析学习工作单		3			
			资料归档完整（收集资料、计划方案、学习工作单）		2			
3	任务实施完成情况		能正确理解进气量、节气门开度、氧传感器信号和 λ 调节值对进排气系统故障诊断中的价值		15			
			能正确使用诊断仪检测学习工作单 13 所列项目		20			
			能正确分析学习工作单 13 所列项目检测结果		20			
			学习工作单填写是否正确完整		15			
4	职业素养		团队关系融洽，共同制定计划方案		2			
			发现问题协商解决，认真对待他人意见		2			
			主动沟通，语言表达流利		2			
			具备安全防护与环保意识		2			
			做好 5S（整理、整顿、清扫、清洁、自律）		2			
总 计					100			
权 重						20%	30%	50%
得 分								

任务实施完成情况评价表 14

姓名			学号		分值	自评	互评	师评
序号	观察点		评分标准					
1	学习态度		遵守纪律，不迟到、不早退、不高声说话、不串岗		10			
			在任务实施过程中表现出积极性、主动性和发挥作用					
2	学习方法		运用各种资料提取信息进行学习，获得新知识		2			
			在任务实施过程中发现问题、分析问题和解决问题		3			
			认真分析学习工作单		3			
			资料归档完整（收集资料、计划方案、学习工作单）		2			
3	任务实施完成情况		能认真观察发动机故障现象		10			
			能正确检测并分析学习工作单 14 中所列数据流		10			
			能正确检测并分析学习工作单 14 中所列检测项目		15			
			能结合发动机故障现象、数据流和检测项目结果，正确梳理故障分析思路		15			
			能正确确定故障部位，排除故障，并验证故障排除结果		10			
			学习工作单填写是否正确完整		10			
4	职业素养		团队关系融洽，共同制定计划方案		2			
			发现问题协商解决，认真对待他人意见		2			
			主动沟通，语言表达流利		2			
			具备安全防护与环保意识		2			
			做好 5S（整理、整顿、清扫、清洁、自律）		2			
总　计					100			
权　重						20%	30%	50%
得　分								

任务实施完成情况评价表 15

姓名		学号		分值	自评	互评	师评
序号	观察点		评分标准				
1	学习态度	遵守纪律，不迟到、不早退、不高声说话、不串岗		10			
		在任务实施过程中表现出积极性、主动性和发挥作用					
2	学习方法	运用各种资料提取信息进行学习，获得新知识		2			
		在任务实施过程中发现问题、分析问题和解决问题		3			
		认真分析学习工作单		3			
		资料归档完整（收集资料、计划方案、学习工作单）		2			
3	任务实施完成情况	熟悉实验室提供发动机燃油喷射系统电控元件及功能		20			
		能正确列出发动机电子控制系统主要元件及对应拆装工具		30			
		学习工作单填写是否正确完整		20			
4	职业素养	团队关系融洽，共同制定计划方案		2			
		发现问题协商解决，认真对待他人意见		2			
		主动沟通，语言表达流利		2			
		具备安全防护与环保意识		2			
		做好 5S（整理、整顿、清扫、清洁、自律）		2			
总　计				100			
权　重					20%	30%	50%
得　分							

任务实施完成情况评价表 16

姓名		学号		分值	自评	互评	师评
序号	观察点		评分标准				
1	学习态度	遵守纪律，不迟到、不早退、不高声说话、不串岗		10			
		在任务实施过程中表现出积极性、主动性和发挥作用					
2	学习方法	运用各种资料提取信息进行学习，获得新知识		2			
		在任务实施过程中发现问题、分析问题和解决问题		3			
		认真分析学习工作单		3			
		资料归档完整（收集资料、计划方案、学习工作单）		2			
3	任务实施完成情况	能正确使用万用表检测并分析学习工作单16所列对应项目		15			
		能正确使用诊断仪检测并分析学习工作单16所列对应项目		20			
		能正确使用示波器检测并分析学习工作单16所列对应项目		20			
		学习工作单填写是否正确完整		15			
4	职业素养	团队关系融洽，共同制定计划方案		2			
		发现问题协商解决，认真对待他人意见		2			
		主动沟通，语言表达流利		2			
		具备安全防护与环保意识		2			
		做好 5S（整理、整顿、清扫、清洁、自律）		2			
总　计				100			
权　重					20%	30%	50%
得　分							

任务实施完成情况评价表 17

姓名		学号		分值	自评	互评	师评
序号	观察点	评分标准					
1	学习态度	遵守纪律，不迟到、不早退、不高声说话、不串岗		10			
		在任务实施过程中表现出积极性、主动性和发挥作用					
2	学习方法	运用各种资料提取信息进行学习，获得新知识		2			
		在任务实施过程中发现问题、分析问题和解决问题		3			
		认真分析学习工作单		3			
		资料归档完整（收集资料、计划方案、学习工作单）		2			
3	任务实施完成情况	实验室所提供的发动机更换过新控制单元后，能正确使用诊断仪设定编码		20			
		能正确使用诊断仪进行防盗系统控制单元与发动机控制单元自适应匹配		20			
		能正确使用诊断仪进行节气门控制单元J338的自适应匹配		15			
		学习工作单填写是否正确完整		15			
4	职业素养	团队关系融洽，共同制定计划方案		2			
		发现问题协商解决，认真对待他人意见		2			
		主动沟通，语言表达流利		2			
		具备安全防护与环保意识		2			
		做好5S（整理、整顿、清扫、清洁、自律）		2			
总　计				100			
权　重					20%	30%	50%
得　分							

任务实施完成情况评价表 18

姓名		学号		分值	自评	互评	师评
序号	观察点		评分标准				
1	学习态度		遵守纪律,不迟到、不早退、不高声说话、不串岗	10			
			在任务实施过程中表现出积极性、主动性和发挥作用				
2	学习方法		运用各种资料提取信息进行学习,获得新知识	2			
			在任务实施过程中发现问题、分析问题和解决问题	3			
			认真分析学习工作单	3			
			资料归档完整(收集资料、计划方案、学习工作单)	2			
3	任务实施完成情况		能认真观察发动机故障现象	10			
			能正确检测并分析故障码和学习工作单 18 中所列数据流	15			
			能正确检测并分析学习工作单 18 中相关检测项目	10			
			能结合发动机故障现象、故障码、数据流和检测项目结果,正确梳理故障分析思路	15			
			能正确确定故障部位,排除故障,并验证故障排除结果	10			
			学习工作单填写是否正确完整	10			
4	职业素养		团队关系融洽,共同制定计划方案	2			
			发现问题协商解决,认真对待他人意见	2			
			主动沟通,语言表达流利	2			
			具备安全防护与环保意识	2			
			做好 5S(整理、整顿、清扫、清洁、自律)	2			
	总　计			100			
	权　重				20%	30%	50%
	得　分						

任务实施完成情况评价表 19

姓名		学号		分值	自评	互评	师评
序号	观察点	评分标准					
1	学习态度	遵守纪律，不迟到、不早退、不高声说话、不串岗		10			
		在任务实施过程中表现出积极性、主动性和发挥作用					
2	学习方法	运用各种资料提取信息进行学习，获得新知识		2			
		在任务实施过程中发现问题、分析问题和解决问题		3			
		认真分析学习工作单		3			
		资料归档完整（收集资料、计划方案、学习工作单）		2			
3	任务实施完成情况	能熟练使用示波器检测次级点火波形，规范示波器的连接和使用		25			
		能正确画出标准的次级点火波形并对关键参数进行分析		25			
		学习工作单填写是否正确完整		20			
4	职业素养	团队关系融洽，共同制定计划方案		2			
		发现问题协商解决，认真对待他人意见		2			
		主动沟通，语言表达流利		2			
		具备安全防护与环保意识		2			
		做好 5S（整理、整顿、清扫、清洁、自律）		2			
总　计				100			
权　重					20%	30%	50%
得　分							

任务实施完成情况评价表 20

姓名			学号		分值	自评	互评	师评
序号	观察点		评分标准					
1	学习态度		遵守纪律，不迟到、不早退、不高声说话、不串岗		10			
			在任务实施过程中表现出积极性、主动性和发挥作用					
2	学习方法		运用各种资料提取信息进行学习，获得新知识		2			
			在任务实施过程中发现问题、分析问题和解决问题		3			
			认真分析学习工作单		3			
			资料归档完整（收集资料、计划方案、学习工作单）		2			
3	任务实施完成情况		能熟练使用废气分析仪，规范尾气分析仪的连接和使用		25			
			能正确检测发动机废气，并参照标准值进行结果分析		25			
			学习工作单填写是否正确完整		20			
4	职业素养		团队关系融洽，共同制定计划方案		2			
			发现问题协商解决，认真对待他人意见		2			
			主动沟通，语言表达流利		2			
			具备安全防护与环保意识		2			
			做好 5S（整理、整顿、清扫、清洁、自律）		2			
总　计					100			
权　重						20%	30%	50%
得　分								

任务实施完成情况评价表 21

姓名		学号		分值	自评	互评	师评
序号	观察点		评分标准				
1	学习态度		遵守纪律，不迟到、不早退、不高声说话、不串岗	10			
			在任务实施过程中表现出积极性、主动性和发挥作用				
2	学习方法		运用各种资料提取信息进行学习，获得新知识	2			
			在任务实施过程中发现问题、分析问题和解决问题	3			
			认真分析学习工作单	3			
			资料归档完整（收集资料、计划方案、学习工作单）	2			
3	任务实施完成情况		能规范、熟练使用相关工具对火花塞进行拆装	20			
			能正确检测实验室提供发动机次级点火线圈的电阻，并进行结果分析	15			
			能规范、熟练对实验室提供发动机进行单缸跳火试验	20			
			学习工作单填写是否正确完整	15			
4	职业素养		团队关系融洽，共同制定计划方案	2			
			发现问题协商解决，认真对待他人意见	2			
			主动沟通，语言表达流利	2			
			具备安全防护与环保意识	2			
			做好5S（整理、整顿、清扫、清洁、自律）	2			
	总　计			100			
	权　重				20%	30%	50%
	得　分						

任务实施完成情况评价表 22

姓名		学号		分值	自评	互评	师评
序号	观察点		评分标准				
1	学习态度	遵守纪律，不迟到、不早退、不高声说话、不串岗		10			
		在任务实施过程中表现出积极性、主动性和发挥作用					
2	学习方法	运用各种资料提取信息进行学习，获得新知识		2			
		在任务实施过程中发现问题、分析问题和解决问题		3			
		认真分析学习工作单		3			
		资料归档完整（收集资料、计划方案、学习工作单）		2			
3	任务实施完成情况	能认真观察发动机故障现象		10			
		能正确检测并分析故障码和学习工作单 22 中所列数据流		15			
		能正确检测并分析学习工作单 22 中相关检测项目		10			
		能结合发动机故障现象、故障码、数据流和检测项目结果，正确梳理故障分析思路		15			
		能正确确定故障部位，排除故障，并验证故障排除结果		10			
		学习工作单填写是否正确完整		10			
4	职业素养	团队关系融洽，共同制定计划方案		2			
		发现问题协商解决，认真对待他人意见		2			
		主动沟通，语言表达流利		2			
		具备安全防护与环保意识		2			
		做好 5S（整理、整顿、清扫、清洁、自律）		2			
总　计				100			
权　重					20%	30%	50%
得　分							

任务实施完成情况评价表 23

姓名			学号		分值	自评	互评	师评
序号	观察点		评分标准					
1	学习态度		遵守纪律，不迟到、不早退、不高声说话、不串岗		10			
			在任务实施过程中表现出积极性、主动性和发挥作用					
2	学习方法		运用各种资料提取信息进行学习，获得新知识		2			
			在任务实施过程中发现问题、分析问题和解决问题		3			
			认真分析学习工作单		3			
			资料归档完整（收集资料、计划方案、学习工作单）		2			
3	任务实施完成情况		能认真观察并描述发动机故障现象		10			
			能规范对学习工作单 23 中所列项目进行基础性检查		10			
			能正确检测并分析学习工作单 23 中相关分析诊断项目		15			
			能正确确定故障部位，排除故障，并验证故障排除结果		10			
			能结合发动机故障现象和检测项目结果，正确梳理故障诊断与排除思路		15			
			学习工作单填写是否正确完整		10			
4	职业素养		团队关系融洽，共同制定计划方案		2			
			发现问题协商解决，认真对待他人意见		2			
			主动沟通，语言表达流利		2			
			具备安全防护与环保意识		2			
			做好 5S（整理、整顿、清扫、清洁、自律）		2			
总　计					100			
权　重						20%	30%	50%
得　分								

任务实施完成情况评价表 24

姓名		学号		分值	自评	互评	师评
序号	观察点		评分标准				
1	学习态度		遵守纪律，不迟到、不早退、不高声说话、不串岗	10			
			在任务实施过程中表现出积极性、主动性和发挥作用				
2	学习方法		运用各种资料提取信息进行学习，获得新知识	2			
			在任务实施过程中发现问题、分析问题和解决问题	3			
			认真分析学习工作单	3			
			资料归档完整（收集资料、计划方案、学习工作单）	2			
3	任务实施完成情况		能认真观察发动机故障现象	10			
			能正确检测并分析故障码和学习工作单 24 中所列数据流	15			
			能正确检测并分析学习工作单 24 中相关检测项目	10			
			能正确确定故障部位，排除故障，并验证故障排除结果	10			
			能结合发动机故障现象、故障码、数据流和检测项目结果，正确梳理故障诊断与排除思路	15			
			学习工作单填写是否正确完整	10			
4	职业素养		团队关系融洽，共同制定计划方案	2			
			发现问题协商解决，认真对待他人意见	2			
			主动沟通，语言表达流利	2			
			具备安全防护与环保意识	2			
			做好 5S（整理、整顿、清扫、清洁、自律）	2			
总　计				100			
权　重					20%	30%	50%
得　分							

任务实施完成情况评价表 25

姓名			学号		分值	得分
序号	观察点		评分标准			
1	态度端正		遵守纪律，不迟到、不早退、不高声说话、不串岗		10	
			在技能操作考核过程中服从教师的管理和组织安排			
2	技能考核完成情况		能认真观察发动机故障现象		5	
			能正确检测并分析故障码和学习工作单 25 中所列数据流		10	
			能正确检测并分析与排除该故障相关检测项目		10	
			能正确确定故障部位，排除故障，并验证故障排除结果		10	
			能结合发动机故障现象、故障码、数据流和检测项目结果，正确梳理故障诊断思路，并进行故障原因分析		10	
			学习工作单填写是否正确完整		5	
3	学习报告完成情况		学习报告能围绕主题和内容要求，独立完成，内容正确，质量良好		20	
			学习报告条理清晰，语句通顺，图表清晰，篇幅适当，符合参考格式要求，并提交 A4 纸打印稿		10	
4	职业素养		具备安全防护与环保意识		4	
			规范使用仪器设备		3	
			做好 5S（整理、整顿、清扫、清洁、自律）		3	
总　计					100	

图书在版编目（CIP）数据

汽车发动机电控系统维修 / 李贵炎主编. —2 版.
—北京：国防工业出版社，2016.9 重印
"十二五"职业教育国家规划教材
ISBN 978-7-118-09999-7

Ⅰ.①汽... Ⅱ.①李... Ⅲ. ①汽车－发动机－电子系
统－控制系统－维修－高等职业教育－教材 Ⅳ.
①U472.43

中国版本图书馆 CIP 数据核字(2015)第 019605 号

※

国防工业出版社 出版发行
（北京市海淀区紫竹院南路 23 号　邮政编码 100048）
天利华印刷装订有限公司印刷
新华书店经售
*
开本 787×1092　1/16　印张 4　字数 81 千字

2016 年 9 月第 2 版第 2 次印刷　印数 3001—6000 册　总定价 49.80 元

主教材 42.00 元
工作单：7.80 元

"十二五"职业教育国家规划教材

经全国职业教育教材审定委员会审定

汽车发动机电控系统维修
（第2版）

主　编　李贵炎

副主编　杨益明　游心仁

参　编　许新东　刘奕贯　李贵雄　邱　平　毛伟波

主　审　于开成

国防工业出版社

·北京·

内 容 简 介

　　本教材的框架以项目为单元进行构建，结合发动机电控系统的技能、知识和素质要求构建了 8 个大项目、24 个具体的学习任务。8 个项目分别为发动机电控系统总体认识、喷油器的拆装及检修、供油不正常故障的检修与诊断、进排气系统故障的检修与诊断、燃油喷射系统电控元件检测、点火系统故障的检修与诊断、发动机电控系统常见故障检修、考核与报告。本教材内容丰富，图文并茂，学习任务设计科学合理，训练技术实用性强，各项目和学习任务安排层次递进，符合初学者的认识规律。本书可作为高职高专类院校汽车检测与维修、汽车运用技术、汽车电子技术等专业的教材，也可作为中职学校汽车维修类相关专业教材，还可作为汽车维修企业技术人员的自学用书。

图书在版编目（CIP）数据

汽车发动机电控系统维修 / 李贵炎主编. —2 版.
—北京：国防工业出版社，2016.9 重印
"十二五"职业教育国家规划教材
ISBN 978-7-118-09999-7

Ⅰ.①汽… Ⅱ.①李… Ⅲ. ①汽车－发动机－电子系统－控制系统－维修－高等职业教育－教材 Ⅳ.
①U472.43

中国版本图书馆 CIP 数据核字(2015)第 019605 号

※

国防工业出版社 出版发行

（北京市海淀区紫竹院南路 23 号　邮政编码 100048）
天利华印刷装订有限公司印刷
新华书店经售

*

开本 787×1092　1/16　印张 17¼　字数 399 千字

2016 年 9 月第 2 版第 2 次印刷　印数 3001—6000 册　总定价 49.80 元

主教材 42.00 元
工作单：7.80 元

（本书如有印装错误，我社负责调换）

国防书店：（010）88540777　　发行邮购：（010）88540776
发行传真：（010）88540755　　发行业务：（010）88540717

前　言

为了适应我国汽车维修行业技能型紧缺人才培养的需要，满足高等职业院校以就业为导向的办学目标和要求，南京交通职业技术学院大力加强与企业深度合作，以职业岗位能力培养为主导，以素质教育为核心，重新构建了基于工作过程的汽车服务类专业群项目化课程体系，以课程开发课题的形式组织一大批行业专家和课程专家编写了本系列教材，并配套相应的教学资源，迅速推进"教、学、做"一体化教学模式改革，取得了良好效果。

本教材的设计思路是以工作过程为导向，在分析汽车检测与维修专业所涵盖岗位群对应的典型工作任务所需知识、技能、素质的基础上，参照行业职业资格标准，确定与发动机电控系统相关的汽车维修工作任务，设计以具体工作任务为载体的学习任务，按照汽车维修小组作业方式教学，以学生为主体、教师为主导，实施"任务驱动，实境教学，教中学、学中作，教学做一体化"教学模式，学习任务的设计注重引导学生对维修工具、维修资料的合理运用，倡导自主学习、协作学习和探索式学习，适当引入技能竞赛项目激发学生学习激情。

配合本教材学习项目化课程后，可以让学生掌握汽车发动机电控系统的控制原理、结构组成、元件拆装、系统匹配、元件维护、系统检修以及故障诊断、修复的专业知识，具备正确、合理地使用万用表、诊断仪、示波器、油压表、真空表、废气分析仪等检测仪器进行系统分析的能力，具有合理使用维修手册并正确识读、分析发动机电控系统电路图的能力，同时能够全面提高学生进行维修作业的安全意识，使学生重视规范的维修作业操作工艺，合理使用和维护好发动机电控系统常用的拆装工具，并在完成工作任务的过程中锻炼和提高个人团队合作、沟通交流、责任心与职业道德、应变能力等综合素质。根据认知规律，课程学习任务的设计由浅到深，由易到难，由发动机电控系统单项故障解决到综合故障解决，逐步递进、循序渐进地提高学生的故障诊断的思维能力，培养学生的综合职业能力。

教材在第2版修订时，新添了课程教学过程中采集的实物图片和彩图，精选增添了部分典型的故障案例解析，对书中涉及的车型参数进行了更新，并补充部分新技术，对电控发动机进排气系统、点火系统、燃油喷射系统和常见故障检修四个部分的相关知识做了较大幅度的更新，进一步完善了学习工作单，添加学习评价表，加强学习过程考核。

本教材由南京交通职业技术学院李贵炎担任主编，南京交通职业技术学院杨益明、游心仁担任副主编，汽车维护与修理杂志社副总编于开成担任主审。参与编写工作的还有徐州工业职业技术学院许新东、南京交通职业技术学院刘奕贯、南京宁宝汽车服务有限公司李贵雄、江苏雨田汽车服务有限公司邱平、南京长江丰田汽车服务有限公司毛伟波等。本教材在编写过程中，得到了众多企业专家和高职院校教师的大力支持和帮助，在此深表感谢。

由于时间仓促，加之编者水平有限，书中难免有错漏之处。在此，恳请广大读者对本书提出宝贵的意见和建议，以便下次更正。

编　者

目　　录

项目一

发动机电控系统总体认识

一、项目描述

发动机电控系统总体认识包括发动机电控系统主要元件识别、发动机电控元件线束插接器拆装与线束通断性测量、常用拆装工量具、维修手册、检测设备的认识和使用等任务。通过本项目的学习，应达到以下要求：

1. 知识要求

（1）熟悉电控发动机包含的控制系统。

（2）了解每个控制系统的控制内容。

（3）熟悉 AJR 发动机电控系统组成及主要电控元件安装位置。

（4）掌握发动机上主要电控元件的功用及线束插接器拆装。

（5）了解常用拆装工量具、维修手册和检测设备的功能。

2. 技能要求

（1）能够正确识别 AJR 发动机上电控系统的主要元件。

（2）能够正确使用常用工量具，拆装并测量电控元件的连接线束。

3. 素质要求

（1）5S。① SEIRI（整理）；② SEITON（整顿）；③ SEISO（清扫）；④ SEIKETSU（清洁）；⑤ SHITSUKE（自律）。

（2）劳动保护与安全操作。

① 拆装电控单元（ECU）时必须将点火开关置于关的位置，同时断开蓄电池同系统的连接，以免拆装时损坏发动机电控单元。

② 发动机运转时或电器系统在使用中不允许将电源线从蓄电池拆下。

③ 当断开和接上插接件时，一定要将点火开关置于关闭位置，否则会损坏电器元件。

④ 不要随意将电喷系统的任何元件或其接插件从其安装位置上拆下，以免意外损坏或水分、油污等异物进入接插件内，影响电喷系统的正常工作。

⑤ 禁止对电喷系统的元件进行分解拆卸作业。

⑥ 维修过程中，拿电子元件（电控单元、传感器等）要非常小心，不能让它们掉到地上。

⑦ 连接蓄电池时蓄电池的正负极不能接错，以免损坏电子元件，本系统采用负极搭铁。

⑧ 注意 ECU 周围的环境温度不应该超过 80℃。

（3）环境保护。

（4）团队协作。

（5）组织沟通能力。

（6）规范操作。

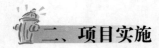

二、项目实施

⬈ 任务一　发动机电控系统主要元件识别

1. 训练目标与要求

在发动机台架上找出发动机电控系统主要组成元件实物，并完成学习工作单。

2. 训练设备

每组准备一台完好的发动机台架，检查发动机台架上蓄电池和点火开关的连接情况，确保点火开关关闭，蓄电池负接线断开。

3. 训练步骤

AJR 发动机电控系统主要元件在车上的位置如图 1-1 所示，请在发动机台架上找到对应的元件，并完成相应学习工作单。

⬈ 任务二　发动机电控元件线束插接器拆装与线束通断性测量

1. 训练目标与要求

对发动机电控系统主要电控元件线束插接器进行拆装，并按学习工作单上顺序要求进行线束通断性测量，完成相应学习工作单。

2. 训练设备

（1）每组准备一台完好的发动机台架，检查发动机台架上蓄电池和点火开关的连接情况，确保点火开关关闭，蓄电池负接线断开。

（2）每组准备好一个完好的万用表。

3. 训练步骤

（1）ECU 线束插接器拆卸与端子认识。如图 1-2 所示，拆下 ECU 连接线束插接器。

发动机 ECU 为 80 个端子，接线与一个 52 个端子的插头和一个 28 个端子的插头相连接，找出 1～80 号端子的位置。

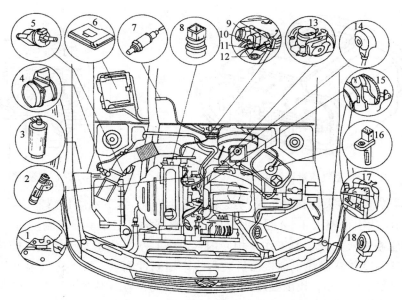

图 1-1 AJR 发动机电控系统主要元件在车上位置布置图

1—霍耳传感器（G40）；2—喷油器（N30～N33）；3—活性炭罐；4—热膜式空气流量计（G70）；5—活性炭罐电磁阀（N80）；6—ECU（J220）；7—氧传感器（G39）；8—水温传感器（G62）；9—转速传感器插接器（灰色）；10—1 号爆震传感器插接器（白色）；11—氧传感器插接器（黑色）；12—2 号爆震传感器插接器（黑色）；13—节气门控制组件（J338）；14—2 号爆震传感器（G66）；15—转速传感器（G28）；16—进气温度传感器（G72）；17—点火线圈（N152）；18—1 号爆震传感器（G61）。

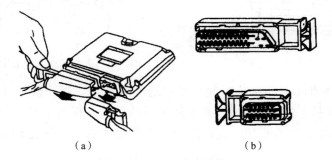

（a） （b）

图 1-2 ECU 的线束插接器

（a）拔下插头；（b）线束端子。

（2）空气流量计线束插接器拆装与线束通断性测量。拆下空气流量计连接线束插接器，如图 1-3 所示，找出插座上 1～5 号端子的位置。根据学习工作单要求测量对应端子与 ECU 连接端子的通断性，完成学习工作单相应内容。恢复空气流量计连接线束插接器。

（3）节气门控制组件线束插接器拆装与线束通断性测量。拆下节气门控制组件连接线束插接器，如图 1-4 所示，找出插座上 1～8 号端子的位置。根据学习工作单要求测量对应端子与 ECU 连接端子的通断性，完成学习工作单相应内容。恢复节气门控制组件连接线束插接器。

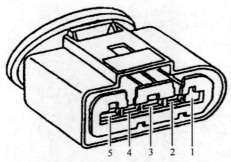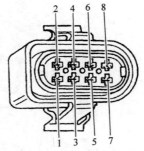

图 1-3　空气流量计线束端子　　　　　图 1-4　节气门控制组件线束端子

（4）水温传感器线束插接器拆装与线束通断性测量。拆下水温传感器连接线束插接器，如图 1-5 所示，找出插座上 1～4 号端子的位置。根据学习工作单要求测量对应端子与 ECU 连接端子的通断性，完成学习工作单相应内容。恢复水温传感器连接线束插接器。

（5）进气温度传感器线束插接器拆装与线束通断性测量。拆下进气温度传感器连接线束插接器，如图 1-6 所示，找出插座上 1～2 号端子的位置。根据学习工作单要求测量对应端子与 ECU 连接端子的通断性，完成学习工作单相应内容。恢复进气温度传感器连接线束插接器。

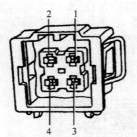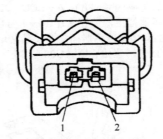

图 1-5　冷却水温传感器线束端子　　　　图 1-6　进气传感器线束端子

（6）转速传感器线束插接器拆装与线束通断性测量。拆下转速传感器连接线束插接器，如图 1-7 所示，找出插头上 1～3 号端子的位置。根据学习工作单要求测量对应端子与 ECU 连接端子的通断性，完成学习工作单相应内容。恢复转速传感器连接线束插接器。

（7）氧传感器线束插接器拆装与线束通断性测量。拆下氧传感器连接线束插接器，如图 1-8 所示，找出插座上 1～4 号端子的位置。根据学习工作单要求测量对应端子与 ECU 连接端子的通断性，完成学习工作单相应内容。恢复氧传感器连接线束插接器。

（8）点火线圈线束插接器拆装与线束通断性测量。拆下点火线圈连接线束插接器，如图 1-9 所示，找出插座上 1～4 号端子的位置。根据学习工作单要求测量对应端子与 ECU 连接端子的通断性，完成学习工作单相应内容。恢复点火线圈连接线束插接器。

（9）霍耳传感器线束插接器拆装与线束通断性测量。拆下霍耳传感器连接线束插接器，如图 1-10 所示,找出插座上 1～3 号端子的位置。根据学习工作单要求测量对应端子与 ECU 连接端子的通断性,完成学习工作单相应内容。恢复霍耳传感器连接线束插接器。

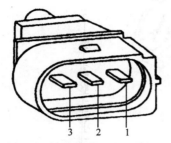

图 1-7　转速传感器线束端子

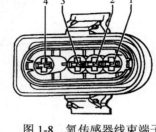

图 1-8　氧传感器线束端子

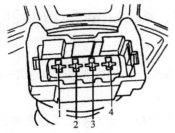

图 1-9　点火线圈线束端子

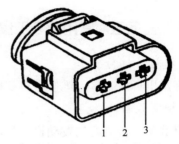

图 1-10　霍耳传感器线束端子

（10）活性炭罐电磁阀线束插接器拆装与线束通断性测量。拆下活性炭罐电磁阀连接线束插接器,如图 1-11 所示,找出插座上 1～2 号端子的位置。根据学习工作单要求测量对应端子与 ECU 连接端子的通断性,完成学习工作单相应内容。恢复活性炭罐电磁阀连接线束插接器。

（11）爆震传感器线束插接器拆装与线束通断性测量。拆下爆震传感器连接线束插接器,如图 1-12 所示,找出插头上 1～3 号端子的位置。根据学习工作单要求测量对应端子与 ECU 连接端子的通断性,完成学习工作单相应内容。恢复爆震传感器连接线束插接器。

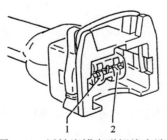

图 1-11　活性炭罐电磁阀线束端子

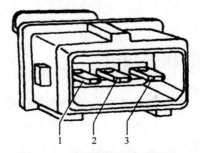

图 1-12　爆震传感器线束端子

（12）喷油器线束插接器拆装与线束通断性测量。拆下喷油器连接线束插接器,如图 1-13 所示,找出插头上 1～2 号端子的位置。根据学习工作单要求测量对应端子与 ECU 连接端子的通断性,完成学习工作单相应内容。恢复喷油器连接线束插接器。

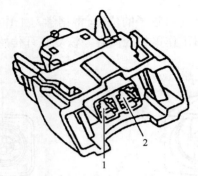

图 1-13　喷油器线束端子

（13）安装 ECU 连接线束插接器。恢复 ECU 线束插接器。

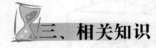 **任务三　常用拆装工量具、维修手册、检测设备的认识和使用**

1. 训练目标与要求

掌握常用拆装工具、维修资料和检测设备的功能和使用，完成相应学习工作单。

2. 训练设备

每组准备一台完好的发动机台架，整理好各自的工具箱，检查维修手册是否齐全，检查万用表、诊断仪、示波器、尾气分析仪、真空表、油压表、红外线测温仪等检测设备外观是否损坏。

3. 训练步骤

（1）常用拆装工量具认识和使用。

① 整理工具箱，完成相应学习工作单内容。

② 使用火花塞套筒拆下发动机台架上火花塞，重新装上，使用扭力扳手上紧到规定扭力（需要查维修手册）。

（2）维修手册的功能和使用（完成学习工作单内容）。

（3）检测设备的功能和使用（完成学习工作单内容）。

三、相关知识

（一）发动机电控系统的控制内容

电控发动机的控制系统主要有电控燃油喷射系统、电控点火系统、怠速控制系统、排放控制系统、进气控制系统、故障自诊断系统等。

1. 电控燃油喷射系统

电控燃油喷射系统主要包括喷油量控制、喷油时刻控制、断油控制和燃油泵控制。

2. 电控点火系统

电控点火系统主要包括点火提前角控制（点火时刻控制）、点火能量控制和爆震控制。

3. 怠速控制系统

怠速控制系统主要包括怠速稳定性控制和学习控制等。

4. 排放控制系统

排放控制系统主要包括废气再循环系统（EGR）、活性炭罐蒸发控制系统（EVAP）、三元催化转换器（TWC）和二次空气喷射系统等。

5. 进气控制系统

进气控制系统主要包括进气通道可变系统、谐波进气增压控制系统（ACIS）和废气涡轮增压系统等。

6. 故障自诊断系统

故障自诊断系统利用 ECU 不断地监测发动机传感器信号及执行器的电路，当发现故障时，会将故障信息以故障码的形式储存在存储器里，同时点亮仪表盘上的故障指示灯进行警示。维修人员可以通过读取故障码来查找发动机故障信息。

（二）电控燃油喷射系统的基本概念

汽油要在汽缸内燃烧，需先喷成雾状（雾化），并进行蒸发，与适量空气均匀混合。这种按一定比例混合的汽油与空气的混合物，称为可燃混合气。可燃混合气中汽油含量的多少称为可燃混合气的浓度（成分）。汽油机燃料供给系的作用是：不断地输送滤清的汽油和清洁的新鲜空气，根据发动机各种不同工作情况的要求，配制出一定数量和浓度的可燃混合气，供入汽缸，并在燃烧做功后，将废气排入大气中去。汽油机燃料供给系按混合气形成的方式不同，可分为化油器式和燃油喷射式。它们的区别见表 1-1。

表 1-1　化油器式和燃油喷射式汽油供给系统的区别

项　目	化油器式	汽油喷谢式
构成		
汽油供给方式	利用空气流动时在喉管处产生的负压，把汽油吸向节气门上部的进气通道中	通过把来自控制装置的喷油脉冲信号传给喷油器，由喷油器把适量的汽油喷射到进气通道中

1—汽油；2—喉管；3—空气；4—化油器；5—节气门；6—浮子室；7—发动机；8—控制装置；9—加压汽油；10—喷油器

燃油喷射是用喷油器在低压下将汽油直接喷入进气总管或汽缸内。与化油器式汽油机一样，它通过节气门来调节空气量，从而来调节汽油机的功率。燃油喷射的控制方式经历了机械式、机电式和电子控制式三个阶段，目前电控燃油喷射系统应用非常广泛。电控系统通过各种传感器监测发动机运行状态参数（如空气流量、发动转速、冷却液温度等），输送到 ECU，ECU 计算出喷油持续时间，并把控制信号送到电磁喷油器，以控制喷油器开启的时刻以及开启时间的长短，实行对空燃比的精确控制，特别是在过渡工况下也能实行瞬时精确控制。装用电控燃油喷射系统的发动机与化油器式发动机相比，有以下明显的优点：

（1）可以采用稀薄空气，并配用高能无触点点火系统，大大地节省燃料，降低了空气污染；

（2）可以随工况、环境的变化对空燃比及点火提前角进行精确控制，特别是过渡工况；

（3）可以采用闭环控制及三元催化反应器使废气中的有害成分大大降低，减少了城市污染；

（4）由于汽油直接喷射到各进气道，解决了混合气分配不均的问题；

（5）由于进气道中无喉管，同时也不需要对进气管加热，因而充气系数较高，同时装有爆震传感器，对点火实行闭环控制，可采用高压缩比，使发动机功率增大。

（三）电控燃油喷射系统的类型

燃油喷射系统根据控制方式大致可分为机械控制式（K 系统）、机电控制式（KE）和电子控制式。这里主要讨论电控燃油喷射系统。

电子控制燃油喷射系统的种类也很多，大致可按下列几种方法分类。

1. 按空气量的检测方法分类

按这种方法分类有两种：直接测量方式和间接测量方式。

1）直接测量方式

这种方式是利用空气流量计直接测量吸入进气管的空气量，用测量的空气量除以发动机转速得到每一循环吸入的空气量，据此 ECU 计算出每一循环的喷油量。

常见的空气流量计有叶片式、卡门旋涡式、热线式、热膜式。

叶片式、卡门旋涡式空气流量计测量的是空气的体积流量，必须要进行进气温度和大气压力的修正。此系统又叫 L 型燃油喷射系统。

热线式、热膜式空气流量计是直接测出空气的质量流量，无需进行进气温度及大气压力的修正，并且进气阻力小，响应快，此系统又称为 LH 型燃油喷射系统。

2）间接测量方式

目前，间接测量空气量的方式有两种：

（1）用绝对压力传感器测量出进气总管的压力，ECU 根据它和发动机转速间接计算出进气流量，据此计算出燃油喷射量，此系统也称为 D 型燃油喷射系统。

（2）用节气门位置传感器测定节气门开度，ECU 据此和发动机转速间接计算出空气量，并由 ECU 计算出燃油喷射量。

间接测量法，安装性好，进气阻力小。但受外界条件影响大，需要进行进气温度和大气压力的修正，测量精度比直接测量方式稍差，不适用于有废气再循环装置的发动机。

2. 按喷油器的布置分类

这种分类可分为多点喷射和单点喷射。

多点喷射（MPI）系统是每一缸设置一个喷油器，按喷射部位不同又可分为把汽油直接喷射到汽缸内的缸内喷射和把燃油喷射到进气门前的进气歧管内喷射两种方式。多点喷射系统较好地保证了各缸混合气的均匀。

单点喷射（SPI）系统是在进气管节气门上方安装一只或两只喷油器进行集中喷射，汽油喷入进气气流中，形成可燃混合气，由进气歧管分配到各个汽缸中。该系统结构简单、故障少、成本低，但与 MPI 相比，各缸混合气分配均匀性和空燃比一致性较差。喷油器的布置如图 1-14 所示。

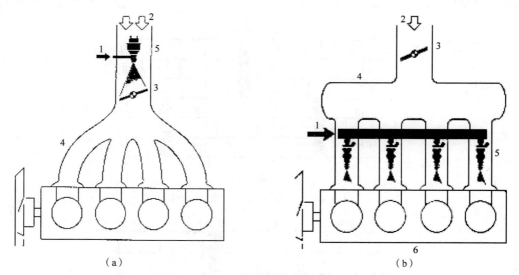

图 1-14　喷油器的布置

（a）单点喷射；（b）多点喷射。

1—汽油；2—空气；3—节气门；4—进气歧管；5—喷油器；6—发动机。

3. 按喷油方式分类

按喷油方式可分为连续喷射和间歇喷射。

连续喷射是在发动机运转期间，汽油连续不断地喷射。多用于机械式和机电控制式燃油喷射系统。

间歇喷射又可分为同步喷射和异步喷射。

同步喷射与发动机转速同步，是在固定的曲轴转角位置进行喷射，多用于多点喷射发动机。在同步喷射方式中又可分为同时喷射、分组喷射、顺序喷射三种基本类型。同时喷射是发动机每转一圈，所有汽缸喷油器同时喷射一次，每个循环喷射两次，如图 1-15 所示。

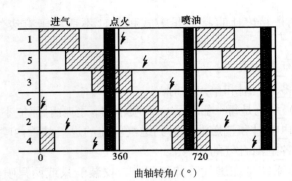

图 1-15　同时喷射（六缸发动机）

分组喷射是所有喷油器分成两组或三组，发动机每一循环中，每组轮流喷射一次，如图 1-16 和图 1-17 所示。

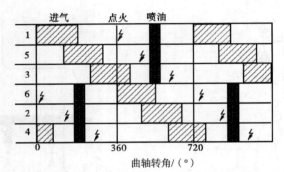

图 1-16　分二组喷射（六缸发动机）

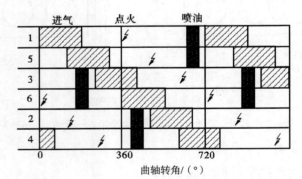

图 1-17　分三组喷射（六缸发动机）

顺序喷射是各缸喷油器分别按发动机的工作顺序每循环各喷射一次，它具有喷射正时，如图 1-18 所示。

异步喷射是根据频率进行的喷射方式，与发动机的转速及做功顺序无关。

同一发动机并不始终用同一种喷射方式。有些发动机在稳定工况下采用同步喷射，而在起动和加速等过渡工况采用异步喷射；而有些采用同步喷射系统的发动机，冷起动喷油器在冷起动时则是采用连续喷射。

另外，电控燃油喷射系统还可以根据喷油压力分为高压燃油喷射和低压燃油喷射两种，根据有无反馈信号分为开环控制系统和闭环控制系统。

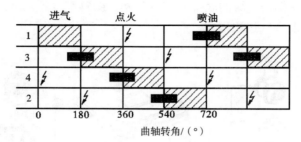

图 1-18 顺序喷射（四缸发动机）

（四）电控燃油喷射系统的组成及工作原理

电控燃油喷射系统分为燃油供给系统、空气供给系统和电子控制系统三部分，其结构示意如图 1-19 所示，电子控制系统的组成如图 1-20 所示。

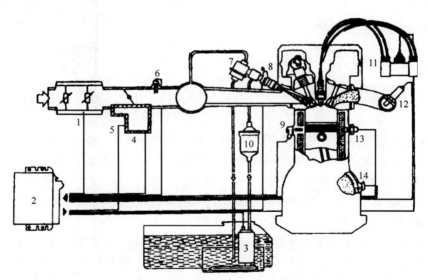

图 1-19 AJR 型发动机电子喷射系统结构示意图

1—热膜式空气流量计；2—电子控制单元；3—电动燃油泵；4—节气门控制组件；5—怠速电机（与节气门控制组件一体）；6—进气温度传感器；7—油压调节器；8—喷油器；9—爆震传感器；10—汽油滤清器；11—点火线圈；12—氧传感器；13—冷却液温度传感器；14—转速传感器。

1. 燃油供给系统

燃油供给系统的作用是根据 ECU 的指令，以恒定的压差将一定数量的汽油喷入进气管中，它主要由汽油箱、电动燃油泵，汽油滤清器、燃油分配管、油压调节器、喷油器等组成。

1）汽油箱

桑塔纳 2000GSi 型轿车汽油箱内的汽油蒸气不是排入大气，而是引入进气管。为此，在汽油箱与进气系统之间并联一个汽油蒸气回收装置，即活性炭罐。活性炭罐内的活性炭粒是一种极好的油蒸气吸附剂，它有很大的表面积，有利于吸附汽油蒸气。罐内装有单向止回阀，以防汽油蒸气倒流。罐的底部有空气滤网，新鲜空气经滤网进入，从炭粒中带走汽油蒸气分子，防止混合气过浓现象。

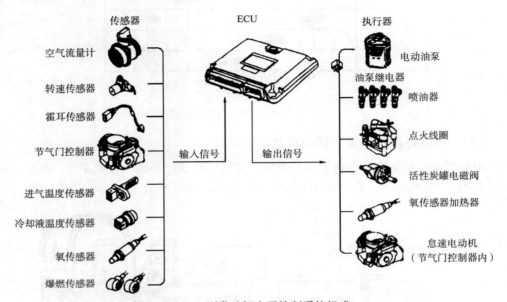

图 1-20　AJR 型发动机电子控制系统组成

当汽车停止运行时，在高温作用下，汽油箱内的汽油蒸发产生压力，使单向阀打开，汽油蒸气进入活性炭罐，炭粒吸附汽油蒸气并储存起来。发动机在热态工作时，活性炭罐电磁阀（N80）在 ECU 的控制下打开，通过新鲜空气带走汽油蒸气，经管路吸入进气管，从而回收了汽油蒸气，防止汽油浪费和减少大气污染。

2）燃油泵

电动燃油泵是由永磁电动机驱动的带滚柱的转子泵，主要由驱动油泵的直流电动机、滚柱式油泵、保持汽油输送管压力不致过高的限压阀和保持剩余压力的单向阀组成。电动燃油泵安装在汽油箱中，并不断受到汽油冲涤，使电动机充分冷却。燃油泵的供油量大于发动机的最大汽油需要量，以便所有发动机工况下都能保持汽油供给系统中的油压。

起动时，只要起动开关起作用，燃油泵就一直工作。发动机一经起动，燃油泵就处于接通状态；ECU 经过一个外部的燃油泵继电器控制燃油泵。为安全起见，在点火开关接通（不起动发动机）及发动机停止工作时，燃油泵不泵油。

3）油泵熔丝和油泵继电器

电动燃油泵内永磁电动机的电源端受油泵**熔丝**和油泵继电器控制，安装在中央继电器盒中，如图 1-21 中 S5 和图 1-22 中 2 位置。当油泵**熔丝**或油泵继电器出现断路故障时油泵电动机无法得到电源，油泵不泵油，发动机无法起动。

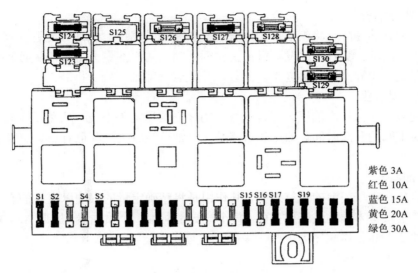

图 1-21　桑塔纳 2000GSi 型轿车**熔丝**位置（部分）

S1—散热风扇（不开空调时）（30A）；S2—制动灯（10A）；S4—报警灯（15A）；S5—燃油泵（10A）；S15—倒车灯、车速传感器（10A）；S16—喇叭（15A）；S17—发动机控制单元（10A）；S19—收放机、转向灯、防盗器控制单元（10A）。

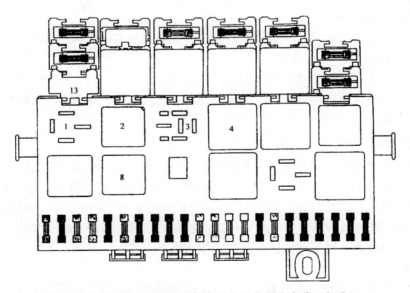

图 1-22　桑塔纳 2000GSi 型轿车继电器位置和名称（部分）

1—空位；2—燃油泵继电器（167）；3—空位；4—冷却液液位控制器（42a）；8—X 接触继电器（18）；13—诊断线插座。

4）汽油滤清器

电动燃油泵后面接入一个滤清器，对汽油中杂质起过滤作用。一块支承板将滤清器固定在外壳中，滤清器外壳由金属制成，滤清器寿命取决于汽油的污染程度。汽油滤清器安装时，注意其上箭头表示汽油的流动方向。

5）燃油分配管

燃油分配管的任务是将汽油均匀地分配到所有喷油器中。燃油分配管具有储油功能，为了克服压力波动，其容积比发动机每工作循环喷入的汽油量大得多，从而使接在分配管上的喷油器处于相同汽油压力之下。此外，分配管使喷油器便于拆装。

6）油压调节器

油压调节器可保持汽油压力与进气管压力之间的压力差不变，从而使喷油器喷出的汽油量仅取决于阀的开启时间。油压调节器装在汽油分配管上，其上有一真空管连接节气门后方。

7）喷油器

喷油器装在进气门前的进气道中，其作用是将精确定量的汽油以良好的雾化状态喷到发动机各个进气管末端的进气门前面。每个汽缸都配置一个喷油器，因此 AJR 发动机上共有四个喷油器，其工作顺序为 1－3－4－2。

2. 空气供给系统

空气供给系统的作用是提供并控制汽油燃烧所需的空气量。它主要由空气滤清器、空气流量传感器（进气压力传感器）、节气门体、稳压箱和附加空气阀等组成。

经空气滤清器过滤后的空气，由节气门体流入稳压箱并分配给各缸进气管，空气与喷油器喷出的汽油混合后形成可燃混合气后进入汽缸。

1）空气滤清器

空气滤清器用来过滤空气中的杂质，为了确保进气的清洁，应定期清洁或更换。

2）节气门体

节气门体位于空气滤清器和稳压箱之间，与加速踏板联动，用以控制进气通路截面积的变化，从而实现发动机转速和负荷的控制。在节气门轴的一端（下端）装有节气门位置传感器，用来向 ECU 传递节气门的开度变化信号。

3. 电子控制系统

电子控制系统的作用是收集发动机的工况信息并确定最佳喷油量、最佳喷油时刻及最佳点火时刻，它由 ECU、水温传感器、氧传感器、节气门位置传感器、进气温度传感器、空气流量计（进气压力传感器）、爆震传感器及霍耳传感器等组成。传感器是检测发动机实际工作状况、感知各种信号的主要元件，并将各种信号传送给 ECU，ECU 通过计算分析后，发出相应指令，使发动机在最佳的工作状态下工作。

1）ECU

ECU 是一种电子综合控制装置，它是电子控制燃油喷射装置的控制中枢，它由模拟数字转换器、只读存储器 ROM、随机存储器 RAM、逻辑运算装置和一些数据寄存器等组成。它通过分析各种传感器提供的发动机工况数据，并借助于编好程序的综合特性曲线，发出喷油器和点火提前角的控制脉冲。ECU 安装在驾驶员仪表板下。

2）节气门位置传感器

节气门位置传感器安装在节气门体上，用来检测节气门的开度；它通过杠杆机构与节气门联动，进而反映发动机的不同工况（怠速、加速、减速和全负荷等）。此传感器属于线性量输出型，可把发动机的这些工况检测后输入 ECU，从而控制不同的喷油量。

3）空气流量计

空气流量计位于空气滤清器与进气总管之间，为热膜式，用来向 ECU 传递进气量信号。

4）进气压力传感器

进气压力传感器与稳压箱相连，它的作用是把进气管内的压力变化转换成电信号传输给 ECU。ECU 根据进气压力和发动机转速推算出每一循环发动机所需的空气量，同时计算出汽油的喷射量。

5）进气温度传感器

进气温度传感器安装在进气管上（或与进气压力传感器安装在一起），用以检测进气温度。测量进气温度的目的是为了确定进气的密度，ECU 根据进气温度传感器检测到的进气温度修正喷油量，使发动机自动适应外部环境的变化。

6）水温传感器

水温传感器的作用是测定发动机冷却液温度，并将它变为电信号送入 ECU，为控制喷油量提供重要依据。水温传感器安装在发动机缸盖水套的出水管处。

7）氧传感器

氧传感器（λ传感器）又称空气汽油混合比传感器，用以控制发动机的燃烧状况，随时向 ECU 提供修正喷油量的电信号。氧传感器装在发动机排气管上，伸入到废气流中，外电极端受废气拂过，内电极端与外界空气接通。

8）转速传感器

转速传感器安装在曲轴末端，飞轮前端，用以检测发动机曲轴转角和上止点位置参考信号，为 ECU 点火时刻和喷油时刻提供电信号。

9）霍耳传感器

霍耳传感器安装在凸轮轴前端，又称为凸轮轴位置传感器，用以检测发动机第一缸压缩行程信号，配合转速传感器信号通过 ECU 共同控制点火时刻。

4. 电控燃油喷射系统的工作原理

发动机要达到最佳的动力性、经济性、排放性指标，必须精确地控制好空燃比。而空燃比是随发动机工况的改变而变化的，这种变化关系很复杂。用化油器来控制空燃比，由于结构上的局限性，很难在各种工况下都达到理想的状态，特别是冷起动和过渡工况。而电控燃油喷射系统，尤其是采用氧传感器的电控燃油喷射系统可以使发动机在任何一个工况下都达到最佳的空燃比，从而达到节油、降低排污和提高动力性的目的。

电控燃油喷射系统之所以具有良好的性能首先是因为它使用微型计算机对发动机进行管理，其 ECU 是整个系统的核心。传感器将各种信号供给 ECU，ECU 根据这些信号控制喷油器的喷油量，如图 1-23 所示。

由于有汽油压力调节器保证油路压力与进气歧管压力之差保持恒定，所以喷油量只与喷油器喷油持续时间有关，而 ECU 实际上控制的正是喷油器的喷油持续时间及喷油时刻。

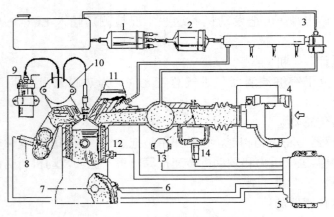

图 1-23　燃油喷射系统

1—电动燃油泵；2—汽油滤清器；3—燃油分配管；4—空气流量计；5—ECU；6—爆震传感器；
7—曲轴位置传感器；8—氧传感器；9—点火线圈；10—分电器；11—喷油器；12—水温传感
器；13—节气门位置传感器；14—怠速控制阀。

喷油器的工作通过 ECU 内的大功率三极管来控制，当大功率管导通时，喷油器开始喷油，当大功率管截止时，则喷油器阀门关闭，喷油停止。

ECU 内存有发动机在各工况下的最佳喷油时间，它是经过大量的台架实验由设计人员确定后输入 ECU 的存储器。ECU 读入由传感器传来的信号，判断出发动机的工况，确定最佳的喷油量，即喷油器的喷油持续时间。

因此可见，电控燃油喷射系统在各种工况下都可以在优化的状态下工作。因为可以预先把发动机所有可能的工况都存储在 ECU 的存储器中，各工况下最佳喷油时间可以按不同的要求设置。如可以以节油为目标，或以动力性或减少废气排放为目标等，这样就可以在不改变任何机构的基础上，只改变控制数据就可得到不同的发动机性能。

（五）电控点火系统的组成

AJR 发动机的点火系统采用电控双缸同时点火，两个汽缸共用一个点火线圈，其次级绕组的两端分别与两个汽缸上的火花塞相连接，当点火线圈产生高压电时，它对两个火花塞同时点火。

AJR 发动机电控点火系统的组成元件主要有点火线圈总成、分缸线、火花塞、爆震传感器等。

1. 点火线圈总成

点火线圈的功用是将 12V 的低压电转变为 20kV～30kV 的高压电，其构造与自耦变压器相似。AJR 发动机电控点火系统中，点火线圈采用小型闭磁路点火线圈，次级线圈的两端分别与两个火花塞相连接。当初级电流突然切断后，在次级线圈上会感应出高压电动势，加到火花塞电极之间，跳出高压火花，点燃汽缸内的混合气。AJR 发动机的点火线圈与控制点火线圈初级电路的三极管集成在一个总成上，称为点火线圈总成。

2. 分缸线

分缸线的功用是将点火线圈产生的高压火传递到火花塞上，其一端与点火线圈相连，另一端与火花塞相连。AJR 发动机为四缸发动机，所以共有四根分缸线。

3. 火花塞

火花塞安装在发动机缸盖的火花塞座孔上，其作用是将承受分缸线（或点火线圈）的高压火，击穿火花塞电极间隙，产生电火花，点燃发动机汽缸内的混合气。

4. 爆震传感器

爆震传感器安装于汽缸体上，它能将发动机爆震情况转换成电信号，输入给 ECU，供其修正点火时刻。

（六）AJR 发动机的主要技术参数

1. 燃油喷射系统的维修技术参数

AJR 发动机燃油喷射系统技术参数见表 1-2。

表 1-2　AJR 发动机燃油喷射系统技术参数

发动机代号		AJR
怠速转速（不能调整）/（r/min）		800±30
断油（最高）转速/（r/min）		6400
怠速时汽油供给系统压力/kPa	连接油压调节器真空管	250±20
	取下油压调节器真空管	300±20
熄火 10min 后汽油系统保持压力/ kPa		>150
喷油器电阻值（正常油压下，每分钟漏油不应多于 2 滴）	喷油器形式	4 孔喷油器
	30s 喷油量/mL	78～85
	室温时电阻/Ω	13～18
	发动机工作温度时电阻会增加 4Ω～6Ω	

2. 电控点火系统的技术参数

AJR 发动机电控点火系统技术参数见表 1-3。

表 1-3　AJR 发动机电控点火系统技术参数

发动机代号	AJR
点火系统形式	具有两个点火线圈的双火花点火系
火花塞拧紧力矩/（N·m）	30
火花塞电极间隙/mm	0.9～1.1
火花塞插头电阻/ kΩ	约 5
点火次序	1—3—4—2
由控制单元切断的最高极限转速/（r/min）	6400
点火提前角	不能调整，由发动机控制单元决定

（七）系统电路图

AJR 发动机电子控制系统电路图如图 1-24 和图 1-25 所示。

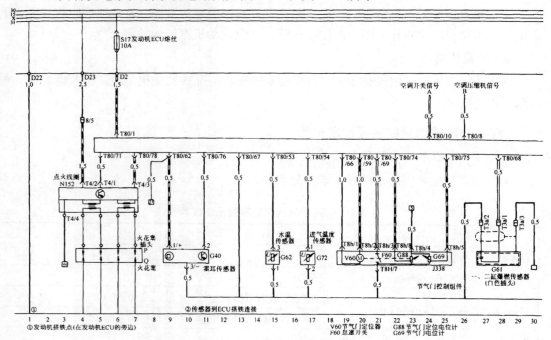

图 1-24　AJR 发动机电子控制系统电路图（1）

30—常火线；15—小容量电器用火线；X—大容量电器用火线；31—中央线路板内搭铁线。

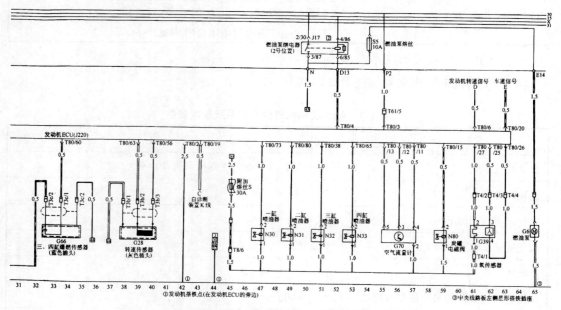

图 1-25　AJR 发动机电子控制系统电路图（2）

（八）常用设备的功能与使用

1. 汽车专用万用表的功能与使用

万用表可用于电工电子电路中的电量、电量的变化及元器件的测量，现代汽车普遍采用了电子控制技术，使用低阻抗指针式万用表，容易对车载 ECU 及传感器造成损坏，所以，最好采用高阻抗的数字式万用表。

1）汽车专用万用表的功能

汽车专用万用表除具有数字式万用表的功能外，还具有汽车专用项目的测试功能，可测量以下众多项目。

（1）测量交流电压、直流电压。考虑到电压的允许变动范围及可能产生的过载，汽车万用表应能测量大于 40V 的电压值。但测量范围也不能过大，否则读数的精度会下降。直流电压量程一般为 400mV～400V/1000V；交流电压量程一般为 400mV～400V/750V。

（2）测量电阻。汽车万用表应能测量 1MΩ 的电阻，测量范围大一些使用起来较方便。电阻量程：400×（1±1%）Ω，4kΩ～4MΩ（精度±1%），400×（1±2%）MΩ。

（3）测量交流电流、直流电流。汽车万用表应能测量大于 10A 的电流，测量范围过小则使用不方便。直流电流量程：400×（1±1%）mA，20×（1±2%）A；交流电流量程：400×（1±1%）mA，20×（1±2.5%）A。

（4）测量温度。配置温度传感器后，汽车万用表可以检测冷却水温度、尾气温度和进气温度等。温度检测范围：18℃～300℃（精度±3℃），301℃～1100℃（精度±3%）。

（5）测量二极管的性能。

（6）测量传感器输出的电信号频率。频率量程：4Hz～4kHz（精度±0.05%），最小输入 10Hz。

（7）测量闭合角、占空比。汽车万用表还可测量脉冲波形的占空比和点火线圈的闭合角。该功能用于检测喷油器、怠速稳定控制阀、EGR 电磁阀及点火系统等的工作状况。闭合角检测范围：±0.50°；占空比检测范围：±0.2%。

（8）测量转速。转速检测范围：150r/min～3999r/min（精度±0.3%），4000r/min～10000r/min（精度±0.6%）。

（9）模拟条显示。该功能用于观测连续变化的数据。

（10）峰值保持、读数保持（数据锁定）。汽车万用表可记忆最大值和最小值。该功能用于检查某电路的瞬间故障。

（11）测量电容、压力、时间、半导体元件等。

（12）输出脉冲信号。该功能用于检测无分电器点火系统的故障。

（13）读取故障代码。

（14）检测传感器。

汽车万用表还有一些扩展功能，如自动断电、自动变换量程、电池测试（低电压提示）等。为实现测量温度和转速的功能，汽车万用表还配有一套配套件，如热电偶适配器、热电偶探头、电感式拾取器，以及 AC/DC 感应式电流夹钳。

2）汽车专用万用表面板介绍

图 1-26 所示为 SUMMIT SDM586 汽车专用万用表的面板布置，它包括液晶显示器、功能按键、选择开关和表笔插孔等部分。

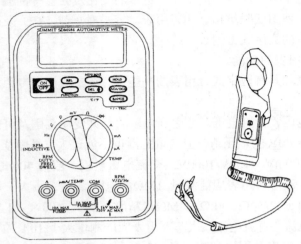

图 1-26　SUMMIT SDM586 汽车专用万用表

（1）选择开关。SUMMIT SDM586 汽车专用万用表的选择开关如图 1-27 所示。每个位子的含义如下。

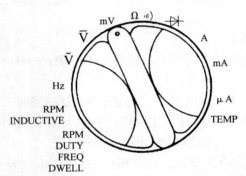

图 1-27　SUMMIT SDM586 汽车专用万用表的选择开关

RPM（DUTY FREQ DWELL）：使用表笔进行转速、占空比、脉宽和频率测量。

RPM（INDUCTIVE）：感应式转速测量。

Hz：频率测量（量程：200Hz，2kHz，20kHz，200kHz）。

$\tilde{V}$：交流电压测量（量程：4V，40V，400V，1000V）。

$\overline{V}$：直流电压测量（量程：4V，40V，400V，1000V）。

mV：直流电压毫伏测量（量程：400mV）。

Ω：电阻与连续性测量（量程：400Ω，4kΩ，40kΩ，400 kΩ，4 MΩ，40MΩ）。

⊣▷⊢：二极管测量（量程：3V）。

⏛)：蜂鸣挡。

A：交、直流电流测量（量程：4A，10A）。

mA：交、直流电流毫安测量（量程：40mA，400mA）。

μA：交、直流电流微安测量（量程：40μA，400μA）。

TEMP：温度测量（量程：-40℃～+1370℃或-40℉～+2498℉）。

（2）功能按键。

SUMMIT SDM586 汽车专用万用表的功能按键如图 1-28 所示。每个位子的含义如下：

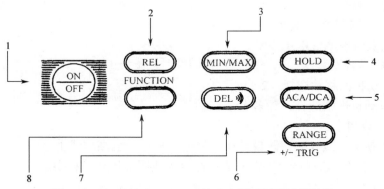

图 1-28　SUMMIT SDM586 汽车专用万用表功能按键

1—仪表开关。2—选择相对读数功能，再次按下退出该功能。3—选择记录功能，按下依次显示最大值、最小值、平均值和目前读数。按下并保持 3s，退出该功能。4—保持目前读数功能，再次按下退出该功能。5—交流、直流电流选择键。6—自动、手动转换。在自动测量范围下，按下选择手动范围，按下并保持 3s，返回自动测量范围。在进行脉宽、占空比和频率测量时，按下可选择触发相位的+或−；在进行感应式转速测量时，可选择发动机的冲程数；在使用表笔进行转速测量时，可选择发动机的汽缸数。7—闭合角、连续性、温度选择开关。在 RPM（DUTY FREQ DWELL）挡时，可选择闭合角测量；在欧姆挡时，可选择连续性测量；在进行温度测量时，可选择摄氏或华氏。8—转速、占空比、脉宽和频率选择开关。在 RPM（DUTY FREQ DWELL）挡时，按下可依次选择转速、占空比、脉宽和频率的测量。

（3）液晶显示器。SUMMIT SDM586 汽车专用万用表的液晶显示器如图 1-29 所示。每个符号的含义如下。

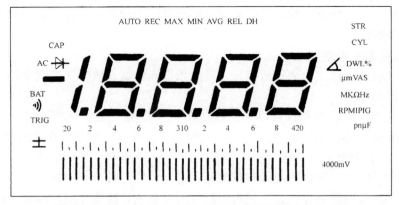

图 1-29　SUMMIT SDM586 汽车专用万用表液晶显示器

AUTO：自动选择最佳测量范围。

REC：记录功能。

MAX：记录功能所记录的最大值。

MIN：记录功能所记录的最小值。

AVG：记录功能所记录的平均值。

REL：相对读数。

DH：数值保持功能。

CAP：电容测量。

AC：交流电流或电压测量。

BAT：仪表或电池低电压显示。

TRIG：+、−触发器。

STR：发动机冲程数选择，2 或 4。

CYL：发动机汽缸选择，最多至 8 缸。

DWL：闭合角。

RPMIP：使用感应式夹钳测量转速，将夹钳夹在一缸高压线上。

RPMIG：使用表笔测转速。将表笔接在点火线圈低压接线柱上。

))))：蜂鸣挡。

V：电压挡（微伏挡、毫伏挡）。

A：电流挡（微安挡、毫安挡）。

%：占空比测量。

Ω：欧姆或阻抗测量（兆欧挡、千欧挡）。

➤|：二极管测量。

F：电容挡（皮法挡，纳法挡，微法挡）。

Hz：频率测量。

2. 汽车诊断仪的功能与使用

现代汽车上装备了先进的计算机控制及故障自诊断系统，一旦电控系统出现故障，ECU 将利用自身的自诊断功能将故障检测出来，并以故障码的形式存储在 ECU 的存储器中。检修人员可用诊断仪将故障代码从电子控制单元中读出，为检修提供参考。汽车诊断仪又称为汽车解码器。

1）诊断仪的主要功能

诊断仪一般具有读取和清除故障码、动态数据流测试、执行元件测试、基本设定和控制单元编码等功能。

（1）读取故障码。诊断仪可以读出存储在电子控制单元中的故障码，并在显示屏上显示出来，故障码的含义也可以通过按键的操作从诊断仪中调出。在未清除故障码之前，可以重新阅读故障码。

（2）清除故障码。车辆的故障被排除后，必须清除存储在电子控制单元中的故障码，以免干扰下一次读取故障存储器。使用诊断仪可以方便、快捷地清除掉存储在电子控制单元中的故障码。

（3）动态数据流测试。此项功能是指将车辆各系统运行过程中控制单元的工作状况和各种输入、输出电信号的瞬时数值，以串行方式经故障诊断座传送到诊断仪，并在诊断仪显示屏上显示出来，从而使整个控制系统的工作状况一目了然，供检修人员进行查阅。通常，使用诊断仪是取得汽车诊断数据的唯一方法，这些信息是其他方法很难或根本无法获得的。例如，记录发动机转速、车速、冷却液温度、节气门位置和进气压力等。

（4）执行元件测试。可以在发动机运转过程中或熄火状态下，通过诊断仪向各执行元件发出强制驱动或强制停止的指令，以查找出有故障的执行元件或控制电路。此项功能可以检查执行元件的工作状态，如通过诊断仪可以检查电动燃油泵继电器、喷油器、废气再循环阀、怠速控制阀、炭罐电磁阀等执行元件是否工作。

（5）基本设定。此项功能可以对汽车上的电控系统进行基本设定。当电控系统某些部件进行维修或更换电子控制单元后，由于电控系统中的初始值发生变化，所以必须进行重新设定。例如，点火正时的设定，节气门控制部件与电子控制单元的匹配，发动机开闭环的控制等。

（6）控制单元的编码。更换了控制单元之后，必须对控制单元进行编码。如果发动机ECU编码错误，将导致油耗增大，变速箱寿命缩短，甚至发动机无法起动。

诊断仪的功能随车型、车系的不同而不同，对同一车型、车系的测试，不同型号的诊断仪其测试功能也不尽相同。对于车辆的测试范围，不同型号的诊断仪也各不相同。有的只能检测一个系统，如发动机系统，有的可检测多个系统，包括发动机、自动变速器、制动防抱死、安全气囊、防盗系统、巡航等。

2）汽车诊断仪的种类

诊断仪可分为通用型和专用型两种。专用型诊断仪只能检测指定的车型，它是各汽车制造厂商为自己生产的各种车型而设计的专用诊断仪。如德国大众公司的专用诊断仪V.A.G1551和V.A.G1552、美国通用公司的TECH-2、日本丰田公司的IT-2、奔驰的STAR-2000、宝马的MODIS-3等。它们虽然适用车型单一，但对于特定车系来讲，专用型诊断仪的功能要强于通用型诊断仪。如对车载ECU的程序进行重新编写、车载音响的解码等，许多通用型诊断仪不一定有此功能。所以各车型的特约维修站均配置有本车型的专用诊断仪。

通用型诊断仪的适用车型广，基本上涵盖了美、欧、亚及国产车系，其功能也与专用型诊断仪相近，能够满足用户的基本需要。这类仪器的种类很多，国产的有车博士、修车王、电眼睛、金奔腾汽车电脑诊断仪、金德汽车电脑诊断仪等。进口的有美国OTC诊断仪和Scanner诊断仪（俗称红盒子）等。

3）V.A.G1552的功能与使用

（1）V.A.G1552认识。

① V.A.G1552的组成。V.A.G1552是大众汽车公司出品的大众系列车型专用诊断仪，它由两部分组成，即主机及测试导线，如图1-30所示。

主机上下部分可作相对转动，上部分为数据输出显示，显示内容为两行，在使用过程中可相对于下部分作任意不同的位置的转动，这样可以调节角度以便于阅读。下部分包括键盘，可用来操作测试仪，壳体底部还包括程序卡的插槽，所有诊断仪的功能都用这个程序卡控制，在使用过程中可以用另一个程序卡来替换，如：在新的软件出现后对诊断仪功能更新扩展。

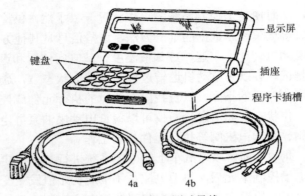

图 1-30　测试仪和测试导线

键盘操作如下：

0—9　数字输入键；

C　此键回到前一步操作或中断程序工作；

Q　此键是确认；

→　此键可向前移动程序或内容；

↓、↑　用这些键改变功能 10 适应性的适应值或在功能 04 的基本数据设定和功能 08 读取测量值中浏览测量数值。

② V.A.G1552 测试功能（表 1-4）。

表 1-4　V.A.G1552 测试功能及测试条件

功　　能		测试条件		
故障诊断仪 V.A.G1552		发动机不转、点火开关接通	发动机在怠速状态	车辆在运行状态
01	发动机电子控制单元	行	行	行
02	查询故障储存内容	行	行	行
03	最终控制诊断	行	不行	不行
04	基本数据设定	行	行	不行
05	清除故障码	行	行	行
06	结束输出	行	行	行
07	控制单元编码	行	不行	不行
08	数据流测试	行	行	行
09	读单个测量值块	行	行	行
10	匹配	行	不行	不行

（2）V.A.G1552 检测仪的连接使用。

① 将测试仪的连接测试线与汽车诊断插座连接好，如图 1-31 所示。

② 接通点火开关，但发动机不要发动，如果显示器不亮，应检查诊断系统插座的电源供给情况，由于输入故障而显示"数据传输中的故障"时，需要拔下故障诊断仪的测试线，并重复插上，重复以上过程。

图 1-31　故障诊断仪的连接

V.A.G1552 检测仪不同的模式：A 操作模式 1（快速数据测试）；B 操作模式 3（自检测）；C 操作模式 4（经销商代码）。当诊断仪连接好后，会自动进入操作模式 1（快速数据测试）。显示屏显示：

| Rapid　data　transfer　　　　　HELP
Insert　address　word　xx | 快速数据测试　　　　　　帮助
输入地址字　×× |

在操作模式 1 状态下，输入对应地址字，就可以进入对应电控系统进行诊断。表 1-5 中，如果要进入发动机电子系统，输入 01，按键盘上 Q 键就可以了。

表 1-5　地址字与控制内容对应关系表

地址字	控制内容	地址字	控制内容	地址字	控制内容
01	发动机电子系统	17	仪表板电控	41	柴油泵电控
02	变速器电子系统	18	辅助加热电控	45	内部诊断
03	制动电子系统	24	驱动轮滑转电控	46	中央控制模块
08	空调/加热电子系统	25	防盗系统	55	灯光控制模块
12	离合器电子系统	26	电控车顶	56	收音机
14	轮胎减振电子系统	34	自适应悬架	66	座椅/后视镜调整电控
15	安全气囊	35	中控门锁		
16	转向轮控制电子系统	36	驾驶员座椅电控		

（3）V.A.G1552 诊断仪的使用功能。

现在以时代超人 AJR 发动机为例说明各功能在使用过程的数据和操作方法。

① 01 功能——发动机电子控制单元。

| Rapid　data　transfer　　　　　HELP
Insert　address　word　xx | 快速数据测试　　　　　　帮助
输入地址字　×× |

选择该功能后，控制单元的版本信息就会显示在显示屏上。

330 907 404 1.8L R4/2V MOTOR HS D04 →
Coding 08001 WSC xxxxx

330 907 404 表示控制单元零件号；1.8L 表示发动机排量；R4/2V 表示直列 4 缸 2 气门；MOTOR HS 表示手动变速器；D04 表示控制单元软件版本；Coding 08001 表示控制单元编码；WSC xxxxx 表示维修站的代码。

② 02 功能——查询故障储存内容。选择该功能后，显示屏显示故障存储的数量，即箭头键→显示各个故障的故障代号和它的文字说明，例如：

fault source: 01165		故障代码：01165

显示屏上首先显示的是故障代号，再按一次箭头键后，文字说明就显示出来了。

③ 03 功能——最终控制诊断。最终控制诊断是电气测试的一部分，可以测试各个最终控制单元的电路是否完好。如果选择 03——最终控制诊断，诊断仪就激活控制单元，使其对第一个元件进行最终控制，屏幕显示：

Final Control diagnostic →		最终控制诊断 →
Injector Cylinder1-30		喷油器 1——N30 缸

显示屏第二行显示某个被测控元件的名称。

如在检查喷油器的时候，打开节气门，只要怠速开关打开，汽缸 1 的喷油器将咔嚓动作 5 次。之后，按→键，就等于输入了对下一个控制元件进行最终控制诊断的命令，对控制元件进行最终控制诊断的先后顺序是由控制单元决定的。

如果在诊断过程中，某个显示在显示屏上的元件没有动作，应检查该元件的插头连接、线束、电气或机械部分。

④ 04 功能——基本数据设定。在进行修理或检查了某些元件之后，需要进行以下基本数据设定。即使控制单元的控制量固定在固定的数值上。例如：在基本数据设定状态下可把系统中的点火正时值设定好。选择 04 功能之后，首先必须输入显示组别号码，然后按→键确认。

Introduction of basic setting HELP		基本数据设定 帮助
Enter display group number xxx		输入显示组别号码 ×××

如果显示的读数具有物理单位（即有数字或字母），在显示屏上面应能看到该显示组别号码。例如：

System in basic setting 1 →		基本数据设定 1 →
850 rpm 2ms 3<° 12.7° n.0T		850 rpm 2ms 3<° 12.7° n.0T

要显示不同的显示组的数值，先按 C 键，然后输入所需显示组别的号码，也可以按相应的键在显示组别之间切换（通过加减数字）。

基本数据设定只有满足了车辆的工作条件时才能够进行。例如：发动机水温必须高于80℃，风扇不转，关闭空调，无故障码。

⑤ 05功能——清除故障码。执行05功能后，故障存储器中的故障内容被清除，显示屏上显示：

Rapid data transfer　　→	快速数据测试　　　→
Fault memory is erased	故障存储内容被清除

如果下列文字出现在屏幕上，说明故障存储内容不能被清除，故障仍存在，必须再一次查询故障存储内容并且排除车辆的故障。

Attention　　　→	注意！　　　→
Fault memory is not interrogated	故障存储内容没有被清除

⑥ 06功能——结束输出。

与控制单元的对话是用06功能来结束的。这时诊断仪退回到初始操作状态，此时可以输入新的地址，显示屏上显示：

Rapid data transfer HELP	快速数据测试　　帮助
Enter address word　xx	输入地址字　××

⑦ 07功能——控制单元编码。

本功能允许改变控制单元内记忆块的内容，即可以改编控制单元使其适合各种不同的工作状况。例如：适合不同的发动机、变速器、车身和传动装置；适合不同的燃油质量等。选择07功能，显示屏上显示：

Code control unit	控制单元编码
Feed in code number xxxxx(0-32000)	输入编码号码　××××(0-32000)

编码号在00000和00127之间或在00000和32000之间，这一适用范围将显示在显示屏上的括号内。根据上面显示的数字范围，输入一个5位数字的号码。

按Q键确认输入。

编码以后，控制单元作出响应并显示控制单元的识别代码和相应的维修站代码（WSC）。

330　907　404　1.8L　R4/2V　MOTOR　HS　D04　→
Coding　08001　　　　　WSC　xxxxx

⑧ 08功能——数据流测试。

选择08功能，控制单元把测量值传送到显示屏，测量值显示在显示屏的下面一行，提供有关系统运行状态和系统传感器状态的信息。这些测量值可以帮助查找出大多数故障并排除。

并不是所有的测量值都能够被显示出来的，测量值是合并在显示组别内并可通过输入组别号码，然后一个一个地读出的。

选择 08 功能，显示屏上显示：

```
Read measuring value block HELP
Enter display group number   xxx
```

```
读取数据流        帮助
输入显示组别号码   ×××
```

当输入显示组别号码 01 并按 Q 键确认之后，测量值显示在显示屏的下面一行。

```
Read      measuring    value    block    1      HELP
850rpm    2ms    3<°    12.7° n. 0T
```

该显示屏上每个测量值的意义是：

850rpm 表示发动机转速；2ms 表示发动机的负荷；3<° 表示节气门角度；12.7° n.0T 表示点火提前角。

按 C 键，输入所需显示的显示组别号码来读取不同的测量值组。按↑、↓在各测量值间快速切换。

要显示那些没有具体单位的测量值，请输入显示级别号 00。显示屏上显示：

```
Read      measuring      value    block     00     →
107    40    95    182    11    123    128    128    0    128
```

```
 1     2     3     4     5     6     7     8     9    10
```

该显示屏上每个测量值的意义如下（从左到右）：

1——冷却液温度；2——发动机负荷；3——发动机转速；4——蓄电池电压；5——节气门角度；6——怠速空气质量测量值；7——怠速空气质量测量值；8——混合气成分测量值；9——混合气成分测量值；10——混合气成分测量值。

为了快速进入基本数据设定状态，可以按数字键〔4〕从 08 功能切换到 04 功能"基本数据设定"。也可以按数字键〔8〕，回到 08 功能"数据流测试"。

⑨ 09 功能——读单个测量值块。

```
Read individual measuring value
Feet in channel number   xx
```

```
读单个测量值
输入频道号码   ××
```

在修理手册中可以查到控制单元支持的频道号码。

要显示单个测量值，输入二位数的频道号并按 Q 键确认。

```
Read individual measuring value →
Channel 10 measuring value 1534
```

```
读单个测量值
10 频道    测量值   1534
```

〔C〕键可以选择另一个频道。

⑩ 10 功能——匹配。通过此功能，可以用 V.A.G1552 诊断仪将指令传给控制单元，对控制单元中的一些参数设定进行调整，此功能必须分步进行：读出匹配值、测试匹配值、存储匹配值、删除已知值。

3. 汽车专用示波器

1）示波器概述

首先，故障自诊断系统只能检测出传感器、执行器的工作好坏，以及 ECU 输出信号是否在适当的范围内，但对于油路、气路及点火系统的高压电路故障（如汽油压力、发动机点火正时等的状况），自诊断系统是无能为力的，仍需人工诊断。其次，故障自诊断系统只能缩小故障范围，而很难准确判断具体的故障部位（即只表示故障的原因和范围，不直接鉴别故障的部件或部位，亦即只指出哪个系统有问题，而不说明哪个部件什么地方损坏）。再次，一旦自诊断系统出现问题，也必须使用其他手段来检测故障部位。

汽车示波器的扫描速度大大高于故障信号速度，因此示波器可以快速捕捉故障电信号，甚至许多间歇性故障信号，并且还可用较慢的速度来显示这些信号波形，以便让维修人员一面观察、一面分析。它还可以以储存的方式记录信号波形。在电控系统中，无论高速信号，还是低速信号都可用示波器来观察被测部件的工作状况，并且可以通过观察波形知道故障是否已经排除。

2）波形分析的五个参数

对于任意一个传感器或执行器及其电路，所有的汽车电子信号都具有可度量的五个参数指标中的一个或几个。它们分别可以用五个参数指标加以判断。

（1）幅值。幅值是指电子信号在一定点上的瞬时电压。

（2）频率。频率是指电子信号在两个事件或循环之间的时间，一般是指 1s 的循环次数（Hz），如图 1-32 所示。

（3）形状。波形的形状是指电子信号的外形特征，指明它的曲线、轮廓、上升沿、下降沿等，如图 1-33 所示。

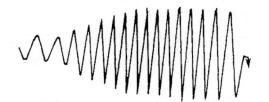

图 1-32 波形频率

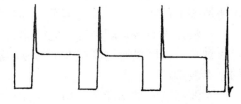

图 1-33 波形形状

（4）脉冲宽度。脉冲宽度是指电子信号所占的时间或占空比。占空比是指信号的脉冲宽度与信号周期的比值，用百分数表示。脉冲宽度如图 1-34 所示。

（5）阵列。陈列是指组成信息信号的重复方式，如图 1-35 所示。

3）汽车专用示波器的基本功能

汽车专用示波器的功能分为基本功能和附加功能。基本功能就是对汽车电控系统中的模拟信号和数字信号进行波形显示；附加功能则包括万用表和发动机性能测试功能。

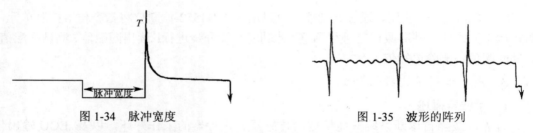

图 1-34　脉冲宽度　　　　　　　　　　图 1-35　波形的阵列

汽车示**波**器多为双通道显示，甚至为四通道显示，能够同时显示多个**波**形。把示**波**器连接到四个不同的传感器与执行器，即可以把四种信号**波**形同时显示出来，便于分析判断。

图 1-36 所示为示**波**器四通道显示屏幕，它同时测试了两个喷油器、一个点火正时与一个参考信号的四个信号**波**形。

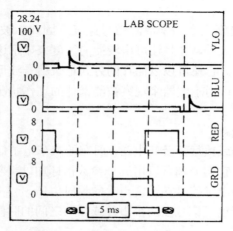

图 1-36　示**波**器四通道显示屏幕

通过功能键操作可对**波**形进行锁定和存储，以便仔细分析**波**形、进行判断；通过功能键的操作重新查看和删除**波**形；通过设定信号电压的大小和改变扫描时间的长短，可以确定所测**波**形的大小，使其与屏幕坐标相配，以方便观察。

示**波**器设有**波**形资料库，它收集有各系统电子元件的标准**波**形，如传感器和执行器、点火**波**形等；可以通过测试**波**形与标准**波**形的对比进行分析；通过功能键可以调出所需要的标准**波**形。

示**波**器的附加功能是万用表功能和发动机性能测试功能。它的万用表功能可以很直接地显示一些简单特定的信号，为使用者提供了方便。示**波**器备有一些附加测试探头与车辆连接，可以测试发动机的起动电流、交流发电机二极管等。

4）Fluke 98 示波器的功能和使用

（1）Fluke 98 示**波**器的功能。

① 菜单功能选项操作；

② 连续自动量程可在任何情况下自动地以最佳方式显示测量的信号；

③ 可拾取次级点火**波**形，点火系统的分析功能，判断点火系统的故障所在；

④ 汽缸压力的检测（要选配附件）；

⑤ 可单独显示某一缸的次级点火**波**形，同时显示点火电压、转速、燃烧时间及电压；

⑥ 信号连续记录功能；

⑦ 运行记录功能可以从每桥 200ms 时基至最大时基的屏幕记录；

⑧ 读数绘图功能，可显示某一信号的四种参数变化趋势图；

⑨ 最小/最大趋势图功能。

（2）电源接线及开机方法。

① 确认电源适配器与当地电压相符，并接于电源插座；

② 将电源适配器输出的直流电压输出插头插入 FLUKE98 的电源插座（图 1-37），此时进行充电；

③ 按［Power on/off］键以开启 FLUKE98 的主机。

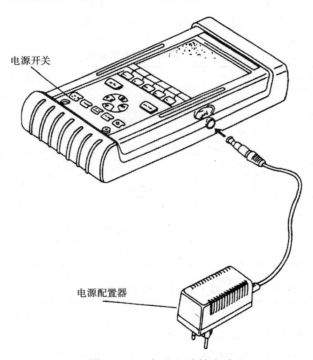

电源开关

电源配置器

图 1-37　开机电源连接方法

（3）FLUKE98 使用方法。

① 在开机以后屏幕显示信息如图 1-38 所示。在检测之前根据检测的内容需要，对发动机汽缸数、冲程数、电压以及点火方式通过功能键 F1 和 F5 进行设置。

② 功能测试。表 1-6 所列为主菜单下可使用的测试功能，表 1-7 为下一级子菜单。

③ **波**形测试范例。所有测试功能的菜单操作都相似，现以氧传感器为例进行说明。

测试时用屏蔽测试线连接滤**波**适配器后再和通道 A 连接，如图 1-39 所示，仪器会自动配合各种不同类型的传感器。菜单选择：MENU→SENSORS→OXYGEN SENSOR，显示结果如图 1-40 所示。

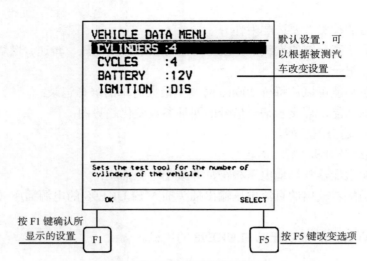

```
VEHICLE DATA MENU
CYLINDERS :4
CYCLES    :4
BATTERY   :12V
IGNITION  :DIS




Sets the test tool for the number of
cylinders of the vehicle.


  OK                      SELECT
```

默认设置，可以根据被测汽车改变设置

按 F1 键确认所显示的设置　F1

F5　按 F5 键改变选项

图 1-38　开机后屏幕显示信息

表 1-6　主菜单下的测试功能

MENU	主 菜 单
SENSOR	传感器
AJR/FUEL	空气/燃油
IGNITION	点火
ELECTRICAL SYSTEM	电子系统
SCOPE	示波器
MULTIMETER	万用表
VEHICLE DATA	改变车辆数据
INSTRUMENT SETUP	改变仪器设置

表 1-7　下一级子菜单

名　　称	内容（英语）	内容（汉语）
SENSOR MENU 传感器菜单	GENERAL SENSOR	通用传感器
	OXYGEN SENSOR	氧传感器
	DUAL OXYGEN SENSOR	双路氧传感器
	KNOCK SENSOR	爆震传感器
	POTENTIOMETER	电位器
AJR/FUEL MENU 空气/燃油菜单	FUEL INJECTOR	喷油器
	POTENTIOMETER	电位器
	OXYGEN SENSOR	氧传感器
	DUAL OXYGEN SENSOR	双路氧传感器
	GENERAL SENSOR	通用传感器

（续）

名　　称	内容（英语）	内容（汉语）
IGNITION MENU 点火菜单	PRIMARY	初级点火
	SECONDARY	次级点火
	ADVANCE	点火提前
	DWELL	闭合角
ELECTRICAL SYSTEM MENU 电子系统菜单	CHARGING	电流
	BATTERY TEST	蓄电池测试
	POTENTIOMETER	电位器
	SOLENMIO AND DIDOE	电磁线圈和钳位二极管
	VOTAGE DROP	电压跌落
	STEPPER MOTOR	步进电机
SCOPE MENU 示波器菜单	SINGLE INPUT SCOPE	单通道输入波形
	DUAL INPUT SCOPE	双通道输入波形
	REL COMPRESSION UNSYNC	非同步汽缸相对压力
	REL COMPRESSION SYNC	同步汽缸相对压力
MULTIMETER MENU 万用表菜单	VOLT DC.AC	电压、直流、交流
	OHM/DIDOE/COMTINUITY	欧姆/二极管
	RPM	转速
	FREQUENCY	频率
	DUTY CYCLE	点空比
	PULSE WIDTH	脉宽
	AMP DC.AC	电流、直流、交流
	TEMPERATURE C° F°	温度（℃，℉）

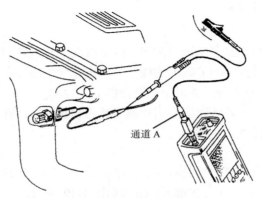

通道 A

图 1-39　测试氧传感器

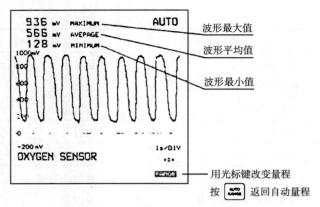

图 1-40　氧传感器波形

也可测试双路氧传感器。该功能测试催化转化的效率，其方法是比较转化之前和之后的信号，使用两条 STL90 测试线，每条线都通过蓝色滤波适配器连接至通道 A、通道 B，如图 1-41 所示，红色探头连接至主传感器（催化转化之前的传感器），灰色探头连接至传感器（催化转化之后的传感器）。菜单选择：MENU→SENSORS→DUAL OXYGEN SENSOR。

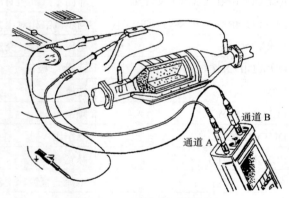

图 1-41　双路氧传感器测试

4. 发动机废气分析仪

1）功用

废气分析仪采用不分光红外吸收法原理，测量机动车排放废气中的一氧化碳（CO）、碳氢化合物（HC）和二氧化碳（CO_2）的成分，用电化学电池原理测量排气中的氮氧化合物（NO）和氧气（O_2）的成分，并可根据测得的 CO、CO_2、HC 和 O_2 的成分计算出过量空气系数 λ。仪器附有感应式转速测量钳和温度传感器探头，可在检测废气的同时监测发动机的转速和润滑油的温度。

2）结构

（1）组成。NHA-501A 型废气分析仪（五组分）用于测量机动车汽油发动机排放废气中的 HC、CO、CO_2、O_2 及 NO 气体浓度。结构如图 1-42 所示，主要由取样探头、取样管、本体和打印机等组成。

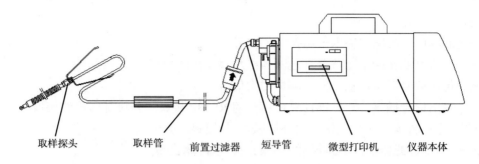

图 1-42 废气分析仪外观

（2）前面板。前面板如图 1-43 所示，各功能件的作用如下。

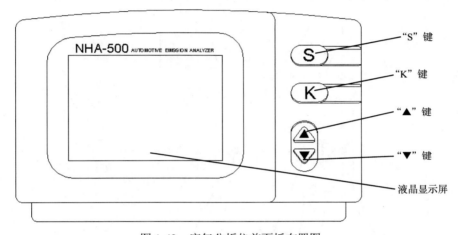

图 1-43 废气分析仪前面板布置图

"S"键：水平移动液晶显示屏上的光标（三角箭头），以选择所需的项目。

"K"键：确认所选择的项目。

"▲"键：上移液晶显示屏上的光标，选择所需的项目；调节显示屏上文字、图像的对比度；校准前用于修改校准气的设定值。

"▼"键：下移液晶显示屏上的光标，选择所需的项目，其余功能同"▲"键。

液晶显示屏：显示中文菜单和测量数据。

注意：在预热期间以及在主菜单下，按下"▲"键或"▼"键可以调节显示屏上文字、图形的对比度。用户可根据需要，调节到观察得最清晰为止。

（3）后面板。后面板如图 1-44 所示。各指示件作用如下。

1，13——紧固螺钉：固定仪器罩壳，将其拆卸后可打开机箱。

2——电源插座及开关：插座用于输入 220V 交流电源，开关用于接通或断开电源，内装 1A 熔断器和电源噪声滤波器。

3，5——排气口：样气测量后的排出口。

4——主排气孔。

6——油温信号插座：输入油温探头的信号。

7——二次过滤器：过滤从分水过滤器出水口流出的样气。

8——转速信号插座：输入转速测量钳的信号。

9——输出信号插座：与外部计算机通信的 RS232 接口及外接打印机的接口。

10——冷却风扇：从废气仪内向外排风，以防仪器内部过热。

11——分水过滤器：分离待测样气中的油、水，滤去粉尘。

12——样气入口：通过短导管与前置过滤器出口相连，接入样气。

14——标准气入口：校准时插标准气气瓶的入口。

15——粉尘过滤器：滤纸式过滤器，滤去待测样气中残余的粉尘。

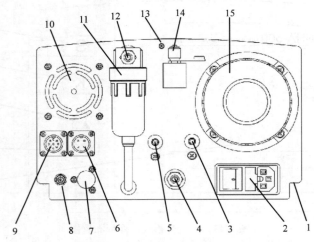

图 1-44　废气分析仪后面板布置图

5. 真空表

真空表用于检测汽油发动机进气歧管的真空度，如图 1-45 所示。通过测量进气歧管真空度及其变化状况，可以判断发动机密封性能的好坏、空燃比的好坏和点火性能的好坏，可以诊断汽缸密封性、进气管或化油器衬垫的泄漏、配气机构密封性、排气消声器阻塞以及气门机构失调、混合气的稀或浓、点火时间和点火性能等诸多方面的故障。

图 1-45　真空表

 **四、练习题**

（一）判断题

1. 传感器是给 ECU 提供信号的电子元件。（   ）

2. 执行器是执行传感器命令的电子元件。（   ）

3. 自诊断功能指 ECU 不断检测传感器和执行器，当发现故障时，将故障信息以故障码的形式储存在 ROM 里，并点亮故障指示灯。（   ）

4. L 型燃油喷射系统是通过空气流量传感器检测进气量的。（   ）

5. 速度密度方式利用空气流量传感器直接测量吸入的空气量，ECU 根据测得的空气流量和发动机转速计算出需要喷射的汽油量并控制喷油器工作。（   ）

6. 电控发动机的控制系统主要包括电控燃油喷射系统、电控点火系统、怠速控制系统、排放控制系统、进气控制系统、故障自诊断系统等。（   ）

7. 电控点火系统主要由燃油供给系统、空气供给系统和电子控制系统组成。（   ）

8. 电控燃油喷射系统的控制内容主要包括点火提前角控制（点火时刻控制）、点火能量控制和爆震控制。（   ）

9. 怠速控制系统主要包括怠速稳定性控制和学习控制等控制功能。（   ）

10. 进气控制系统主要包括进气通道可变系统、谐波进气增压控制系统和废气涡轮增压系统等。（   ）

（二）选择题

1. 汽车电子信号可细分为五大基本类型，即直流信号、交流信号、（   ）、脉宽调制信号和串行数据信号。

　　A. 模拟信号　　　B. 数字信号　　　C. 频率调制信号　　　D. 以上都不对

2. 下列不属于电控燃油喷射系统控制内容的是（   ）。

　　A. 喷油量控制　　B. 燃油泵控制　　C. 加速加浓控制　　D. 以上都不对

3. 排放控制系统主要包括（   ）等。

　　A. 废气再循环系统和三元催化转换器

　　B. 三元催化转换器和废气涡轮增压器

　　C. 废气涡轮增压器和活性炭罐蒸发控制系统

　　D. 以上都不对

4. 别克车系专用诊断仪是（   ）。

　　A. PGM　　　　B. TECH 2　　　C. ADC2000　　　D. V.A.S.5051

5. （   ）不是汽车专用万用表的专用功能。

　　A. 占空比　　　D. 温度　　　　C. 电压　　　　D. 转速

6. 若用数字式万用表测量电压时其显示屏只显示最高位"1"，说明（   ）。

　　A. 被测电压为 1V　　　　　　　B. 显示屏损坏

　　C. 超过使用的量程　　　　　　　D. 正在检测

7. 用万用表测量直流电流时，万用表应该与被测电路（　　）。

　　A．串联　　　　　　　　　　　　B．并联

　　C．串联和并联都可以　　　　　　D．断路

8. 汽车示波器不具有（　　）功能。

　　A．波形显示　　　　　　　　　　B．数字万用表

　　C．故障代码读取　　　　　　　　D．以上都不对

9.（　　）表示 FLUKE98 汽车示波器的量程键。

　　A．MENU　　　　　　　　　　　B．AUTO RANCE

　　C．CURSOR　　　　　　　　　　D．以上都不对

10. 检查 ECU 时，当需要拔下 ECU 线束连接器测量控制线路时，应先拆下（　　），否则会损坏 ECU。

　　A．蓄电池负极搭铁线　　　　　　B．蓄电池正极线

　　C．熔断器　　　　　　　　　　　D．点火开关

（三）简答题

1. 大众系列时代超人 AJR 发动机电控系统的主要元件包括哪些？

2. 请画简图叙述对时代超人 AJR 发动机空气流量传感器线束通断性测量的步骤。

3. 请简述大众系列专用诊断仪的主要功能。

项目二

喷油器的拆装及检修

一、项目描述

喷油器的拆装及检修包括喷油器拆装与更换、喷油器清洗、喷油器检测、喷油器或其线路异常故障的检测与排除等任务，通过本项目的学习，应达到以下要求：

1. 知识要求

（1）掌握喷油器的更换步骤及要求。

（2）熟悉喷油器的清洗。

（3）了解喷油器的作用和类型，掌握喷油器的结构原理和控制电路。

（4）掌握喷油器的检修（电阻、电压、波形、数据流、故障码、执行器检测等）。

（5）掌握因喷油器或其线路异常引起的故障的检测与排除。

2. 技能要求

（1）正确使用常用工量具和专用工具。

（2）能按照规定的工艺正确拆装喷油器。

（3）能正确使用喷油器清洗机清洗喷油器。

（4）能正确使用万用表检测喷油器电阻、电压。

（5）能正确使用示波器测出喷油器喷油波形。

（6）能正确使用诊断仪读取喷油量信号、故障码。

（7）能正确使用最终控制诊断功能判断喷油器线路的好坏。

3. 素质要求

（1）5S。①SEIRI（整理）；②SEITON（整顿）；③SEISO（清扫）；④SEIKETSU（清洁）；⑤SHITSUKE（自律）。

（2）劳动保护与安全操作。

① 拆装喷油器前，必须关断点火开关，拆下蓄电池负极接线柱。

② 拆卸喷油器前，要在燃油分配管周围放上抹布，以便及时吸附外泄的燃油。

③ 要尽量避免皮肤与汽油直接接触。

④ 拆下的喷油器应进行妥善保管，不能随意放置。

⑤ 拆下喷油器后，尽量不要使用压缩空气，车辆尽量不要移动。

⑦ 安装喷油器时，注意不能损坏喷油器两端的 O 形密封圈，为了便于装配，要在 O 形圈上涂少量润滑油。

⑧ 在起动发动机之前，确保没有汽油遗漏在发动机机体上，确保分缸线连接良好，否则容易着火。

（3）环境保护。

（4）团队协作。

（5）组织沟通能力。

（6）规范操作。

二、项目实施

↗ 任务一　喷油器拆装与更换

1. 训练目标与要求

按照正确的顺序和规范拆装喷油器，并完成学习工作单。

2. 训练设备

每组准备一台完好的发动机台架，一套工具箱，一个接油槽，几组新的 O 形密封圈。

3. 训练步骤

1）管路泄压

（1）拔出油泵熔丝（S5），起动发动机 3 次～5 次，直到发动机无法起动。

（2）关闭点火开关，断开蓄电池负接线。

2）拆卸喷油器（图 2-1）

（1）从燃油压力调节器上拔下真空软管。

（2）从喷油器和霍耳传感器上拔下电线插头。

（3）从进气歧管上拧下燃油分配管的紧固螺钉，把燃油喷油器连同燃油分配管一起从进气歧管上拔下。

（4）用尖嘴钳拉出喷油器与燃油分配管连接处的开口夹，从燃油分配管上拆下喷油器。

（5）从喷油器上拆下 O 形密封圈。

（6）从进气歧管上取下喷油器 O 形密封圈。

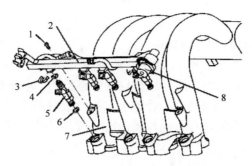

图 2-1　喷油器的拆卸

1—螺栓；2—燃油分配管；3—卡簧；4、6—O 形密封圈；5—喷油器；7—进气歧管；
8—油压调节器。

3）安装喷油器

（1）更换 O 形密封圈（在更换喷油器的前 O 形密封圈时，不能拆下喷油器头部的塑料盖，O 形密封圈应从塑料盖上拉下）。

（2）左右转动喷油器，将其插入燃油总管，并使喷油器电线插座朝外（图 2-2）。

（3）确保开口夹已安装好。

（4）用干净的发动机机油润滑 O 形密封圈，把喷油器插入到燃油分配管的座口内，插到底并用开口夹子卡住。

（5）把带喷油器卡箍固定的燃油分配管装到进气歧管上，慢慢地压入喷油器，保证安装位置正确。

（6）插入紧固螺钉，把燃油分配管轻轻压向进气歧管并紧固螺钉。

（7）插上喷油器和霍耳传感器的导线插接器。

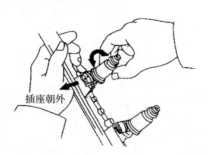

插座朝外

图 2-2　喷油器的装复

任务二　喷油器清洗

1．训练目标与要求

熟悉喷油器清洗仪的功能，正确使用喷油器清洗仪清洗喷油器，并完成学习工作单。

2．训练设备

每组准备一台完好的喷油器清洗仪，几组旧的喷油器，一根拖线板。

3. 训练步骤

1）喷油器清洗仪的结构和功能认识

喷油器清洗仪结构如图2-3所示。利用它可对单个和多个（1个～8个）喷油器的滴漏、喷油角度、喷油雾化状、喷油均匀度，进行自动静态检测、动态检测和选择检测；能模拟发动机任意工况，真实观察到喷油器工作的全过程；能对单个和多个喷油嘴无论是高阻、低阻、电压式、电流式等都能进行自动检测清洗、反冲清洗、超声波清洗。

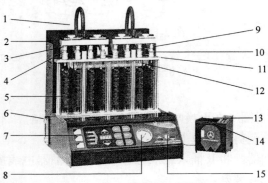

图2-3　喷油嘴清洗机的结构

1—测试架紧定螺栓；2—测试架油路器；3—回收清洗液接口；4—清洗液出口快接口；5—测试管；6—油箱液位计；7—控制面板；8—油压表；9—喷油嘴连接接头；10—喷油嘴；11—试管压板；12—背光灯开关；13—超声波机盖；14—超声波清洗机槽架；15—可燃气体传感器。

2）喷油器清洗仪操作面板按键认识

操作面板按键如图2-4所示。

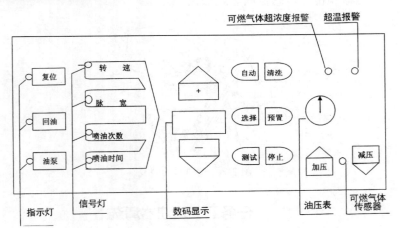

图2-4　操作面板

复位（RESET）键：按此键，系统恢复初始状态。

油泵（PUMPING）开关键：按此键，系统供油，油泵指示灯亮；再按此键，油泵停止工作，指示灯熄。

回油（DRAIN）键：按此键，系统回油，回油指示灯亮；再按此键，油泵停止工作，指示灯熄。

信号灯：转速信号灯亮时，数码显示窗显示转速数据；脉宽信号灯亮时，数码显示窗显示脉宽数据；喷油次数信号灯亮时，数码显示窗显示喷油次数；喷油时间信号灯亮时，数码显示窗显示喷油时间。

自动（AUTO）键：按此键，系统即按计次方式进入自动检测清洗分析。但使用自动检测清洗之前，务必先把压力调至被检车系统油压规定范围。

选择（SELECTION）键：每按选择键一次，转速（ROTATION SPEED）信号灯、脉宽（PULSE DURATION）信号灯、喷油次数（REV.COUNY）信号灯、喷油时间（TIMING）信号灯循环显示，当信号灯亮时，数码管显示的数字即是该信号的数字。例如，脉宽信号灯亮时，数码管显示 003.0，就表示脉宽是 3ms；转速信号灯亮时，数码管显示 0650，就表示转速是 650r/min。如按"+"键，设定的数字就可增加，按"–"键，设定数字就可减少。

测试（TEST）键：按测试键之前，必须先把发动机的转速、喷油脉宽、喷油次数或喷油时间等参数设定，并按选择键选定测试方式（选计次方式，则"喷油次数"指示灯亮；选计时方式，"喷油时间"指示灯亮），然后按测试键，即可按设定的测试程序测试。需要暂停测试时，可按停止（STOP）键中断测试，再按测试键，系统即从中断点处起继续测试。

清洗（CLEANING）键：按下清洗键，喷油嘴常喷检测清洗；停止按此键，检测清洗停止。

预置（PRESET）键：按第一次，预置怠速运行参数（650r/min、3ms、4000 次）；按第二次，预置最大功率运行参数（2250 r/min、12ms、2000 次）；按第三次，预置高速运行参数（3000r/min、6ms、3000 次）。

停止（STOP）键：按停止键，系统暂停工作。

油压表：指示系统的油压。

调压按键：按加压（UP）键，增加油压（每按一次增加 20kPa）；按减压（DOWN）键，减少油压（每按一次减少 20kPa）。

超温报警信号灯：当检测清洗环境温度和机内温度大于 75℃时，该信号灯亮，并发出报警声音。此时应立即关机暂停使用。

可燃气体超浓度报警信号灯：当该仪器周围工作环境的可燃气体浓度大于 2%时，该信号灯亮，并发出报警声音，此时应立即关机暂停使用。

3）喷油器清洗操作方法

（1）检查油箱液面高度并加注检测清洗液。检查机箱左边的液位上下显示灯。如果上指示灯亮，则液面已到，停止加检测清洗液；如果下指示灯亮，则说明检测清洗液不足，应加检测清洗液到上指示灯亮为止。加检测清洗液的方法是：拧开测试架的紧定螺栓，拿开测试架上面的油路器，并按回油（DRAIN）键，然后在任意一个试管里添加检测清洗液即可。

（2）接通电源。把电源线插在本机右侧插座上，接通 220V 交流电源，并打开本机右侧的电源开关（红灯亮）。检查各种安全报警装置状态是否正常。

（3）测量喷油嘴的阻抗。首先，把要检测的喷油嘴从汽车拆下来，按顺序做好记号，用数字式万用表测量喷油嘴的阻抗，测量结果，喷油嘴阻抗之差不能超过 1Ω，否则将超差的喷油嘴更换。

（4）检测清洗。

① 超声波清洗。把要检测的喷油嘴与脉冲输入信号线相连接，然后把喷油嘴插在超声波清洗槽架上，按下超声波清洗机 START 键，按"+"、"－"键，设置转速、脉宽、记次，按选择键，按测试键，则本机能自动清洗工作 10min。

② 反冲洗。把反冲洗接头与喷油嘴连接，并放置测试架上，然后把供油的压力调至 20kPa～400kPa，按清洗键，清洗完毕后，关闭油泵（按油泵键），并拆下喷油嘴连接接头。

③ 检测喷油嘴的滴漏。根据喷油嘴的型号选择连接头，并连接好，然后检查密封 O 形环组（发现坏的要更换），将喷油嘴安装在测试架上，按油泵键，将压力调至被检车出厂规定压力（最好高 10%），观测喷油嘴是否滴油，如发现 1min 滴漏大于一滴（或按技术标准），则要更换喷油嘴。

④ 检测喷油嘴的喷油角度和雾化状。按清洗键，喷油嘴常喷，观测喷油角度和喷油雾化，喷油角度要一致（或按被检汽车出厂技术标准），雾化要均匀，无射流现象，否则要更换。

⑤ 检测喷油嘴的喷油量。关闭回油开关；按油泵键，然后按清洗键 15s，观测试管的喷油量应为 34mL～38mL（或按技术标准），否则更换。

⑥ 检测喷油嘴油量的均匀度。按预置键，按油泵键，把压力调至被检车系统油压规定压力，按测试键，记数完毕后，即显示"0000"，观测每个喷油嘴喷在试管上的油量，均匀度不超过 9%的，则视为合格（或按技术标准），超过 9%的要更换。

⑦ 自动检测清洗分析。使用自动检测清洗分析时，先按油泵键起动油泵，并把压力调至被检车系统油压规定的范围（最好高 10%），然后按自动键，这时按图 2-5 所示程序自动进行检测清洗，在自动检测清洗分析过程中，按复位键，系统将恢复到初始状态。

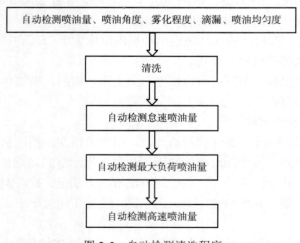

图 2-5　自动检测清洗程序

任务三　喷油器检测

1. 训练目标与要求

能正确进行喷油器检测，并完成学习工作单。

2. 训练设备

（1）每组准备一台完好的发动机台架。

（2）每组准备好一个完好的万用表、诊断仪、示波器和维修手册。

3. 训练步骤

（1）起动发动机，在发动机运转时，用手指接触喷油器，应可察觉到喷油脉动。

（2）检测喷油器电阻。拆下喷油器上电线插头，用万用表测量喷油器两个端子之间的电阻，如图 2-6 所示，其规定值 12Ω～18Ω，当发动机达到正常工作温度时，此电阻值将有所变化。完成学习工作单内容。

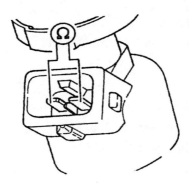

图 2-6　检查喷油器电阻

（3）检测喷油器供电电压。

① 查阅维修手册上电路图，检查喷油器熔丝是否完好，如果不正常应先更换。

② 拆下被检测的喷油器的导线插头，起动发动机，用万用表检测喷油器线束端子 1（图 1-13）及发动机搭铁之间电压，规定值为 12V～14V。完成学习工作单内容。

③ 恢复喷油器线束插头，清除故障码。

（4）检测喷油器喷油波形。

① 起动发动机，并充分暖机。

② 打开示波器，按开机键开机，看到车辆数据选择屏幕；按上下箭头选择条目，按 F5 选中条目并选择正确数据（汽缸——4，行程——4，电池——12V，点火——DIS），全部选好后按 F1 确定，进入下一屏幕。

③ 选中空气/燃油条目，按 F5。

④ 选中喷油器，按 F5。

⑤ 按屏幕说明连线，红色屏蔽测试线（接 FLUKE 左上部插孔，注意要旋转才能接入），将测试线正表笔接入喷油器线束端子 2（图 1-13），负表笔接地。

⑥ 按 F1 进入测试，适当调整量程，获得波形。

⑦ 按下"save"键，冻结屏幕（图 2-7）。

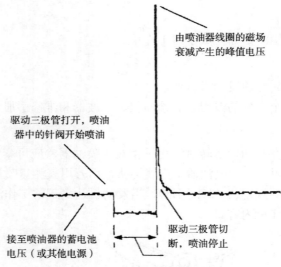

由喷油器线圈的磁场
衰减产生的峰值电压

驱动三极管打开，喷油
器中的针阀开始喷油

接至喷油器的蓄电池
电压（或其他电源）

驱动三极管切
断，喷油停止

图 2-7　喷油器喷油波形

⑧ 完成学习工作单内容。

⑨ 仪器复原。

（5）检测喷油器喷油时间。

① 关闭点火开关，将 V.A.G1552 上导线接到发动机台架上 OBD Ⅱ 端口。

② 起动发动机，让发动机充分暖机，并保持在怠速工况。

③ 诊断仪屏幕显示：

快速数据传递　　　帮助
输入地址码××

输入地址码 01，屏幕显示：

快速数据传递　　　帮助
选择功能××

④ 按 0 和 8 键，选择"读取测量数据块"，按 Q 键确认。屏幕显示：

读取测量数据块　　　Q
输入显示组号×××

⑤ 输入 002，按 Q 键确认，屏幕显示：

读取测量数据块　2
1　　　2　　　3　　　4

数据流 002 组读数说明见表 2-1。

表 2-1　数据流 002 组读数说明

显示组号	屏幕显示	说　明	怠速时允许值
02 基本功能	Read measuring value block　2 1　　　2　　　3　　　4	1——发动机转速（怠速转速） 2——发动机负荷 3——发动机每循环喷射时间 4——进气质量	820r/min～900r/min 1.00 ms～2.50ms 2.00 ms～5.00ms 2.0 g/s～4.0g/s

其中第 3 个数据即为喷油器喷油时间，单位为 ms。

⑥ 完成学习工作单内容。

（6）检测喷油器故障码。

① 保持上一步骤发动机和诊断仪连接状态，在诊断仪屏幕显示：

> 快速数据传递　　帮助
> 选择功能××

状态下，按 0 和 2 键选择查询故障代码，并按 Q 键确认。屏幕显示存储的故障数量，或"没有识别出故障"。

> 识别到×个故障

如果无故障，则按→键。

如果有多个存储的故障，存储的故障码将被按顺序显示出来，喷油器的故障代码见表 2-2。

表 2-2　喷油器的故障代码表

故障代码	故障内容	故障原因
01249	一缸喷油器（N30）	N30 线路对正极断路或短路；N30 损坏
01250	二缸喷油器（N31）	N31 线路对正极断路或短路；N31 损坏
01251	三缸喷油器（N32）	N32 线路对正极断路或短路；N32 损坏
01252	四缸喷油器（N33）	N33 线路对正极断路或短路；N33 损坏

② 完成学习工作单内容。

③ 将发动机熄火。

（7）最终控制诊断。

① 连续故障阅读仪 V．A．G1552，打开点火开关，选择地址码 01"发动机电子控制系统"。

② 输入 03 功能"最终控制诊断"。屏幕显示：

Test of vehicle systemsr	Q
03 Final control diagnosis	
车辆系统测试	确认
03 最终控制诊断	

③ 按 Q 键确认。屏幕显示：

Final control diagnosis	→
Injector cylinder 1－N30	
最终控制诊断	→
第一缸喷油器－N30	

此时听到清晰的油在油管中流动的声音。

④ 打开节气门，使节气门控制元件中怠速开关打开，将听到第 1 缸喷油器发出咔嗒声 5 次。

⑤ 按→键进入下一缸喷油器检查。同上方法依次对 4 个缸喷油器进行检查，如果没有听到喷油器的咔嗒声，也就是喷油器不动作，说明喷油器线路存在故障。按→键。屏幕显示：

Final control diagnosis	→
ACF Solenoid 1－N30	
最终控制诊断	→
活性炭罐电磁阀 1－N80	

⑥ 完成学习工作单内容。

⑦ 关闭点火开关。

（8）检测喷油器的密封性。

① 从进气歧管上拧下燃油分配管的固定螺钉，连同喷油器一起从进气歧管上拔下。

② 把要检测的喷油器放到检测量杯中。

③ 连接诊断仪使用最终控制诊断功能（燃油泵运转），屏幕显示：

④ 检查喷油器泄漏（目视检查），当燃油泵工作时，每个喷油器每分钟的漏油量只允许 1 滴或 2 滴，如果较多的燃油泄出，关闭燃油泵（终止执行元件的诊断）并更换有故障的喷油器，必要时再次执行元件诊断。

⑤ 完成学习工作单内容。

⑥ 关闭点火开关，装好喷油器，复位诊断仪。

↗ 任务四　喷油器或其线路异常故障的检测与排除

1. 训练目标与要求

能正确对喷油器及其线路进行检测，排除故障，并完成学习工作单。

2．训练设备

（1）每组准备一台完好的发动机台架。

（2）每组准备好一个完好的万用表、诊断仪、示波器和维修手册。

（3）教师在发动机台架上设置一个或几个喷油器故障。

3．训练步骤

（1）起动发动机，观察发动机的故障现象，填写学习工作单。

（2）根据发动机的故障现象，根据学习工作单内容对喷油器进行相应检测，填写学习工作单。

（3）对检测结果进行综合分析，得出分析结论，填写学习工作单。

（4）排除故障，填写学习工作单。

（5）重新起动发动机，检测原有不正常检测项目，验证故障排除结果，填写学习工作单。

三、相关知识

（一）喷油器的作用和类型

喷油器的作用是根据 ECU 提供的信号定时定量地将汽油以良好的雾化状态喷入进气管，和空气形成良好的混合气，喷油雾化状态如图 2-8 所示。

电控燃油喷射系统用喷油器有几种不同的分类方式：按用途，可分为 SPI（单点燃油喷射）用喷油器和 MPI（多点燃油喷射）用喷油器；按燃料的输入位置，可分为上部给料式和下部给料式；按喷口的形式，可分为轴针式和孔式（球阀式、片阀式）等；按电磁线圈阻值，可分为低阻式和高阻式两种。

多点燃油喷射系统的喷油器通过绝缘垫圈安装在进气歧管上，并用燃油分配管将其位置固定，如图 2-9 所示；单点燃油喷射系统用喷油器位于节气门体空气入口处。

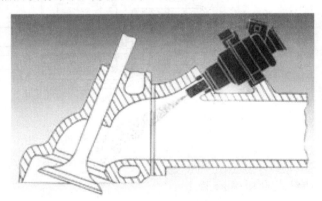

图 2-8　喷油雾化状态　　　　　　　图 2-9　喷油器安装位置

某些厂家将阻值、喷口形式不同的喷油器导线连接器制成不同形状，见表 2-3。

表 2-3　喷油器导线连接器形状

导线边接器形状	喷口形式	阻　值
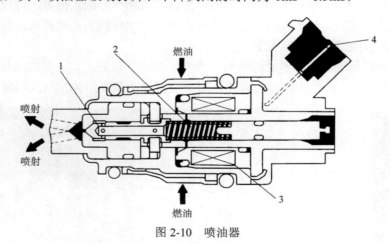	针阀型	低阻值
	针阀型	高阻值
	孔型	低阻值
	孔型	高阻值

（二）喷油器的结构和工作原理

EFI 系统使用的喷油器都是电磁式的，其结构如图 2-10 所示。喷油器主要由滤网、接线插头、电磁线圈、弹簧、针阀偶件等组成。轴针式喷油器针阀下部还有一段深入喷口的轴针。不喷油时，弹簧将针阀压紧在阀座上。当 ECU 的喷油控制信号将喷油器接线与电源回路接通时，电磁线圈通电产生磁场，吸引针阀克服弹簧张力离开阀座，喷油器开始喷油，针阀从其座面上升约 0.1mm，汽油从精密环形间隙中喷出。当 ECU 将电路切断时，吸力消失，针阀在弹簧作用下关闭，喷油器停止喷油。

喷油量取决于针阀升程、喷口面积以及喷射环境压力与燃油压力差、喷油时间，当前几个因素确定时，喷油量就取决于针阀的开启时间即电磁线圈的通电时间，一般通电时间为 2ms～5ms，其中喷油器吸动打开和下降关闭的时间为 1ms～1.5ms。

图 2-10　喷油器

1—针阀；2—弹簧；3—电磁线圈；4—滤网。

1. 轴针式电磁喷油器

图 2-11 所示为轴针式喷油器的结构图。它主要由喷油器外壳、喷油嘴、针阀、套在针阀上的衔铁以及根据喷油脉冲信号产生电磁吸力的电磁线圈组成。电磁线圈无电流时，喷油器内的针阀被螺旋弹簧压在喷油器出口处的密封锥形阀座上。电磁线圈通电时，产

生磁场吸动衔铁上移，衔铁带动针阀从其座面上升约 0.1mm，汽油从精密环形间隙中流出。为使汽油充分雾化，针阀前端磨出一段喷油轴针。喷油器吸动及下降时间为 1ms～1.5 ms。

喷油器用专门的支座安装，支座为橡胶成形件。从而形成隔热作用防止喷油器中的汽油产生气泡，有助于提高发动机的高温起动性能。另外，橡胶成形件可保护喷油器不受过高振动应力的作用。视发动机结构形式的不同，喷油器或是经汽油管或经带保险夹头的连接导线连接器（图 2-12）与燃油分配管连接。

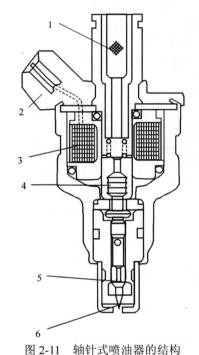

图 2-11　轴针式喷油器的结构

1—滤网；2—导线连接器；3—电磁线圈；
4—衔铁；5—针阀；6—喷油轴针。

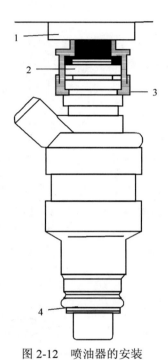

图 2-12　喷油器的安装

1—燃油分配管；2—上密封圈；
3—保险夹头；4—下密封圈。

2. 球阀式喷油器

由于当代轿车发动机具有较低的汽油消耗率和较高的功率，各种型号发动机的进气空气流量范围扩大，因此，喷油器的动态流量范围必须随之增大。减轻阀针质量并提高弹簧预紧力，对获得宽广的动态流量范围十分有效。同时，用球阀简化计量部位的结构，有助于提高喷油量计量精度。此外，喷油器件和盖用高导磁不锈钢制成，提高了耐蚀性。

图 2-13 为球阀式喷油器的结构。它与轴针式喷油器的主要区别在于阀针的结构。球阀式的阀针是由钢球、导杆和衔铁用激光束焊接成一个整体，其质量减轻到只有普通轴针式针阀的一半，这是采用短的空心导杆实现的。为了保证汽油密封，轴针式阀针必须有较长的导向杆，而球阀具有自动定心作用，无需较长的导向杆，因此，球阀式的阀针质量轻，具有较高的汽油密封能力，明显优于轴针式针阀。图 2-14 所示为同等级的球阀式阀针与轴针式阀针的比较。

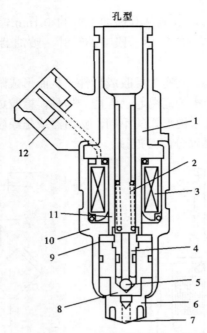

图 2-13　球阀式喷油器

1—喷油器体；2—弹簧；3—电磁线圈；4—阀针；5—钢球；6—护套；7—喷孔；8—阀座；
9—挡块；10—盖；11—衔铁；12—导线连接器。

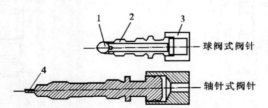

图 2-14　同等级的球阀式与轴针式阀针的比较

1—钢球；2—导杆；3—衔铁；4—轴针。

当喷油脉冲输入电磁线圈时，产生电磁吸力，固定在阀针上的衔铁被向上吸起，阀针抬离阀座，汽油开始通过计量孔喷出。当喷油脉冲终止时，吸力消失，阀针在弹簧力作用下返回阀座，于是喷油结束。因此，每次脉冲的喷油量取决于输入电磁线圈工作脉冲的宽度。

3. 片阀式喷油器

片阀式喷油器最早是英国卢卡斯公司研制开发的，其内部结构的主要特点是质量轻的阀片和孔式阀座，它们与磁性优化的喷油器总成结合起来，使喷油器不仅具有较大的动态流量范围，而且抗堵塞能力较强。电磁线圈可按任何特性值绕制，但典型的是一种低电阻型喷油器，阻值为 $2\Omega\sim3\Omega$，用于电流驱动型系统；另一种是高电阻型喷油器，阻值为 $13\Omega\sim17\Omega$，用于电压驱动型系统。汽油从喷油器顶部注入。图 2-15 所示是片阀式电磁喷油器的纵向剖面图。

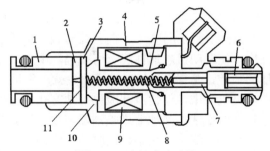

图 2-15　片阀式喷油器

1—喷嘴套；2—阀座；3—挡圈；4—喷油器体；5—铁芯；6—滤清器；7—调压滑套；8—弹簧；
9—电磁线圈；10—限位圈；11—阀片。

当喷油器处于未激励状态（阀关闭）时，阀片被螺旋弹簧力和液压力压紧在阀座上。当来自 ECU 的喷油脉冲通过喷油器电磁线圈时，即产生磁场，在电磁力足以克服弹簧力和液压力的合力之前，阀片仍将压紧在阀座上（图 2-16（a））。一旦电磁力超过两者的合力，阀片即开始脱离阀座上的密封环，被铁芯吸住（图 2-16（b）），于是具有压力的汽油进入阀座密封环中的计量孔。反之，一旦来自 ECU 的喷油脉冲结束，电磁力开始衰减，但是阀片仍瞬时保持阀开启状态，直到喷油器弹簧力克服衰减的电磁力为止。当弹簧力大于衰减的电磁力时，阀片将脱离挡圈返回到阀座上，切断燃油喷射（图 2-16（c））。

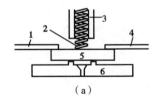 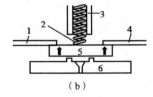 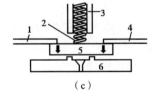

（a）　　　　　　　　　　　（b）　　　　　　　　　　　（c）

图 2-16　阀片的工作情况

（a）阀片静止在阀座上；（b）阀片抬离阀座直至抵住挡圈；（c）阀片离开挡圈落座。

1—挡圈；2—弹簧；3—铁芯；4—挡圈；5—阀片；6—阀座。

4. 单点喷射系统用喷油器

前述喷油器用于多点电控燃油喷射系统中，安装于各缸进气门前的进气歧管上，分别供给各汽缸工作所需的适量汽油。而对于单点电控燃油喷射系统而言，它是将 1 只或 2 只喷油器、汽油压力调节器和传感器等安装在节气门体上，其总成被称为中央喷射单元（图2-17）。喷油器是中央喷射单元中最重要的一个部件，其功能是在发动机各种工况下，向汽缸提供计量精确的雾化汽油。单点式喷油器的结构与多点式喷油器结构略有不同。

图 2-18 所示是德国 Bosch 公司的单点式燃油喷射系统用喷油器的结构。它由一个扁平衔铁和一个球阀用激光熔焊在一起。球阀下方有阀座，通过 6 个径向布置的计量喷孔喷出汽油。在球阀的上方设有一个压缩弹簧和一个电磁线圈，当喷油脉冲电流通过电磁线圈时，产生的电磁吸力克服弹簧压力将球阀吸离阀座，使汽油喷出。当喷油脉冲消失时，在弹簧压力的作用下，球阀将落座而停止喷油。这种喷油器与普通高压型的多点喷油器相比，其特点是喷油器头部采用球阀结构，使精加工量减少，易于成批生产，而且由于球阀形的结

构，即使工作条件严酷，它的工作可靠性也较好。由于采用扁平形的衔铁，它的质量惯性很小，使阀门的开闭时间可以降低到 1ms 左右，而且还有较好的重复性，从而改善了喷油器在小流量区工作的线性度，使发动机怠速性能有所提高。由于采用 6 个倾斜的径向布置的计量喷孔和 1 个锥形体的喷腔，在有汽油通过喷孔时，就产生呈 45°的锥形旋流，该旋流与喷腔壁面碰撞后，进入进气流中，促使汽油能更好地雾化。另外，它被设计成汽油通流式，亦即当发动机工作时汽油连续不断地流过喷油器，使它得到冷却，并保证使偶然形成的蒸气泡返回油箱，从而有效地解决了高温起动时防止气泡形成的问题，提高了汽油系统的热传输性能。

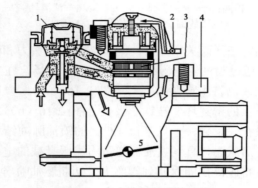

图 2-17　中央喷射单元的结构

1—汽油压力调节器；2—进气温度传感器；3—喷油器；4—节气门体；5—节气门。

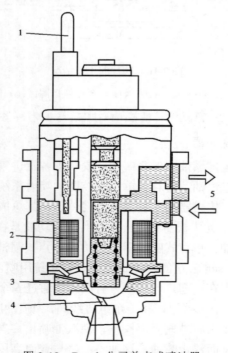

图 2-18　Bosch 公司单点式喷油器

1—导线连接器；2—电磁线圈；3—球形阀；4—斜置的喷油孔；5—汽油的流向。

（三）喷油器的工作特性

1. 喷油器针阀的工作特性

图 2-19 所示为触发脉冲和针阀工作特性的关系。由于喷油器针阀的机械惯性和电磁线圈的磁滞性以及磁路效率的影响，任何实用的喷油器在触发脉冲加到电磁线圈后，从脉冲开始到针阀呈最大升程状态，需要一定时间 T_o，称为开阀时间。当脉冲消失到针阀落座关闭也需要一定时间 T_c，称为关阀时间。由图可见，喷油器针阀的升起和落座与脉宽并不完全吻合。同时还可看出，开阀时间 T_o 比关阀时间 T_c 长，(T_o-T_c) 的时间是不喷射汽油的时间，称为无效喷射时间。开阀时间 T_o 受蓄电池电压的影响较大，而关阀时间 T_c 受蓄电池电压的影响很小。

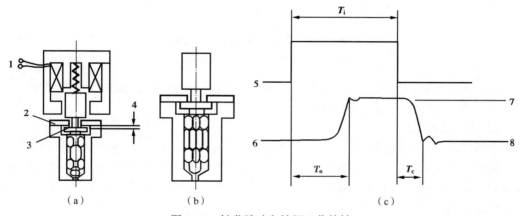

图 2-19　触发脉冲和针阀工作特性

（a）针阀全关时；（b）针阀全开时；（c）喷油器针阀工作特性。

1—驱动脉冲输入；2—调整垫（限制器）；3—针阀凸缘部；4—针阀升程；5—触发脉冲；
6—针阀升程；7—针阀全开位置；8—针阀全关位置；T_i —通电时间；T_o—开阀时间；
T_c—关阀时间。

2. 喷油器的电压修正特性

喷油器的动态喷射量，还会随喷油器驱动电源电压的高低而变化。当电源电压升高时，流经喷油器电磁线圈的电流增加，电磁线圈的吸力能较快地增大，从而使喷油器开阀时间 T_o 缩短，针阀全开时间即有效喷射时间增长，因而电源电压升高，喷射量增加；反之，电源电压降低，喷射量减少。

由于汽车上的电源电压不是恒定的，为了消除电源电压变化时对喷油量的影响，在电源电压变化时，常采用改变通电时间的方法予以修正。电源电压低时适当延长喷射时间；电源电压高时适当缩短喷射时间。其修正值随喷油器的规格及驱动方式的不同而略有差异。

3. 喷油器的驱动特性

喷油器的驱动方式分为电流驱动与电压驱动两种方式，电流驱动只用于低阻喷油器，而电压驱动可用于高阻喷油器和在回路中串有附加电阻的低阻喷油器，如图 2-20 所示。

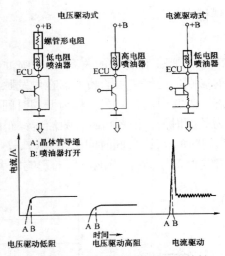

图 2-20　喷油器驱动回路及响应特性

从喷油器电磁线圈的响应特性看，电流驱动型的喷油迟滞时间最短，响应性最好，其次是电压驱动低阻型，电压驱动高阻型最差。

1）电压驱动型

电压驱动方式，回路结构简单，当使用低阻喷油器时，应在回路中加入附加电阻，使用低阻喷油器，减少了电磁线圈的匝数，减小了电感，喷油器响应性好，但电磁线圈匝数减少后，使电流增加，电磁线圈发热易损坏，因此在回路中设置了附加电阻。图 2-21 为电压驱动低阻型喷油器的驱动回路。它由：

蓄电池正极→易熔线→点火开关→附加电阻→喷油器的电磁线圈→微机内的晶体管→搭铁。

晶体管相当于一个开关，由 ECU 通过基极电压来控制。

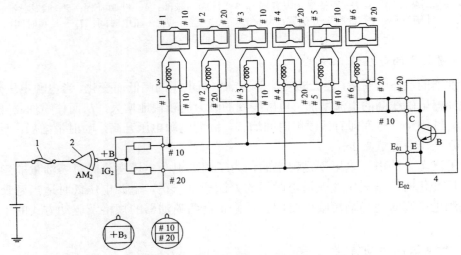

图 2-21　电压驱动喷油器驱动回路

1—易熔线；2—点火开关；3—喷油器；4—微机。

2）电流驱动型

电流驱动型比较复杂，如图 2-22 所示，在电路中增加了喷油器驱动电路，它能使喷油器开始工作后，减小电流，防止电阻发热过大而损坏。

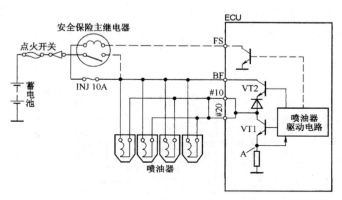

图 2-22　电流驱动喷油器驱动回路

安全保险继电器与 ECU 的 FS 端相连，经过 ECU 内部的喷油器驱动电路接地。点火开关接通时，继电器工作，喷油器驱动电路使 ECU 内的三极管 VT1 导通，流过喷油器电磁线圈的电流在发射极电阻上产生电压降，当 A 点电压达到设定值时，喷油器驱动电路使 VT1 截止。在喷油期间，VT1 约以 20Hz 的频率导通或截止，其波形如图 2-23 所示。升起针阀电流约 8A，保持针阀升起的电流约为 2A。

VT2 吸收由于 VT1 导通截止时喷油器线圈上产生的反电动势，避免电流突然减小。由安全保险主继电器供电时，若喷油器线圈电流过大，继电器将自动断开，切断喷油器的供电电源。

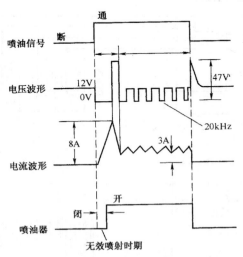

图 2-23　喷油器通电时电流变化特性

（四）喷油器的控制电路

间歇性燃油喷射系统喷油器由 ECU 进行控制（图 2-24）。当发动机工作时，ECU 根据有关传感器输入的信号，经运算判断后输出控制信号，控制大功率三极管导通与截止。当大功率三极管导通时，即接通喷油器电磁线圈电路，产生电磁吸力。当电磁力超过针阀弹簧力和油液压力的合力时，铁芯被吸动，阀针随之离开阀座，即阀门打开，喷油器开始喷油。当大功率三极管截止时，则喷油器电磁线圈电路被切断，电磁力消失，当针阀弹簧力超过衰减的电磁力时，弹簧力又使针阀返回阀座上，使阀门关闭，喷油器停止喷油。

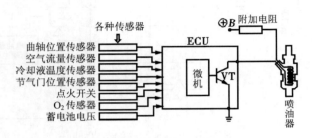

图 2-24　喷油器的基本控制电路

喷油器的喷油量，取决于针阀行程、喷口面积及喷射环境压力与汽油压力的压差等因素。当上述这些因素一旦确定，则喷油量就取决于针阀的开启时间，即电磁线圈的通电时间。

多点喷射系统的喷油器按照喷油的时序分，有同时喷射、分组喷射和顺序喷射三种。同时喷射喷油器的控制电路如图 2-25 所示，分组喷射喷油器的控制电路如图 2-26 所示，顺序喷射喷油器的控制电路如图 2-27 所示。

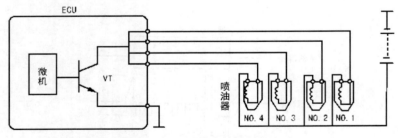

图 2-25　同时喷射控制电路

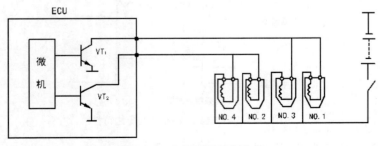

图 2-26　分组喷射控制电路

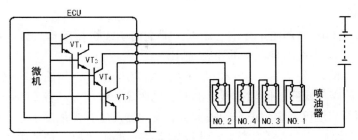

图 2-27　顺序喷射控制电路

时代超人 AJR 发动机喷油器的控制电路如图 2-28 所示,喷油器的喷油顺序为 1－3－4－2。

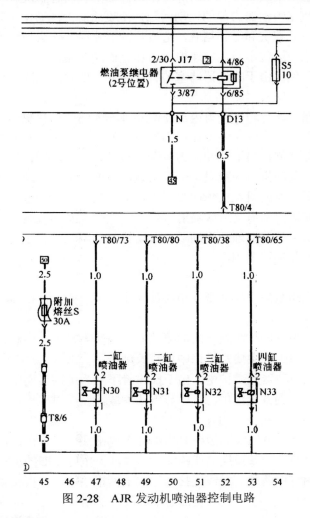

图 2-28　AJR 发动机喷油器控制电路

（五）喷油器的故障与检修

1. 喷油器的故障

电控燃油喷射系统喷油器的常见故障可分为机械故障和电路故障两种。

1）机械故障

机械故障表现为喷油器由于黏滞、堵塞、泄漏而引起机械动作失效，造成发动机的运转出现损坏性工况，严重影响汽车的正常使用。

（1）喷油器黏滞。该故障是在发动机 ECU 发出喷油信号，喷油器的电磁线圈通电后产生磁吸力，由于针阀与阀座的间隙被残存的黏胶物阻塞，致使吸动柱塞升起的动作发涩，达不到规定的针阀开启速度，影响正常的喷油量。喷油器发生黏滞故障后，发动机出现怠速不稳、起动困难、加速性能变差等症状。产生喷油器黏滞的主要原因是使用了劣质汽油而引起的。劣质汽油中的石蜡和胶质，会在短期内引起喷油器黏滞，造成发动机早期故障发生。

（2）喷油器堵塞。该故障可分为内部堵塞和外部堵塞两种状况。内部堵塞原因是汽油中混入杂质和污物堵塞喷油器内部的运动间隙，使喷油器机械动作失效。外部堵塞原因是喷油器外部的喷射口被积炭和污物堵塞，造成喷油器喷射工作失效。喷油器发生堵塞故障后，发动机起动困难、运转不稳、怠速熄火、加速性能变差，甚至造成发动机喘抖，导致机件异常磨损情况恶化。由于喷油器堵塞的程度不同，堵塞的状况不同，发动机出现早期故障的症状也不同。

（3）喷油器泄漏。该故障可分为内部泄漏和外部泄漏两种状况。内部泄漏的原因是喷油器在使用中早期磨损，造成喷油器在压力油路的施压状态下，不断向进气歧管内泄漏汽油。外部泄漏的泄漏部位在喷油器和压力油管连接处，汽油泄漏在进气歧管外部，油滴在汽缸体上，遇热后在发动机罩内蒸发，一旦出现电路漏电火花，随时都会引起火灾。当喷油器发生内部泄漏后，发动机耗油量明显增加，而且发动机动力性变差，尾气中 HC 值增高。另外，由于喷油器内部泄漏造成喷射雾化不好，引起发动机运转不平稳，混合气燃烧不完全，排气冒黑烟。喷油器外部泄漏后，发动机起动困难、怠速熄火、动力性下降、耗油量猛增、运转喘抖和加速困难。

2）电路故障

喷油器自身的电路故障主要表现在电磁线圈上，可以归纳为线圈断路、线圈短路和线圈老化。

（1）电磁线圈断路。电磁线圈烧断的喷油器，燃油喷射工况中断，造成发动机无法运转。造成线圈烧断的原因，主要是维修中盲目改动线路，造成接线错误，而将线圈绝缘层烧坏。另外，在清洗喷油器的维护中，由于操作者不熟悉电磁线圈电阻值的知识，错误地将低阻值喷油器直接接到蓄电池电源上，导致线圈载流量超过限度，发热烧蚀线圈漆包线的绝缘层，严重的甚至烧断线圈的导线。

（2）电磁线圈短路。电磁线圈短路是指喷油器电磁线圈正常出现的脉冲控制电流，未经规定线路流动，而通过一条短捷的线路流动。喷油器电磁线圈的连接方式是由一个双位导线连接器连接线圈首尾两端。导线连接器送出的两根引线，一根接蓄电池电源正极，另一根经过发动机 ECU 后，接入控制喷油器电磁线圈的搭铁回路。喷油器电磁线圈发生短路故障，即未经发动机 ECU 而直接搭铁。短路故障发生后，只要接通点火开关，喷油器就一直喷油。在起动发动机时，由于油量过多，造成火花塞被淹而无法起动。就是发动机勉强能起动，发动机运转工况也异常恶化，汽油消耗量过高，混合气过浓，产生爆燃而引起发动机喘抖，造成机械磨损加剧。另外，过量的汽油还会在排气管中燃烧，尾气排放超限，严重冒黑烟，HC 值极高，甚至损坏三元催化转化器。产生喷油器电磁线圈短路的主要原因是维修中接线错误，导线连接器周围过脏。

（3）电磁线圈老化。喷油器电磁线圈老化是指线圈阻抗值增加，造成脉冲控制电流在老化的线圈上受阻，导致线圈产生的电磁吸力不足，影响喷油的喷射效果。当线圈老化出现后，发动机起动困难、怠速不稳、加速性能变差。通常老化属于自然规律，电磁线圈也如此，但是短期内电磁线圈发生老化大多都是由异常原因造成的故障。产生线圈老化的异常原因是喷射系统中的脉冲电流控制值偏高，电流过大而引起发热，导致线圈过早出现老化。

2. 喷油器的检修

喷油器是电控燃油喷射系统中关键的组成部分。因我国的油品质量较差，喷油器发生的故障约占电控燃油喷射系统故障的 25%以上。喷油器是一次性使用件，只允许清洗而不能拆开修理。可以运用检测手段去判断哪一个喷油器发生了故障及其故障原因和部位，以决定是清洗或是更换。

1）经验检测法（外部检测法）

用经验法检测喷油器可以从喷油器的外部诊断其工作是否正常。此法简单易行，但很难精确地测出喷油器的燃油喷射量。具体检测诊断方法如下：

（1）发动机热机后，在怠速状态下用听诊器（触杆式）触及喷油器本体，测听各缸喷油器的工作声响。喷油器正常工作时，发出"嗤、嗤、嗤"的喷油声；否则，说明喷油器有故障，应该清洗喷油器或更换喷油器。

（2）发动机热机后，在怠速状态下，用手触摸或用听诊器测听喷油器工作时的振击声，即检测喷油器针阀开闭的声响。用手触摸喷油器本体，若有轻微的振感或听到有"嗒、嗒、嗒"的声音，说明此喷油器工作正常；否则，说明喷油器有故障，应该清洗喷油器或更换喷油器。

（3）拆下发动机上的全部喷油器，安装在便于观察其喷油状况的地方并接好油管及连接线（此时还应将火花塞卸下，以减少汽缸阻力）。起动发动机，同时观察各喷油器的喷油状况（注意防火），应对喷油雾化不良或漏油的喷油器进行清洗或更换。

（4）喷油器的单个检测。将喷油器与蓄电池连接好，通电 15 s，用量筒测量喷油器的喷油量，并观察汽油雾化情况。要求每个喷油器的喷油量与标准喷油量相差不得超过 10%。每个喷油器需测试 2 次～3 次，以保证喷油器喷油量的准确率。检测完喷油器后，脱开蓄电池与喷油器的连接线，在保持油路系统正常油压的情况下检查喷油器处有无漏油，要求每分钟漏油不得多于 2 滴。

（5）线路检测。用汽车电器测试仪或用一只 12 V 灯泡连接到喷油器（高电阻型喷油器）导线侧连接器的两个端子。起动发动机，如汽车电器测试仪或灯泡出现闪亮，即表示控制电流及线路正常，否则，应对相应的线路进行检查。

2）万用表检测法

这一方法主要是检测喷油器的电压、电阻值和有关线路的导通情况。与经验法比较起来，检测精度和准确率较高，不容易发生误判。

（1）喷油器电路电压的检测。点火开关置于"OFF"位置，拔下喷油器导线连接器，再将点火开关置于"ON"位置，用万用表的 V 挡检测喷油器导线侧连接器上电源端子与搭铁端子间的电压，电压值应为蓄电池电压。如无电压，则应检修喷油器的供电线路。

（2）喷油器电磁线圈电阻值的检测。拔下喷油器导线连接器，用万用表Ω挡测量喷油器上两个接线端子间的电阻值。发动机温度在 20℃时，高电阻型喷油器的电阻值应为 $12Ω\sim16Ω$，低电阻型喷油器的电阻值应为 $2Ω\sim5Ω$。如果电阻值不符合标准，证明喷油器的电磁线圈损坏，应更换喷油器。

3）专用仪器检测法

这是最科学、严谨的检测方法。常用的测试仪是喷油器超声波清洗测试仪。采用喷油器超声波清洗测试仪对喷油器的检测过程如下：

（1）从发动机上拆下喷油器后，先用化油器清洗剂喷洗一下喷油器的外表，再用布擦抹干净。因刚拆下的喷油器外表较脏，不进行清洗会大大缩短超声波清洗液的使用寿命。

（2）密封性检测。在喷油器关闭的情况下，加上喷油的正常油压来检测喷油器的密封性。一般要求在 1 min 内喷油器不得滴漏 2 滴以上油滴，冷起动喷油器则不允许超过 1 滴油滴。如果密封性不符合技术要求，则应清洗或更换喷油器。

（3）雾化检测。不同型号的喷油器，在正常条件下喷雾形状是不同的。一般喷油器的喷雾形状像落体张开时的抛物面，两孔以上喷油器的喷雾形状是角度较大的白色锥体，而单孔喷油器的张角并不大。较脏或有故障的喷油器的喷雾形状基本相同，是一根或几根白线。如果雾化性不符合技术要求，则应清洗或更换喷油器。

（4）流量检测。即使是几个新的同型号的喷油器，它们的流量也不会绝对相同。在不同油压和不同转速下喷油器的喷油量也是不同的。汽车制造厂家给出在正常压力下 15 s 常开喷油流量，一般为 45 mL～75 mL，各个喷油器的喷射误差量不得超过 5 mL。如果流量检测结果不符合技术要求，则应清洗或更换喷油器。

（5）超声波清洗。用超声波正向、反向清洗喷油器。正向可以彻底清洗喷油器阀腔和阀座，反向则可以彻底洗脱滤网上的杂质。正反向清洗后，再用高速洁净气流吹净喷油器内的残留液体，以避免清洗液与测试液混合后产生沉淀物。

3. 喷油器堵塞故障的检测诊断

喷油器堵塞对喷油器性能有两种形式的影响：① 由于针阀或喷嘴受污物堵塞，对喷雾形状产生影响。② 由于喷油器过滤网和喷嘴堵塞，会引起喷油流速下降。观察喷油器的喷油形状，主要是观察汽油离开喷油器后的情况，对其要求是：能够喷出非常细小的雾状油束，这样才能很好地与进入发动机的空气混合。如果由于某种原因，使喷油器的喷雾形状发生变化，这将导致雾化不良和混合气不均匀，进而导致发动机产生不正常燃烧。一旦发动机性能变坏、加速迟钝、油耗增加等，就要联想到可能是喷油形状发生变化。喷油器滤网堵塞，不仅影响喷油形状，而且也减少了喷油的流速。当这种情况发生时，会明显地降低供给发动机的可燃混合气浓度的修正，但是它不会改变节气门打开后混合气浓度。喷油器堵塞故障有两种类型：一种是个别喷油器堵塞，这将会使发动机怠速运转不稳，在通常驾驶条件下，也会出现转速不稳现象；另一种是所有喷油器都堵塞，这将会使发动机的混合气明显变稀；喷油器堵塞是不易立即得出结论的故障，对其诊断则需要采用一定的检测方法。在进行该项检测时，假定发动机其他机构工作良好，若找到有故障的喷油器，对其修整后，发动机性能则应得到明显的改善。

1）个别喷油器堵塞的检测诊断

个别喷油器堵塞的检测诊断方法如下：

（1）喷油不平衡的检测诊断。

这和一般汽油机断火试验方法相似，只不过在此要利用检测诊断设备，切断供给某缸喷油器的供油信号，使该缸停止工作，同时观察断油后发动机转速的下降情况，对喷油器工作情况进行评估。进行该项检测时发动机转速最好在 1200 r/min～2000 r/min（要求在节气门打开的条件下）进行。避免在怠速时进行，其原因是许多车辆上安装有怠速控制系统，对检测效果影响较大。发动机在稳定的转速下，也可进行功率平衡试验。若将工作良好的喷油信号断开后，会引起发动机功率有较大的下降；而将工作情况差的喷油器信号切断后，引起发动机的功率下降微小。因此，可以做出这样的推断：断油后，发动机功率下降微小的一缸的喷油器可能有故障。

（2）喷油器堵塞故障的废气分析检测诊断。

喷油器堵塞后，会导致尾气中 HC 读数发生变化，检测尾气中 HC 的变化量，可以帮助诊断喷油器堵塞故障。当某缸断火后，喷入汽缸的汽油会通过排气管排出，这将使废气分析仪中 HC 读数增高。当切断良好喷油器一缸的点火后，会引起 HC 读数明显增高，当切断有故障喷油器一缸的点火后，HC 读数增高较少。因此，通过废气分析仪中 HC 变化量可以确定出有故障的喷油器。进行该项检测时，切断一缸点火后可使 HC 读数在 200×10^{-6}～300×10^{-6} 变化。同样，利用废气分析仪 CO 读数变化情况，也能对发动机各缸喷油器进行检测。断火后会使 CO 读数减少。CO 读数减少越快，喷油器向汽缸内喷出的汽油越多。因此，断火后 CO 读数减少小的汽缸的喷油器可能有堵塞故障。

（3）利用汽油压力表检查喷油器堵塞故障

利用汽油压力表检查喷油器堵塞故障可以就车进行，即在车上汽油系统中接入汽油压力表，使发动机处于静止状态，给喷油器一个固定的触发信号，观察汽油压力表的压力读数变化，这样就能判断出有故障的喷油器。进行该项检测时，要求每个喷油器触发前的压力相同，发动机不需运转。

2）所有喷油器堵塞的检测

假定所有喷油器堵塞，那么对发动机性能的影响则是唯一的，必将使发动机工作的混合气明显变稀。对这类故障的诊断就是要有意识也增加浓混合气浓度，若增加混合气浓度后，发动机性能好转，运转平衡，那么该故障便可得到确诊。在电控燃油喷射式发动机上，增加发动机混合气浓度，常用方法如下：

拆去汽油压力调节器上真空软管。拆下汽油压力调节器上的真空软管，可以暂时为发动机提供加浓混合气。通常进气歧管真空度施加到汽油压力调节器上，使喷油压力与进气歧管真空度差值保持稳定，当发动机怠速运转时，进气歧管真空度较高（节气门关闭），而相应的汽油压力较低。这时拆下真空软管，喷油器的喷油压力将会增高，这样就增加了怠速时混合气浓度。

约束汽油压力调节器上的回油管。在电控燃油喷射系统中，通过约束汽油压力调节器上的回油管，也能增加燃油喷射系统的油压。这种压力增加，实质上就增加了喷油器喷入汽缸的油量，进而增加了浓混合气浓度。如果汽油压力调节器回油管是易变形软管，可以用夹钳来约束回油管的回油，使系统油压增加，达到了增加混合气浓度的目的。如果汽油压力调节器的回油管是刚性的，则可以在回油管中装入带汽油压力表的开关，利用开关来调节回油管的回油情况，同样能达到改变混合气浓度的目的。

在冷却液温度传感器线路中串入可变电阻。改变电控燃油喷射系统的混合气浓度，最易控制的方法就是在冷却液温度传感器电路中串入可变电阻。其方法是：发动机运转至热车（80℃～85℃），断开点火开关，拆下冷却液温度传感器导线连接器，测量冷却液温度传感器电阻值（大多数车辆为200Ω～300Ω，而福特车冷却液温度传感器的电阻为2500Ω～3500Ω）。选择可变电阻时，其电阻调节范围应包含上述测量值。将可变电阻串入传感器电路中，预置可变电阻值为测量值，那么这时可以改变可变电阻阻值，模拟发动机冷起动工况，这时发动机 ECU 则可根据可变电阻传来的信息，给喷油器发出增加喷油信号，这样就会改变发动机的混合气浓度。

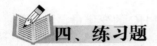

四、练习题

（一）判断题

1．对于 4 缸发动机，控制单元用两个电路来控制所有 4 个喷油器的这种喷射系统是分组喷射方式。（　　　）

2．根据燃油喷射系统的喷油方式分，连续喷射可以分为同时喷射、分组喷射和顺序喷射。（　　　）

3．顺序喷射的特点是发动机每转一圈，所有汽缸喷油器同时喷射一次，每循环喷射两次。（　　　）

4．同时喷射指各缸喷油器分别按发动机的工作顺序每循环各喷射一次，它具有喷射正时。（　　　）

5．要求每个电磁式喷油器的喷油量与标准喷油量相差不得超过 10%。（　　　）

6．在保持油路系统正常油压情况下，要求喷油器漏油不得多于 2 滴/min。（　　　）

7．电压驱动方式的喷油器回路中没有使用附加电阻。（　　　）

8．多通道示波器除了具备单通道示波器的全部功能之外，还可以同时测量和显示两个或多个信号的波形。（　　　）

9．时代超人 AJR 发动机喷油器常温下其标准内阻为 15.9Ω。（　　　）

10．喷油器按喷嘴形式可分为孔式和轴针式两种。（　　　）

（二）选择题

1．根据燃油喷射系统的喷油方式分类，时代超人 AJR 发动机属于（　　　）方式。
　　A．同时喷射　　　　B．分组喷射　　　　C．顺序喷射　　　　D．连续喷射

2．采用顺序喷射方式时，一般喷油是在（　　　）进行的。
　　A．排气上止点前　　　　　　　　　　B．排气上止点后

C．压缩上止点前　　　　　　　　　　D．压缩上止点后

3．按喷油器的驱动方式分类，时代超人 AJR 发动机的喷油器属于（　　　）。

A．电流驱动高电阻　　　　　　　　　B．电压驱动高电阻

C．电流驱动低电阻　　　　　　　　　D．电压驱动低电阻

4．在多点电控汽油喷射系统中，喷油器的喷油量主要取决于喷油器的（　　　）。

A．针阀升程　　　　　　　　　　　　B．喷孔大小

C．内外压力差　　　　　　　　　　　D．针阀开启的持续时间

5．用发动机综合分析仪测量喷油电压脉冲信号时应采用（　　　）。

A．直接接触式信号提取装置　　　　　B．传感器

C．非接触式信号提取装置　　　　　　D．以上都不对

6．电压驱动低电阻型喷油器，其电磁线圈电阻值为（　　　）Ω。

A．2～3　　　　　B．5～8　　　　　C．10～20　　　　　D．13～16

7．用万用表电阻挡测量喷油器电磁线圈电阻时，低电阻型喷油器电磁线圈的电阻应为（　　　）Ω。

A．2～3　　　　　B．6～9　　　　　C．10～12　　　　　D．以上都不对

8．用万用表电阻挡测量喷油器电磁线圈电阻时，高电阻型喷油器电磁线圈的电阻应为（　　　）Ω。

A．30～35　　　　B．20～25　　　　C．13～16　　　　D．2～3

9．各种驱动方式喷油器的迟滞时间不同，其中（　　　）的迟滞时间（无效喷射）最短。

A．电流驱动　　　　　　　　　　　　B．电压驱动低电阻喷油器型

C．电压驱动高电阻喷油器型　　　　　D．以上都不对

10．讨论喷油器脉冲宽度时，技师甲说单位时间进气量相同时当 PCM 模块增加喷油器脉冲宽度，空燃比变浓；技师乙说单位时间进气量相同时当发动机转速增加，PCM 模块将降低喷油器脉冲宽度。试问谁正确？（　　　）

A．甲正确　　　　　　　　　　　　　B．乙正确

C．两人都正确　　　　　　　　　　　D．两人都不正确

（三）简答题

1．喷油器常见的损坏形式有哪些？

2．如何使用诊断仪的执行元件测试功能诊断喷油器控制线路？

3．简述检测喷油器的密封性的操作步骤。

项目三

供油不正常故障的检修与诊断

一、项目描述

供油不正常故障的检修与诊断包括油压测试、供油系统主要元件的拆装与检测、供油油压不足故障的检测与排除等任务，通过本项目的学习，应达到以下要求：

1. 知识要求

（1）理解供油油压的概念。

（2）掌握供油压力的检测步骤。

（3）掌握油压检测结果分析。

（4）掌握主要元件的检测方法（油泵继电器、油泵熔丝、燃油泵、油压调节器等）。

（5）掌握供油油压不正常引起的故障的检测与排除。

2. 技能要求

（1）正确使用常用工具和专用工具。

（2）能按照规定的工艺正确连接三通管，并正确使用油压表测量油压。

（3）能正确使用万用表检测并判断油泵继电器、油泵熔丝的好坏。

（4）能正确使用诊断仪的最终控制诊断功能判断油泵继电器、油泵熔丝的好坏。

（5）能进行供油油压不正常引起的故障的检测与排除。

3. 素质要求

（1）5S。①SEIRI（整理）；②SEITON（整顿）；③SEISO（清扫）；④SEIKETSU（清洁）；⑤SHITSUKE（自律）。

（2）劳动保护与安全操作。

① 拆燃油系统元件前，必须关断点火开关，拆下蓄电池负极接线柱。

② 在松开连接部位之前，要彻底清洁该部位及连接件周围。

③ 在拆卸油泵之前，要在油箱开口附近准备好能吸附大量外泄燃油的材料，及时吸附外泄的燃油。

④ 要尽量避免皮肤与汽油直接接触。

⑤ 拆下的元件应进行妥善保管，不能随意放置。

⑥ 拆下燃油供给系统元件后，尽量不要使用压缩空气，车辆尽量不要移动。

⑦ 在检修汽油供给系统时，应先目视各有关插接器有无脱落、熔丝有无烧断、管路有无漏泄等现象。切不可轻易大拆大卸，那样可能会造成新的故障。

⑧ 在起动发动机之前，确保没有汽油遗漏在发动机机体上，确保分缸线连接良好，否则容易着火。

⑨ 在发动机运转或用起动机带动发动机运转时，都不要去触碰或拔下高压线。

（3）环境保护。

（4）团队协作。

（5）组织沟通能力。

（6）规范操作。

二、项目实施

任务一　油压测试

1．训练目标与要求

能按照规定的工艺正确连接三通管，并正确使用油压表测量各种油压，参照油压标准分析测试结果，并完成学习工作单。

2．训练设备

每组准备一台完好的发动机台架，一套工具箱，一个接油槽，一组油压表。

3．训练步骤

1）管路泄压

（1）拔出油泵熔丝（S5），起动发动机 3 次～5 次，直到发动机无法起动。

（2）关闭点火开关，断开蓄电池负接线。

2）连接油压表

（1）短时地打开燃油滤清器盖（释放压力），用一块擦布盖上压力接头。

（2）打开图 3-1 箭头所指的接头，并用擦布吸净泄出的燃油。

（3）将三通管串接到油路中，如图 3-2 中 1 所示，一定要确保管路接口处不漏油。

（4）将油压表快速接口接到三通管上，如图 3-2 中 2 所示。

（5）用棉纱擦干溅出的汽油。

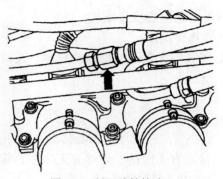 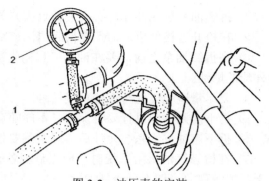

图 3-1　断开油管接头　　　　　　　　图 3-2　油压表的安装

1—三通管；2—油压表。

3）油压测试

（1）将蓄电池负极导线重新连接好。

（2）起动发动机，充分暖机之后使之怠速运行，测量并读取系统油压，填写学习工作单。

（3）踏下油门踏板，迅速加大油门，并使节气门处于接近全开位置，观察加速过程油压变化，并读取节气门稳定在接近全开时油压表指示的压力值，填写学习工作单。

（4）拔下油压调节器上的真空软管，如图 3-3 所示，并用手指堵住，读取油压表指示的压力值，填写学习工作单。

（5）使发动机恢复怠速运转，并查看油压表指示的压力值，其值应与节气门全开时的燃油压力相一致。

（6）用钳子夹住油压调节器回油管，读取油压表指示的压力值（最高油压），填写学习工作单，注意与系统油压相比较。

（7）将发动机熄火，等 10min 后，读取油压表指示的压力值（残余油压）。

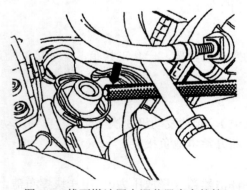

图 3-3　拔下燃油压力调节器真空软管

4）AJR 发动机标准油压参数

（1）系统油压：2.2bar[1]～2.7bar。

1　1bar=10^5Pa

（2）残余油压：2.0bar 以上。

（3）最高油压：为系统油压 2 倍～3 倍，一般为 4.9bar～6.4bar。

（4）大气压作用下油压：等于系统油压加上真空度，即 3.0bar±0.20bar。

5）AJR 发动机油压不正常可能的故障分析

（1）系统油压过低主要原因有滤清器堵、油泵泵油能力不足、油管泄漏、油压调节器损坏。

（2）系统油压过高主要原因有节气门后方漏气、油压调节器回油阀堵、回油管变形等。

（3）残余油压过低主要原因有油泵单向阀不密封、喷油器滴漏、油管泄漏、油压调节器损坏。

（4）最高油压过低主要原因有油泵泵油能力不足、油管泄漏、限压阀损坏、最高油压过低。

任务二　供油系统主要元件的拆装与检测

1．训练目标与要求

能按照规定要求拆装供油系统的主要元件，并使用检测设备正确检测供油系统的主要电子元件，并完成学习工作单。

2．训练设备

（1）每组准备一台完好的发动机台架，一套工具箱，一组油泵拆装专用工具，一个接油槽。

（2）每组准备一个万用表，一个诊断仪。

3．训练步骤

1）供油系统主要元件的拆装

（1）油泵的拆卸（图 3-4）。

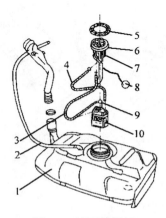

图 3-4　油泵的拆卸

1—油箱；2—加油口通气管；3—回油管；4—出油管；5—紧固螺母；6—汽油蒸气管；7—密封凸缘；8—油量传感器；9—导线；10—燃油泵。

① 断开点火开关，拆下蓄电池负极线。

② 卸下行李厢内衬盖板。

③ 拔下油泵导线插接器，拆下油箱出油软管和回油软管。

注意：拆出油管时，需先用布包住接头，慢慢从接头上拔下汽油软管，以防汽油飞溅。

④ 用专用工具从油箱上拆下紧固螺母（图 3-5）。

⑤ 取出密封凸缘和橡胶密封件。

⑥ 拔下密封凸缘内的油量传感器导线插接器。

⑦ 将专用工具伸入到油箱内，使专用工具的爪插入油泵壳体的三个拆装缺口，旋松油泵，从油箱内取出燃油泵（图 3-6）。

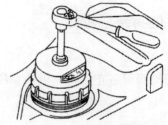 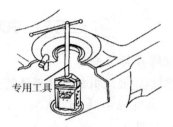

图 3-5　拆卸紧固螺母图　　　　　图 3-6　拆卸燃油泵

（2）汽油滤清器的拆卸（图 3-7）。

① 松开车辆底部汽油滤清器托架，取下滤清器托架。

② 松开油管抱箍，拔下汽油管。

③ 取下汽油滤清器。

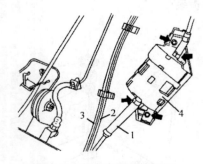

图 3-7　汽油滤清器的拆卸

1—进油管；2—回油管；3—蒸汽管；4—汽油滤清器。

（3）油压调节器的拆卸（图 3-8）。

① 从油压调节器上拔下真空软管。

② 用尖嘴钳拔下油压调节器卡簧。

③ 取出油压调节器。

④ 从油压调节器上取下两只 O 形密封圈。

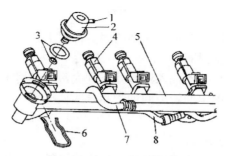

图 3-8　油压调节器的拆卸

1—真空管接头；2—油压调节器；3—O 形密封圈；4—喷油器；5—燃油总管；6—卡簧；
7—进油管；8—回油管。

（4）炭罐的拆卸（3-9）。

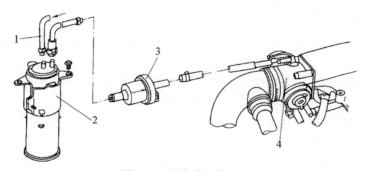

图 3-9　炭罐系统的分解

1—油箱蒸气阀；2—炭罐；3—炭罐电磁阀；4—节气门体。

① 从炭罐电磁阀上拔下炭罐电磁阀的导线插接器和真空管。

② 从空气滤清器侧面取下炭罐电磁阀。

③ 拆下左前轮罩的挡泥板。

④ 从炭罐上拔下汽油箱蒸气管和炭罐电磁阀过来的真空管。

⑤ 松开炭罐抱箍，拆下炭罐。

（5）装复油压调节器。

① 将两只 O 形密封圈装在油压调节器上。

② 将油压调节器装在分油管上。

③ 用尖嘴钳卡上油压调节器卡簧。

④ 插上真空软管。

（6）汽油滤清器的装复。

💡 注意：汽油滤清器进油口的箭头应指向汽油的流向。

（7）油泵的装复。

① 将从密封凸缘下引出的出油管、回油管及油泵导线插接器插到油泵上，并保证连接可靠。

② 将燃油泵插入油箱内。

③ 用专用工具将油泵固定在油箱底部的固定位置上。

④ 在油箱开口处装上密封圈。

⑤ 将密封凸缘与油量传感器插入油箱并压到底，用专用工具拧紧固定螺母。

⑥ 接上密封凸缘上部的出油管、回油管和导线插接器。

⑦ 装好行李厢盖板。

（8）装复炭罐和炭罐电磁阀。

① 将炭罐电磁阀装在空气滤清器侧面，插上真空管和导线插接器。

② 装上炭罐，卡上抱箍。

③ 接上真空控制阀的真空管和油箱蒸气管。

④ 接上炭罐电磁阀的导线插接器。

2）供油系统主要电子元件检测

（1）检测油泵电机。

① 拆下油泵上电线插头，用万用表测量油泵电机两个端子之间的电阻，其规定值为0.6Ω～3Ω，完成学习工作单内容。

② 用万用表检测油泵电机线束端子1（电源端）及端子4（搭铁端）之间电压，起动发动机，规定值为12V～14V，完成学习工作单内容。

③ 关闭点火开关，恢复油泵线束插头。

（2）检测油泵熔丝。

① 拔出油泵熔丝（S5）。

② 将万用表打到蜂鸣挡，校表，检测S5两端的导通情况，完成学习工作单内容。

③ 恢复油泵熔丝S5。

（3）检测油泵继电器。

① 拔出油泵继电器，用万用表测量油泵继电器线圈两个端子之间的电阻，其规定值为50Ω～100Ω，完成学习工作单内容。

② 将万用表打到蜂鸣挡，校表，检测油泵继电器开关两端的导通情况，将油泵继电器线圈两个端子分别接到蓄电池正负极，再次检测油泵继电器开关两端的导通情况，完成学习工作单内容。

③ 起动发动机，用诊断仪读取故障码，完成学习工作单内容。

④ 关闭点火开关，恢复油泵继电器。

⑤ 用诊断仪清除故障码，关闭点火开关。

（4）检测炭罐电磁阀。

① 拆下炭罐电磁阀上电线插头，用万用表测量炭罐电磁阀两个端子之间的电阻，如图3-10所示，其规定值为22Ω～30Ω，完成学习工作单内容。

② 起动发动机，用万用表检测炭罐电磁阀线束端子2和发动机搭铁端之间电压，规定值为12V～14V，完成学习工作单内容。

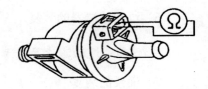

图3-10 炭罐电磁阀电阻检测

③ 关闭点火开关，恢复线束炭罐电磁阀插头。

④ 用诊断仪清除故障码，关闭点火开关。

（5）最终控制诊断。

① 连续诊断仪，打开点火开关，选择地址码 01 "发动机电子控制系统"。

② 输入 03 功能 "最终控制诊断"。屏幕显示：

Test of vehicle systymer	Q
03 Final control diagnosis	
车辆系统测试	确认
03 最终控制诊断	

③ 按 Q 键确认。屏幕显示：

Final control diagnosis	→
Injector cylinder 1－N30	
最终控制诊断	→
第一缸喷油器－N30	

此时听到清晰的油在油管当中流动的声音（夹住回油管，声音停止），说明油泵在工作，此时同时可以确定油泵熔丝和继电器线路正常，完成学习工作单内容。

④ 在诊断仪键盘上连续按 4 下→键，屏幕显示：

Final control diagnosis	→
ACF Solenoid 1－N30	
最终控制诊断	→
活性炭罐电磁阀 1－N30	

此时应能听到炭罐电磁阀不断的通/断电动作的声音，或用手可以感受到电磁阀连续的震动，说明炭罐电磁阀线路正常，完成学习工作单内容。

⑤ 关闭点火开关，退出诊断仪。

任务三　供油油压不足故障的检测与排除

1. 训练目标与要求

能正确检测并排除供油油压不足故障，并完成学习工作单。

2. 训练设备

（1）每组准备一台完好的发动机台架。

（2）每组准备好一个完好的万用表、诊断仪和维修手册。

（3）教师在发动机台架上设置一个或几个油泵线路故障。

3. 训练步骤

（1）起动发动机，观察发动机的故障现象，填写学习工作单。

（2）按照学习工作单检测项目所示顺序检测各项目，并填写学习工作单。

（3）对检测结果进行综合分析，得出分析结论，填写学习工作单。

（4）排除故障，填写学习工作单。

（5）重新起动发动机，检测原有不正常检测项目，验证故障排除结果，填写学习工作单。

（6）拆除三通管，恢复供油管路。

① 拔出油泵熔丝（S5），起动发动机3次～5次，直到发动机无法起动。

② 拆除三通管，连接供油管路。

③ 用棉纱擦干油管周边的汽油。

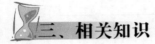

三、相关知识

（一）燃油供给系统的功用与组成

燃油供给系统的功用是向汽缸提供燃烧所需的汽油量，主要由电动燃油泵、燃油滤清器、燃油分配管、油压调节器、喷油器以及油箱、油管等组成，如图3-11所示。

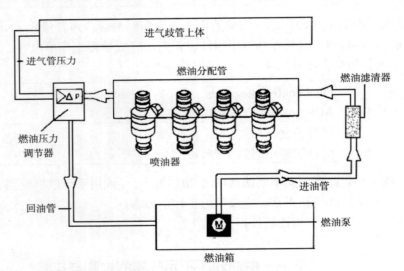

图3-11　燃油供给系统组成图

电动燃油泵把汽油从油箱泵出，经燃油滤清器、输油管送入燃油分配管，再由燃油分配管提供给各个喷油器，燃油压力调节器将多余的燃油返回油箱，以保证油管与进气歧管的压差一定；喷油器在ECU的控制下将适量的汽油喷入进气歧管中。

（二）电动燃油泵

1. 电动燃油泵的结构及工作原理

1）电动燃油泵功用和类型

电动燃油泵的功用是将汽油从油箱中吸出，加压后经喷油器供给发动机。电动燃油泵有两种安装方式：一种是在汽油箱外，安装在输送管路中的外装串联式；另一种是安装在油箱中的内装式。装在供油管路中时,电动燃油泵用一个金属支架安装在汽车的支架上,金属支架通常用橡胶件隔振。通过适当的软管从油箱内吸油,出油端与橡胶软管、钢管或塑料管连接。如图 3-12 所示,安装在油箱内时,电动燃油泵通常用固定在油箱口盖上的电动燃油泵支架垂直地悬挂在油箱内,或者是垂直安装在油箱壳底上,壳底有一局部下陷所构成的油池,电动燃油泵进油口置于油池中吸油,出油口经输油管穿过油箱盖与外部供油管路相连接。内装式电动燃油泵与外装串联泵相比较,不易产生气阻和汽油泄漏,且噪声小。目前,大多数电控燃油喷射系统均采用内装泵。

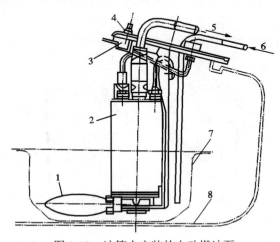

图 3-12　油箱内安装的电动燃油泵

1—进油滤网;2—电动燃油泵;3—隔振橡胶;4—支架;5—汽油出油管;6—回油管;
7—小油箱;8—油箱。

2)电动燃油泵的结构

无论是内装式泵还是外装式泵,电动燃油泵的基本结构都是相同的。图 3-13 所示是电动燃油泵结构图。由图可知,电动燃油泵由永磁式电动机、泵体、止回阀、安全阀、滤网等组成。永磁电动机通电即带动泵体旋转,将汽油从进油口吸入,汽油经电动燃油泵内部,再从出油口压出,给汽油系统供油。汽油流经电动燃油泵内部,对永磁电动机的电枢起到冷却作用。故此种电动燃油泵又称湿式电动燃油泵。

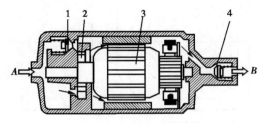

图 3-13　电动燃油泵结构

1—安全阀;2—泵体;3—电动机;4—止回阀;

A—进油口;B—出油口。

电动燃油泵的电动机部分包括固定在外壳上的永久磁铁和产生电磁力矩的电枢以及

安装在外壳上的电刷装置。电刷与电枢上的换向器相接触，其引线连接到外壳上的接柱上，将控制电动燃油泵的电压引到电枢绕组上。电动燃油泵的外壳两端卷边铆紧，使各部件组装成一个不可拆卸的总成。

（1）泵体。泵体是电动燃油泵泵油的主体，根据其结构不同可分为滚柱泵、齿轮泵、涡轮泵和侧槽泵等形式。

① 滚柱泵。滚柱泵是目前电动燃油泵最常用的结构形式，如图3-14所示，它由电动机驱动的转子（与泵套偏心安装）、转子外围的泵套和转子与泵套之间起密封作用的滚柱等构成。电动机转动时带动转子转动，由于离心力的作用使滚柱向外侧移动而贴着泵套内壁转动，这样，由转子、滚柱和泵套围成的腔室将随转子的转动而产生容积大小变化，在容积由小变大一侧汽油被吸入，在容积由大变小的一侧汽油被压出。

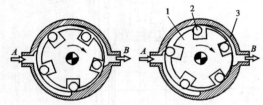

图3-14　滚柱泵的工作原理

1—转子；2—滚柱；3—泵套；

A—进油口；B—出油口。

② 齿轮泵。齿轮泵的工作原理与滚柱泵相似。它由带外齿的主动齿轮、带内齿的从动齿轮和泵套组成（图3-15），后两者与主动齿轮偏心安装。主动齿轮被电动燃油泵电动机拖动旋转，由于齿轮啮合，则带动从动齿轮一起旋转。在从动齿轮和主动齿轮的内外齿啮合的过程中，由内外齿所围合的腔室将发生容积大小的变化，这样，若合理地设置进出油口的位置，即可利用这种容积的变化将汽油以一定的压力泵出。这种形式的电动燃油泵与滚柱式泵相比较，在相同的外形尺寸下，泵油腔室的数目（等于齿数）较多，因此，齿轮泵输油的流量和压力波动都比较均匀，十分适合于轿车应用。

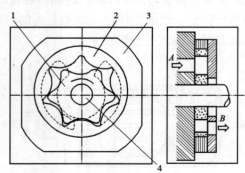

图3-15　齿轮泵的结构

1—主动齿轮；2—从动齿轮；3—泵套；4—轴；

A—进油口；B—出油口。

③ 涡轮泵。涡轮泵又称再生泵，它以完全不同于前两种泵的方式工作，泵的汽油输送和压力升高完全是由液体分子之间动量转换实现的。其结构非常简单，仅由三部分组成：圆周上有许多叶片沟槽的涡轮和两个在相对于涡轮叶片沟槽部位开有合适流道的凸缘组成的泵壳，如图 3-16 所示。涡轮泵由电动机驱动，驱动力矩传递到涡轮上，在涡轮外围的叶片沟槽前后，因液体的摩擦作用产生压力差，由于很多叶片沟槽产生的压力差循环往复而使汽油升压。升压后的汽油，通过电动机内部经止回阀从出油口排出。由于涡轮泵的效率低，特别是压力升高的效率不太高，因此它主要用于低压和输油量较大的场合。涡轮与泵壳之间的轴向间隙以及密封出口通道的径向间隙都应很小，这对于避免内部泄漏是非常重要的，否则，会导致输出损失。

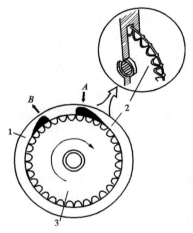

图 3-16 涡轮泵的结构

1—泵壳；2—叶片沟槽；3—涡轮；

A—进油口；B—出油口。

④ 侧槽泵。侧槽泵是液压泵的另一种变型，它的结构与涡轮泵不同，但是它们的工作原理是十分相似的，即通过液体分子之间的动量转换使汽油具有功能与压力能。两者的主要区别在于叶轮形状、叶片数目以及流道的形状与配置。

图 3-17 所示的侧槽泵仅由法兰和叶轮两部分组成。法兰包括进油口、侧槽和封闭式导气槽；叶轮包括正对着边槽的叶片环和可使汽油从导流槽穿过叶轮流向其背面的轮辐。侧槽泵的突出优点在于能以蒸气和汽油的混合物运转，并能通过适当的放气口分离或提高压力，使蒸气冷凝来消除气泡，这对于电控燃油喷射系统的正常工作具有重要意义。

（2）安全阀。安全阀是一种保护燃料输送管路的装置。其作用是防止在工作中出油口下游因某些原因出现堵塞时，发生管路破损和汽油泄漏事故。在电动燃油泵工作中，当出油口出现堵塞，工作压力上升到 400 kPa 时，安全阀打开，高压汽油同泵的吸入侧连通，汽油在泵和电动机内部循环，这样可以使汽油压力的上升不高于设定汽油压力，防止管路内油压过高。

（3）止回阀。止回阀可防止汽油倒流，保持管路残余压力，便于发动机热起动。当发动机熄火，电动燃油泵刚刚停止压送汽油时，止回阀便立即关闭，以保持泵和汽油压力调节器之间的汽油具有一定压力，该压力称为残余压力。

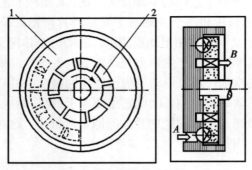

图 3-17 侧槽泵的结构

1—法兰；2—叶轮；

A—进油口；B—出油口。

通常，汽油一遇高温就要产生蒸气，汽油蒸气会引起电动燃油泵及喷油器的工作性能下降，其结果会造成发动机在高温情况下不易起动的问题。设置止回阀可以使发动机熄火后油路内汽油仍保持一定压力，减少了气阻现象，使发动机高温起动容易。

2. 电动燃油泵的控制

电控燃油喷射系统燃油泵的基本控制要求是：只有发动机运转时，油泵才泵油。即使点火开关接通，如果发动机不运转，燃油泵也不工作。另外有的油泵还受发动机转速控制。不同发动机的电喷系统，其油泵的控制方式也不一样。

1）油泵开关控制方式

此方式用于使用叶片式空气流量计的 L 型 EFI 系统，在叶片式空气流量计内装有油泵开关触点，其控制电路如图 3-18 所示。

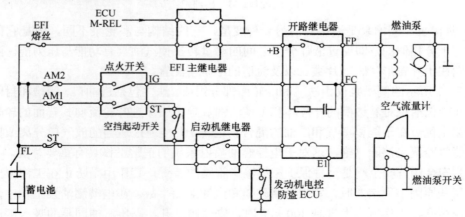

图 3-18 油泵开关控制方式燃油泵控制回路

起动发动机，点火开关与 ST 端接通，断路继电器线圈 L 通电，触点闭合，油泵通电工作。发动机起动后，空气流量计叶片转动，使油泵开关接通，断路继电器线圈 L 通电，这时，即使起动开关与 ST 断开，只要发动机运转，断路继电器始终处于接通状态。只有当发动机由于某种原因停止运转时，空气流量计的燃油泵开关断开，线圈 L 断电，断路继电器触点断开燃油泵才停止工作。

断路继电器内 R、C 的作用：① 发动机短时停止工作时，可使触点延迟断开；② 可消除触点火花。

2）油泵 ECU 控制方式

对于采用卡门涡旋式、热线式或热膜式空气流量计通常采用 ECU 内的晶体管来控制燃油泵的工作，如图 3-19 所示。

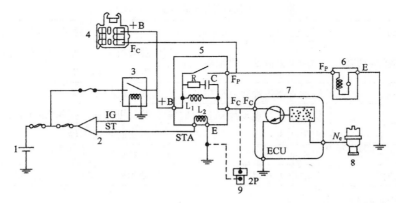

图 3-19 油泵 ECU 控制回路

1—蓄电池；2—点火开关；3—主继电器；4—检查插头；5—断路继电器；6—油泵；7—ECU；
8—分电器；9—油泵检查插头。

发动机起动时，点火开关与 ST 接通，断路继电器线圈 L_2 通电，继电器触点闭合，油泵通电工作。与此同时，发动机转动，发动机转速信号 N_e 输入 ECU，晶体管导通，断路继电器线圈 L 通电，触点闭合。因而只要发动机转动，断路继电触点闭合，油泵一直工作。

3）油泵的转速控制

有的发动机（如丰田 7M-GE、7M-GTE），油泵的泵油量还随发动机的负荷而变化。发动机在高速大负荷时，油泵转速高，泵油量大；相反，发动机低速、中小负荷时，油泵转速低泵油量小，图 3-20 为其控制电路图。

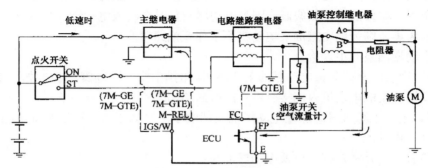

图 3-20 油泵转速控制电路图

在原控制回路中增设油泵控制继电器，该继电器有两挡，由 ECU 控制，发动机低速或中小负荷时，ECU 中的晶体管导通，控制继电器内一圈通电，使触点 B 闭合，串入电阻，油泵低速运转。发动机处于高速、大负荷运转时，ECU 晶体管切断闭合，油泵高速运转。

3. 电动燃油泵的常见故障及检修

1）电动燃油泵的常见故障

电动燃油泵本身最常见的故障是滤网堵塞、泵内阀泄漏和电动机故障，电动燃油泵因磨损而泵油压力不足的故障则较少见。电动燃油泵的常见故障及影响见表 3-1。

表 3-1　电动燃油泵的常见故障及影响

故障部位	对电控燃油喷射系统的影响	对发动机的影响
安全阀漏油或弹簧失效	供油压力偏低，供油量不足	发动机工作不平稳或不工作，发动机加速不良，发动机无力
止回阀漏油	输油管路不能建立残压	发动机起动困难
进油滤网堵塞	供油不足，电动燃油泵有时发出尖叫声	发动机高速"打嗝"、无高速、加速不良、严重时怠速不稳
电动机烧坏	无汽油供应	发动机不工作
电动燃油泵磨损	泵油压力不足	发动机起动困难、动力不足、加速不良

2）电动燃油泵检修

（1）电动燃油泵的就车检查。

① 工作状况的检查。接通点火开关但不要起动发动机；打开油箱盖，仔细听有无电动燃油泵运转的声音（若听不清电动燃油泵运转的声音，也可以用手检查进油软管有无压力）；若听不到电动燃油泵运转的声音，也感觉不到进油管的压力，说明电动燃油泵不工作。对此，应检查电动燃油泵电源熔断器有无烧断，继电器有无损坏、控制线路有无断路等。若上述检查都正常，则应拆检电动燃油泵。

② 就车油压检查法。使电动燃油泵工作，测量输油管路中的油压。如果油压正常，说明电动燃油泵、汽油压力调节器均良好；如果油压偏高，则一般为汽油压力调节器不良；如果油压偏低，则将汽油压力调节器回油管拆下并将接口堵住，再使电动燃油泵工作，测输油管路中的油压，如果此时油压能达到正常值，说明汽油压力调节器不良，需要更换汽油压力调节器，如果油压仍然偏低，则为电动燃油泵安全阀或电动燃油泵本身不良；如果测量出油压为零，则为电动燃油泵电动机不工作或油路堵塞。

（2）电动燃油泵的单件检查。

① 用万用表欧姆挡测量电动燃油泵两端子间的电阻，一般为 $2\Omega \sim 3\Omega$。如果电阻很大，则说明电动燃油泵的电动机内部接触不良或有断路。

② 用蓄电池电源短时间加在电动燃油泵两端子上，如正常，应能听到电动燃油泵转子高速转动的声音。

以上检验如有异常，则应更换电动燃油泵。

3）电动燃油泵控制电路的常见故障

电动燃油泵不工作是造成电控燃油喷射发动机不能起动或起动后随即熄火的常见故

障原因之一。造成电动燃油泵不工作的原因有：电动燃油泵电动机不能转动；EFI 主继电器故障；电动燃油泵继电器故障；空气流量传感器电动燃油泵开关触点接触不良；ECU 或转速传感器故障（空气流量传感器不带电动燃油泵开关或 D 型 EFI 系统）；导线连接器松动、接触不良，熔丝烧断，点火开关不良等。

4）电动燃油泵控制电路的检测方法

（1）用一导线将电动燃油泵检查插孔短接，接通点火开关，看电动燃油泵工作与否。若电动燃油泵工作，可判定为空气流量传感器电动燃油泵开关或电动燃油泵继电器至空气流量传感器之间的线路不良，需检查空气流量传感器或电动燃油泵开关能否通路。如果能通路，则是有关线路有故障，检查线路和导线连接器；如果不能通路，则需要更换空气流量传感器。对于由 ECU 控制电动燃油泵的 EFI 系统，则先检查转速与曲轴转角信号是否正常，如果信号不正常，则更换转速信号传感器；如果信号正常，线路连接也无问题，则需要换 ECU。若将电动燃油泵检查插孔短接后电动燃油泵仍不工作，则需作下一步检查。

（2）用万用表的电压挡测量检查插孔+B 对地电压，正常电压应为蓄电池电压。若电压低或无电压，则为电动燃油泵继电器前的电源电路有故障，需检查有关的熔断器、导线连接器、点火开关等。若电压正常，则作下一步检查。

（3）用万用表电压挡测量检查插孔 FP 对地电压，正常值也应为蓄电池电压。若电压正常，可判定为电动燃油泵及有关电路有故障，检查有关线路，如果无问题，则需更换电动燃油泵。若电压不正常，则检查或更换电动燃油泵继电器。

（三）燃油压力调节器

汽油压力调节器的作用是控制喷油器的喷油压力和进气歧管的绝对压力的压差保持恒定（保持喷油压力与喷油环境压力的差值一定），一般为 250kPa。这样，从喷油器喷出的汽油量便唯一地取决于喷油器的开启持续时间，使发动机 ECU 在各种负荷和转速下都能精确地进行喷油量控制。因为发动机所要求的燃油喷射量，是根据 ECU 加给喷油器的通电时间长短来控制的，如果不控制汽油压力，即使加给喷油器的通电时间相同，当汽油压力高时，燃油喷射量也会增加；当汽油压力低时，燃油喷射量会减少。然而这是以喷射环境压力一定为前提的。喷油器喷射汽油的位置是进气道或者汽缸盖，如果使汽油压力相对大气压力是一定的，但由于进气歧管内的真空度是变化的，那么即使喷油信号的持续时间和喷油器压力保持不变，而当进气管绝对压力低（真空度高）时，燃油喷射量便增加，进气管绝对压力高（真空度低）时，燃油喷射量便减少。为了避免出现这种情况，得到精确的喷油量，油压和进气歧管真空度的总和应保持恒定不变，如图 3-21 所示，这样对依据通电时间确定喷油量的喷油器来说，具有决定意义。为了使系统油压与进气歧管压力差保持恒定，故汽油压力调节器所控制的系统油压，应随进气歧管压力变化作相应的变化。

电控燃油喷射系统中的汽油压力调节器一般安装在供油总管上，其结构如图 3-22 所示，采用膜片式结构。汽油压力调节器是一个金属壳体，中间通过一个卷边的膜片将壳体内腔分成两个小室，一个是弹簧室，内装一个带预紧力的螺旋弹簧作用在膜片上，弹簧室由一根真空软管连接至进气歧管；另一个室为汽油室，直接通入供油总管。

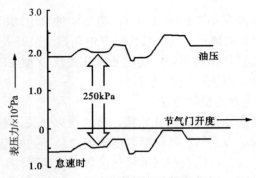

图 3-21　油压和进气歧管真空度

汽油压力调节器的工作原理如下：进气歧管压力（真空度）和弹簧的压力作用在膜片上方，膜片控制着在它下边的回油孔。当喷油器工作时，汽油同时输往喷油器和汽油压力调节器的汽油室，此时膜片将回油孔堵塞，汽油不再进一步流动。当汽油压力达到预定的数值时，汽油将推动膜片，压缩弹簧并打开回油孔，从电动燃油泵来的汽油经回油孔、回油管流回油箱。然后，膜片在弹簧力的作用下回到原来位置，将回油孔关闭，如此保持喷油器内的压力恒定。

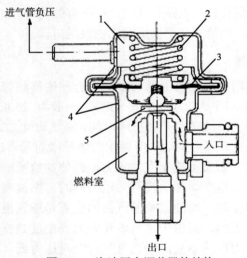

图 3-22　汽油压力调节器的结构

1—弹簧室；2—弹簧；3—膜片；4—壳体；5—阀。

作用在膜片上方的进气歧管压力（真空度）用来调节喷油压力。弹簧的设定弹力为250 kPa，当进气歧管负压（真空度）为零时，汽油压力保持在250 kPa。当进气歧管压力变化时，会影响到膜片的上下动作，以改变汽油压力。怠速时，汽油压力的调整值为196 kPa，节气门全开时约为245 kPa。

当发动机起动后，进气歧管产生真空，怠速时真空为400 mmHg（压力为-54 kPa），故怠速时的汽油压力调整值为196 kPa，节气门全开时，真空约为40 mmHg（压力为-5 kPa），故节气门全开时汽油压力调整值为245 kPa。

电动燃油泵停止工作时（发动机停转），在弹簧弹力作用下，阀门关闭，使电动燃油泵止回阀和汽油压力调节器阀门间油路内保持一定的残余压力。

（四）燃油脉动减振器

当喷油器喷射汽油时，在输送管道内会产生汽油压力脉动，汽油压力脉动减振器是使汽油压力脉动衰减，以减弱汽油输送管道中的压力脉动传递，降低噪声。

图3-23所示为汽油压力脉动减振器结构，为了使压力脉动衰减，采用了膜片和弹簧组成的缓冲装置，可把压力脉动降低到低水平。在减振器内部由膜片分隔开成空气室（上部）和汽油室（下部），在空气室内有弹簧压在膜片上，从而使膜片产生向下的力。当油路中油压不稳时，该不稳的油压作用于膜片上，由膜片再传给弹簧而吸收掉这部分力，使油压变得平稳。该装置通常在250kPa的压力下作用，但由于喷油器工作时会产生压力脉动，故它的常用工作范围可达到300kPa左右。

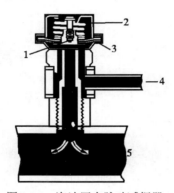

图3-23　汽油压力脉动减振器

1—阀；2—弹簧；3—膜片；4—自动电燃油泵；5—输送管道。

（五）汽油机缸内直喷系统简介

1. 汽油机缸内直喷系统基本概念

汽油机缸内直喷系统又称汽油分层喷射（燃烧）系统（Fuel Stratified Injection，FSI）。汽油机缸内直喷系统，顾名思义即汽油发动机像柴油机一样采用缸内直喷技术，其优点主要包括：

（1）混合气稀燃烧，燃油消耗较低。

（2）缸壁热损耗小，热效率提高。由于FSI技术采用的分层充气模式的燃烧只发生在火花塞附近，所以缸壁上的热损耗是很少的。

（3）废气再循环率高，强制分层充气可使废气再循环率高达35%。

（4）压缩比高，提高了热效率。吸入的空气通过燃油在燃烧室直接喷射雾化而冷却下来，降低了爆震的可能性，可提高压缩比，这就提高了压缩终了压力。

（5）优化超速切断效果。在变速器转速恢复到低于发动机转速的过程中，汽缸壁不会沉积燃油，燃油基本上被完全转化成可用能量了，即使在恢复转速较低时，发动机也能稳定运行。

2. 汽油机缸内直喷系统的结构与原理

汽油缸内直喷系统由汽油供给系统、进气系统和电子控制系统组成。汽油供给系统有低压供油系统和高压供油系统两部分，其组成如图 3-24 所示。其中高压供油系统由一个可按需要调节的高压泵来供油，这种按需要来调节的装置是为了降低高压泵所消耗的电能，从而节省燃油。高压泵只供应发动机所需要的燃油量，这个燃油量是根据规定的系统压力得出的。这个过程由发动机控制单元和一个电子功率控制装置来完成。这个电子功率控制装置通过脉冲宽度调制来调节高压泵的转速。

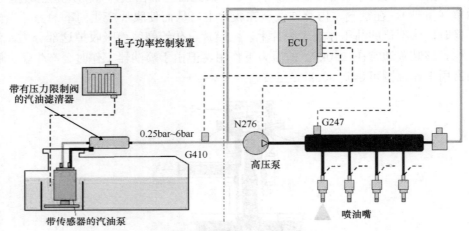

图 3-24　汽油供给系统组成图

$1bar=10^5Pa$。

FSI 发动机汽油供给系统的工作原理。如图 3-25 所示，汽油压力是由一个单活塞高压泵经燃油计量阀建立起来的，然后再经汽油分配管输送到四个高压喷油阀上。在低压系统中采用电动汽油泵给高压泵供应压力约为 6bar 的燃油，在高压系统中汽油压力为 50 bar～110bar（取决于负荷和转速），过压阀是用来保护高压部件的，该阀在压力超过 120bar 时打开。

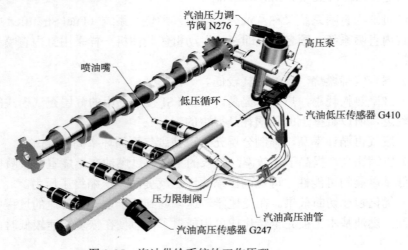

图 3-25　汽油供给系统的工作原理

1）单活塞高压泵

单活塞高压泵由凸轮轴以机械方式来驱动，如图 3-26 所示，电动汽油泵给高压泵预供油，预供油压力约为 6bar。高压泵产生燃油轨内所需要的压力，压力缓冲器会吸收高压系统内的压力波动。

（1）压力建立，如图 3-27 所示。

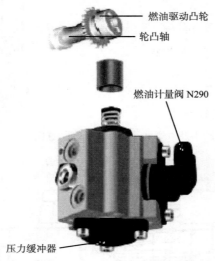

图 3-26 单活塞高压泵的结构图

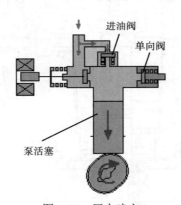

图 3-27 压力建立

① 泵活塞向下运动。汽油以最高 6bar 的压力经进油阀进入泵腔。另外泵活塞向下运动也会吸入汽油。

② 泵活塞向上运动。汽油被压缩，于是通过油轨的压力就升高，高压汽油就被输送到汽油分配管内。

（2）压力调节。

单活塞高压泵的压力调节是由燃油计量阀来实现的，如图 3-28 所示，该阀控制燃油轨内的汽油压力，如果该阀在供油升程结束前起动了，那么泵腔内的压力就会卸掉，燃油流向泵的吸油一侧。单向阀用于防止汽油分配管内的油轨压力卸掉。燃油计量阀的结构如

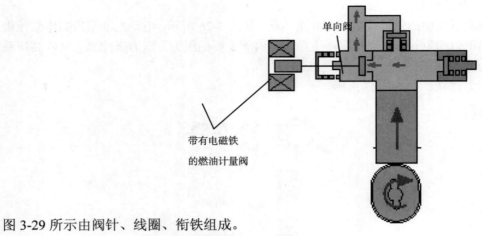

图 3-29 所示由阀针、线圈、衔铁组成。

图 3-28　燃油计量阀的工作示意图

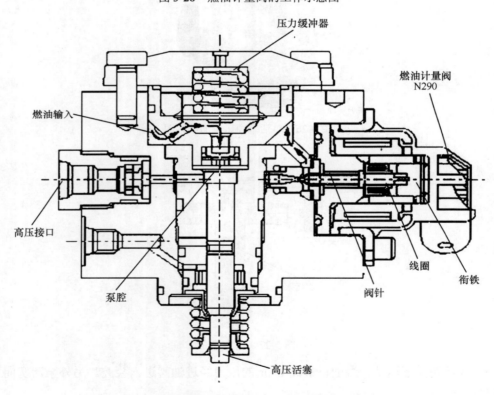

图 3-29　燃油计量阀的内部结构及工作原理图

燃油计量阀的工作原理：燃油计量阀在未通电时是打开的，线圈通电时就会产生磁场，喷嘴针被压靠到阀座上。当达到燃油轨内所需压力时，通电就会结束，于是磁场就消失了，

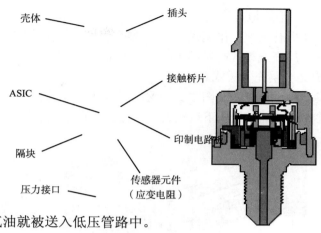

喷嘴针升起，不再需要的汽油就被送入低压管路中。

图 3-30　燃油压力传感器

2）燃油压力传感器

燃油压力传感器的内部结构如图 3-30 所示，主要由壳体、ASIC、接触桥片、隔块、印制电路板、应变电阻等组成。其工作原理是：燃油压力传感器的核心就是一个钢膜，在钢膜上镀应变电阻，一旦要测的压力经压力接口作用到钢膜的一侧时，由于钢膜弯曲，就引起应变电阻的电阻值发生变化。

3）喷油阀

FSI 发动机采用的是高压喷油阀。其内部结构如图 3-31 所示。它主要由供电接头、电磁线圈、压力弹簧、带衔铁的阀针、聚四氟乙烯密封圈、阀座等组成。其工作原理是：当 ECU 发出喷油信号时，电磁线圈通电，针阀被吸起，高压的燃油便从喷油孔喷出。喷油时，针阀的升程为 0.1mm～0.2mm，喷油持续时间为 2ms～10ms，喷油时间越长，喷油量越大。

高压喷油阀的任务是：① 燃油形成细雾；② 正确计量出所需燃油量；③ 将燃油准确地喷到燃烧室内相应区域；④ 在正确的时刻喷油。

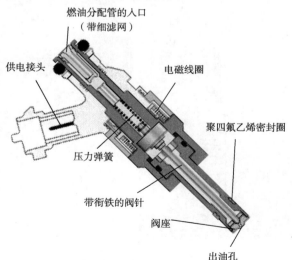

图 3-31　高压喷油阀的内部结构

4）混合气形成原理

FSI 发动机有三种工作模式：① 分层充气模式；② 均质稀混合气模式；③ 均质混合气模式。在分层充气模式时发动机的 λ 值为 1.6～3，在均质稀混合气模式时 λ 值约为 1.55，下面主要介绍分层充气模式。

FSI 发动机进气过程如图 3-32 所示，当活塞由上止点向下运动，节气门打开（节流损失小），进气歧管翻板封住下进气道，于是空气运动就加速了，吸入的空气呈旋转状进入汽缸。

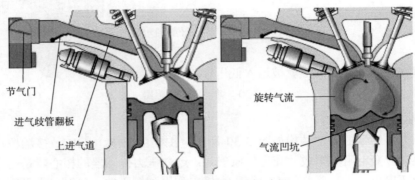

图 3-32　FSI 发动机进气过程

混合气形成只发生在 40°～50° 曲轴角范围，如果曲轴角小于这个范围，将无法点燃混合气；如果曲轴角大于这个范围，将混合气就变成均质充气了，空燃比 λ=1.6～3。在发动机低速或中速运转时采用分层充气模式，此时节气门为半开状态，空气由进气管进入汽缸撞在活塞顶部，由于活塞顶部制作成特殊的形状，从而在火花塞附近形成期望中的涡流。当压缩过程接近尾声时，少量的燃油由喷射器喷出（图 3-33），形成可燃气体。

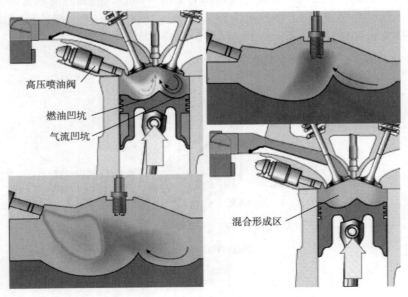

图 3-33　混合气形成

四、练习题

（一）判断题

1．残余油压指发动机工作状态下夹住回油管时测到的供油总管中的油压。（　　）

2．最高油压是发动机最大负荷状态下供油总管中的油压。（　　）

3．AJR 发动机油压调节器能够保证供油总管油压和进气管气压差恒定不变。（　　）

4．在 AJR 发动机燃油系统中，如环境温度过高，而燃油压力低时，会在热车时造成燃油分配管内产生气阻。（　　）

5．某大众车系燃油系统中，滤清器和油压调节器组合成一体，供油总管的油压维持不变。（　　）

6．电动汽油泵本身最常见的故障是电动汽油泵因磨损而泵油压力不足，滤网堵塞、泵内阀泄漏和电动机故障的则较少见。（　　）

7．内装式电动汽油泵的油泵和驱动电动机都被浸在汽油中。（　　）

8．在拆卸汽油管道，进行检修或更换汽油滤清器、电动汽油泵、喷油器等部件时，应先释放掉汽油管道内的油压。（　　）

9．燃油供给系统主要由汽油箱、电动汽油泵、汽油滤清器、燃油分配管、油压调节器、喷油器等组成。（　　）

10．时代超人 AJR 发动机怠速时拔掉燃油压力调节阀真空管后的燃油压力是 2.0bar。（　　）

（二）选择题

1．对于电动汽油泵，（　　）的作用是防止燃油倒流并保持一定的燃油压力，使发动机起动时得到及时供油。

　　A．限压阀　　　　　B．卸荷阀　　　　C．单向阀（止回阀）　　　D．泄压阀

2．燃油压力调节器的目的是保证喷油量的多少仅与（　　）有关。

　　A．喷油器的开启时间　　　　　　　B．系统油压

　　C．进气歧管的气压　　　　　　　　D．以上都不对

3．新型无回油汽油供给系统中取消了（　　）。

　　A．汽油压力调节器　　　　　　　　B．电动汽油泵继电器

　　C．汽油压力调节器上的真空软管　　D．以上都不对

4．电动汽油泵中的（　　）可以使发动机熄火后油路内汽油仍保持一定压力，减少了气阻现象，使发动机高温起动容易。

　　A．安全阀　　　　　B．单向阀　　　　C．涡轮泵　　　　　　　D．限压阀

5．汽油压力调节器的作用是（　　）。

　　A．控制喷油器的喷油压力保持恒定

　　B．控制电动汽油泵供油压力保持恒定

C．控制喷油器的喷油压力和进气歧管的绝对压力的压差保持恒定

D．以上都不对

6．在讨论燃油压力调节器时，技师甲说在 SFI（电子燃油喷射）系统中，无论节气门开度如何，压力调节器都保持相同的油压；技师乙说在 SFI 系统中，与压力调节器相连的进气管真空度在节气门突然加大时导致较高的燃油压力。试问谁正确？（　　　）

A．甲正确　　　　B．乙正确　　　　C．两人都正确　　　　D．两人都不正确

7．时代超人 AJR 发动机正常工作时的燃油压力是（　　　）bar。

A．1.7～2.2　　　B．2.2～2.7　　　C．2.7～3.2　　　D．3.2～3.7

8．时代超人 AJR 发动机熄火 10min 后，其压力必须大于（　　　）bar。

A．1.0　　　　　B．1.5　　　　　C．2.0　　　　　D．2.5

9．如果某发动机的残余油压过低，则其可能的故障原因分析错误的是（　　　）。

A．油压调节器损坏　　　　　　　B．油泵单向阀泄漏

C．喷油器滴漏　　　　　　　　　D．汽油滤清器脏堵

10．大众车系发动机，不能通过专用诊断仪的执行元件测试功能检测的元件是（　　　）。

A．电动汽油泵继电器　　　　　　B．点火线圈总成

C．喷油器　　　　　　　　　　　D．炭罐电磁阀

（三）简答题

1．简述在 AJR 发动机上连接油压表的操作步骤。

2．请列出时代超人 AJR 发动机油压测试时几种主要的油压及标准参数。

3．请以 AJR 发动机为例，分析系统油压过低的故障原因。

项目四

进排气系统故障的检修与诊断

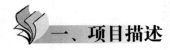

一、项目描述

进排气系统故障的检修与诊断包括真空度检测、进气系统主要元件的拆装与修复、进排气系统重要数据流检测、进排气系统故障的检测与排除等任务，通过本项目的学习，应达到以下要求：

1. 知识要求

（1）进排气系统不正常常见的类型。

（2）进排气系统不正常引起的故障现象及其原因分析。

（3）进气管真空度的检测步骤。

（4）进气管真空度的标准值范围，及检测结果分析。

（5）进排气系统堵、漏的主要位置及检测、确认方法。

（6）进排气系统主要元件的拆装及检测。

（7）因进排气系统不正常引起的故障的检测与排除。

2. 技能要求

（1）正确使用常用工具和专用工具。

（2）能正确使用真空压力表检测并判断真空度是否正常。

（3）能按照规定的工艺拆装、清洗节气门体，并使用诊断仪对节气门体进行匹配。

（4）能正确使用诊断仪读取相关数据流，并对所读数据进行正确分析。

（5）能快速准确排除教师设置的进排气系统故障，并准确叙述诊断分析思路。

3. 素质要求

（1）5S。① SEIRI（整理）；② SEITON（整顿）；③ SEISO（清扫）；④ SEIKETSU

（清洁）；⑤ SHITSUKE（自律）。

（2）劳动保护与安全操作。

① 拆进排气系统元件前，必须关断点火开关，拆下蓄电池负极接线柱。

② 拆下的元件应进行妥善保管，不能随意放置，维修过程中，拿电子元件（电控单元、传感器等）时，要非常小心，不能让它们掉到地上。

③ 在起动发动机之前，确保没有汽油遗漏在发动机机体上，确保分缸线连接良好，否则容易着火。

④ 在发动机运转或用起动机带动发动机运转时，都不要去触碰或拔下高压线。

⑤ 当发动机高速运转时，严禁用手触摸发动机轮系、旋转元件。

⑥ 当断开和接上插接件时，一定要将点火开关置于关闭位置，否则会损坏电器元件。

⑦ 在检查电路故障时，不能用传统的刮火方式来检查电路是否通断，否则容易损坏电器元件。

⑧ 如果在系统加电正常的状态下，任何时候不要用手触摸发动机冷却风扇，因为冷却风扇会有突然起动的可能性。

（3）环境保护。

（4）团队协作。

（5）组织沟通能力。

（6）规范操作。

二、项目实施

📐 任务一　真空度检测

1. 训练目标与要求

能按照规定的工艺正确连接真空表，正确检测各种状态下的真空度，并完成学习工作单。

2. 训练设备

每组准备一台完好的发动机台架，一套工具箱，一个鲤鱼钳，一组真空表（真空枪）。

3. 训练步骤

（1）检查发动机，确保发动机工作正常。

（2）拔下油压调节器上真空管，并将真空表接好。

（3）起动发动机，观察起动过程中真空表读数的变化，完成学习工作单内容。

（4）发动机在稳定怠速时，读出真空表的读数，完成学习工作单内容。

（5）发动机稳定在 2000r/min 时，读出真空表的读数，完成学习工作单内容。

（6）发动机 2000r/min 时部分堵塞排气管，保证原有节气门开度不变，并确保发动机不熄火，完成学习工作单内容。

（7）快速踩油门并迅速松开油门，观察真空表读数的变化情况，完成学习工作单内容。

（8）切断某缸工作（断油），观察真空表读数的变化情况，完成学习工作单内容。

（9）拔掉发动机上某真空管或进气管，确保发动机不熄火，观察真空表读数的变化情况，完成学习工作单内容。

（10）部分堵塞进气管时（或空气滤清器），确保发动机不熄火，观察真空表读数的变化情况，完成学习工作单内容。

（11）主要数据标准及常见故障简要说明。

怠速时，表针应稳定在 64kPa～71kPa。波动范围：四缸机不超过±2.5kPa。迅速开闭节气门，表针应在 6.7kPa～84.6kPa 范围灵敏摆动。否则，发动机密封性能、发动机点火正时、配气正时或发动机排气系统可能存在异常情况。

任务二　进气系统主要元件的拆装与修复

1. 训练目标与要求

能按照规定的工艺正确拆装进气系统主要元件，能正确进行节气门匹配操作，并完成学习工作单。

2. 训练设备

每组准备一台完好的发动机台架，一套工具箱，一台诊断仪，一组化清剂。

3. 训练步骤

1）进气系统主要元件的拆装

（1）进气系统主要元件的认识。桑塔纳 AJR 发动机进气系统主要由空气滤清器、空气流量计、节气门体、进气总管、进气歧管等元件组成，如图 4-1 所示。

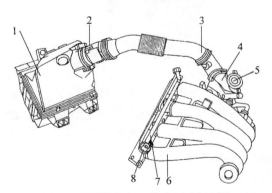

图 4-1　桑塔纳 AJR 发动机进气系统

1—空气滤清器；2—空气流量计；3—进气管；4—节气门体；5—节气门操纵臂；6—进气歧管；
7—燃油总管；8—油压调节器。

（2）空气流量计和空气滤清器的拆卸。

① 拆下蓄电池负极线。

② 拧松进气软管两端的抱箍。

③ 拨开锁扣，拔下空气流量计的导线插接器。

注意：拔插接器时，不能直接拉导线束。

④ 拆下空气流量计固定螺栓，从空气滤清器上取下空气流量计。

⑤ 拆下空气滤清器盖，取出空气滤清器滤芯，如图 4-2 所示。

⑥ 拆下滤清器体固定螺栓，取下隔套和橡胶套。

⑦ 拆下隔热板，拆下滤清器体，取下垫块。

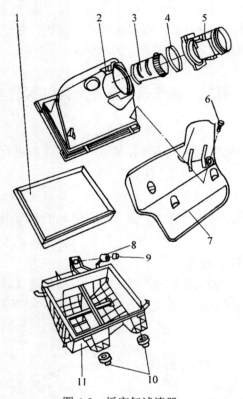

图 4-2 拆空气滤清器

1—滤芯；2—滤清器盖；3—空气管；4—抱箍；5—空气流量计；6—螺栓；7—隔热板；8—橡
胶套；9—隔套；10—垫块；11—滤清器体。

（3）节气门体的拆卸（图 4-3）。

① 拆下曲轴箱通风管。

② 用尖嘴钳拔下控制拉索调整卡簧片，从节气门体上拆下节气门控制拉索（图 4-4）。

③ 拆下节气门拉索支架，拔下炭罐真空管和制动助力器真空管。

④ 拔下进气温度传感器和霍耳传感器的导线插接器，拆下节气门控制组件导线插接
器。

⑤ 拆下汽缸盖后的小软管，拆下炭罐电磁阀真空管。

⑥ 从节气门体上拆下两根冷却液旁通管（可视情况决定是否拆卸）。

⑦ 拆下节气门体与进气管的连接螺栓，取出节气门体和密封垫。

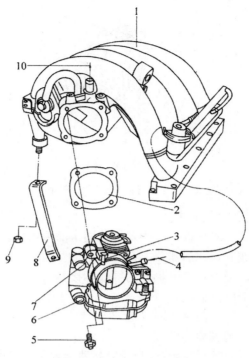

图 4-3　节气门体的分解

1—进气歧管；2—密封垫；3—节气门体；4—通炭罐电磁阀真空管接头；5—螺栓；6—水管接
头 1；7—水管接头 2；8—支架；9—螺母；10—通真空助力器真空管接头。

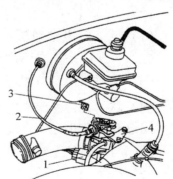

图 4-4　拆节气门控制拉索

1—导线插接器；2—节气门控制拉索；3—调整卡簧片；4—节气门拉索支架。

（4）清洁并装复节气门体。

① 使用化清剂清洁节气门体阀板附近。

② 装上密封垫和节气门体。

③ 接上冷却液旁通管和炭罐电磁阀真空管（图 4-5）。

④ 接上节气门节气门控制组件导线插接器。

⑤ 将节气门控制拉索装在节气门体的节气门控制臂上，插上控制拉索调整卡簧片。

⑥ 装上汽缸盖后侧的小软管。

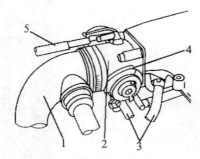

图 4-5　装节气门体

1—进气软管；2—节气门体；3—冷却液管；4—节气门控制臂；5—炭罐电磁阀真空管。

（5）装复空气滤清器和空气流量计。

① 装上隔套、橡胶套、隔热板，用固定螺栓固定滤清器体。

② 装上空气滤清器滤芯、滤清器盖。

③ 装上空气流量计，插上空气流量计的导线插接器。

④ 装上进气软管，卡好抱箍。

⑤ 装上动力转向真空管、曲轴箱通风管。

2）进气系统主要元件的调整与匹配

（1）节气门拉索的安装和调整。节气门拉索是非常容易弯折的，因此在安装时必须非常仔细。节气门拉索的轻度弯曲就会导致在行驶时断裂，因此节气门拉索一旦弯折就不能使用。

安装时要使节气门拉索在各个支承座和紧固点之间保持平直。通过改变节气门拉索支架上的卡板位置来调整节气门拉索，如图 4-4 所示，使节气门达到全开的位置。

（2）节气门控制组件的匹配。如果拆装或换了新的节气门控制组件，或者发动机 ECU 出了故障，或者发动机控制单元被切断电源，必须进行基本设定，即完成发动机 ECU 与节气门控制组件的匹配工作。

节气门控制组件匹配前提条件为：① 冷却液温度不低于 80℃；② 测试时，散热风扇不允许转；③ 空调关闭；④ 其他用电设备关闭；⑤ 在故障储存中没有故障存在。

节气门控制组件的匹配程序：

① 起动发动机，等水温 80℃以上熄火。

② 熄火，接好诊断仪，不发动发动机，钥匙打到 Key-on。

③ 在诊断仪上选择地址码 01 "发动机电子控制系统"，屏幕显示：

快速数据传递	帮助
选择功能××	

④ 按 0 和 4 键选择 "基本设置" 并按 Q 键确认。屏幕显示：

基本设置	帮助
输入显示组号×××	

⑤ 按 0、9 及 8 键，选择显示组 98，并按 Q 确认。屏幕显示：

> 系统在基本设置状态 98　　→
>
> 怠速自适应正在进行

⑥ 按 Q 键之后，节气门控制器运转到最大、最小开度及几个中间位置，发动机控制单元在存储器内记下多个节气门角度值，节气门在关闭之前短时保持在起动位置。屏幕显示：

> 系统在基本设置状态 98　　→
>
> 怠速自适应已完成

节气门工作 8s～10s 后，节气门控制单元的自适应过程圆满完成。

注意：如果节气门不能完全关闭（如节气门不清洁）、油门拉线调整不当、蓄电池电压太低、节气门控制单元或导线损坏或在自适应过程中发动机起动了或踏下了加速踏板（油门），节气门控制单元的基本设置将被中断。中断之后在故障存储器内将存储"基本设置没完成，基本设置出错"的故障信息，下一次打开点火开关时基本设置再次自动进行。

⑦ 退出基本设定状态，输入 08"读取数据流"，输入组号"098"读取节气门信号，见表 4-1，验证调整结果。

表 4-1　数据流 098 组读数说明

显示组号	屏幕显示	说　　明
098	Read measuring value block　98 　1　　2　　3　　4	1——节气门电位计电压；2——节气门定位电位计电压；3——工作状态：怠速／部分负荷；4——匹配状态：正在匹配、匹配完成、匹配未完成、匹配错误

⑧ 按→键结束发动机基本设置，按 0 和 6 键选择"结束快速数据传递"功能并按 Q 键确认。

任务三　进排气系统重要数据流检测

1. 训练目标与要求

能正确检测进排气系统重要数据流，参照标准分析测试结果，并完成学习工作单。

2. 训练设备

每组准备一台完好的发动机台架，一台诊断仪。

3. 训练步骤

进排气系统数据流检测记录表参见工作学习单。

（1）进气量检测。

① 起动发动机，让发动机充分暖机。

② 关闭点火开关，连接诊断仪，重新起动发动机，保持在怠速工况。

③ 诊断仪屏幕显示：

快速数据传递	帮助
输入地址码　　××	

输入地址码 01，屏幕显示：

快速数据传递	帮助
选择功能××	

④ 按 0 和 8 键，选择"读取测量数据块"，按 Q 键确认。屏幕显示：

读取测量数据块	Q
输入显示组号×××	

⑤ 输入 002，按 Q 键确认。屏幕显示：

读取测量数据块　2			
1	2	3	4

其说明见表 4-2。

表 4-2　数据流 002 组读数说明

显示组号	屏幕显示	说　　明	怠速时允许值
02 基本功能	Read measuring value block　2 1　　2　　3　　4	1——发动机转速（怠速转速）； 2——发动机负荷； 3——发动机每循环喷射时间； 4——进气质量	820r/min～900r/min 1.00ms～2.50ms 2.00ms～5.00ms 2.0g/s～4.0g/s

其中第 4 个数据即为进气质量，单位为 g/s，完成学习工作单内容。

⑥ 加大节气门开度，将发动机稳定在 2000r/min，重新读取进气量，完成学习工作单内容。

（2）节气门开度检测。

① 起动发动机，让发动机充分暖机。

② 关闭点火开关，连接诊断仪，重新起动发动机，保持在怠速工况。

③ 诊断仪屏幕显示：

快速数据传递	帮助
输入地址码　　××	

输入地址码 01，屏幕显示：

```
快速数据传递          帮助
选择功能××
```

④ 按 0 和 8 键，选择"读取测量数据块"，按 Q 键确认。屏幕显示：

```
读取测量数据块          Q
输入显示组号×××
```

⑤ 输入 001，按 Q 键确认，屏幕显示：

```
读取测量数据块    2
1        2        3        4
```

其说明见表 4-3。

表 4-3　数据流 001 组读数说明

显示组号	屏幕显示				说　明	怠速时允许值
01 基本功能	Read measuring value block 1　　　　2　　　　3　　　　4		1		1——发动机转速（怠速转速）； 2——发动机负荷； 3——节气门角度； 4——点火提前角	820r/min～900r/min 1.00ms～2.50ms 0～5° 5.25°～14.25° V.OT

其中第 3 个数据即为节气门开度，单位为度，完成学习工作单内容。

⑥ 加大节气门开度，将发动机稳定在 2000r/min，重新读取节气门开度，完成学习工作单内容。

⑦ 发动机熄火，点火开关打到 ON 位，不起动发动机，使用诊断仪重新读取节气门开度，将节气门打开到最大开度，观察节气门开度读数的变化，完成学习工作单内容。

（3）氧传感器信号检测。

① 起动发动机，让发动机充分暖机。

② 关闭点火开关，连接诊断仪，重新起动发动机，保持在怠速工况。

③ 诊断仪屏幕显示：

```
快速数据传递          帮助
输入地址码    ××
```

输入地址码 01，屏幕显示：

```
快速数据传递          帮助
选择功能××
```

④ 按 0 和 8 键，选择"读取测量数据块"，按 Q 键确认。屏幕显示：

读取测量数据块	Q
输入显示组号×××	

⑤ 输入007，按 Q 键确认，屏幕显示：

读取测量数据块	2		
1	2	3	4

其说明见表4-4。

表4-4 数据流007组读数说明

显示组号	屏幕显示	说 明	怠速时允许值
07 基本功能	Read measuring value block 2 1　　2　　3　　4	1——λ 调节器控制值； 2——λ 传感器电压； 3——活性炭罐电磁阀占空比； 4——燃油通风的 λ 修正因素	−10.0%～10.0% 0.000V～1.000V 0～99% 0.30～1.10

其中第 2 个数据即为氧传感器信号，单位为 V，完成学习工作单内容。

⑥ 加大节气门开度，将发动机稳定在 2000r/min，重新读取氧传感器信号，完成学习工作单内容。

⑦ 发动机熄火，收好诊断仪。

任务四　进排气系统故障的检测与排除

1. 训练目标与要求

能正确检测并排除进排气系统故障，并完成学习工作单。

2. 训练设备

（1）每组准备一台完好的发动机台架。

（2）每组准备好一个完好的诊断仪、真空表、维修手册、常用工具箱和化清剂。

（3）教师在发动机台架上设置一个进排气系统故障（堵或漏）。

3. 训练步骤

（1）起动发动机，观察发动机的故障现象，填写学习工作单。

（2）按照学习工作单要求检测怠速时真空度、进气量、节气门开度、氧传感器信号等重要数据流状态，并填写学习工作单。

（3）按照学习工作单检测项目所示顺序检测各项目，并填写学习工作单。

（4）对检测结果和发动机故障现象进行综合分析，得出分析结论，填写学习工作单。

（5）排除故障，填写学习工作单。

（6）重新起动发动机，检测原有不正常检测项目，验证故障排除结果，填写学习工作单。

（7）5S。

三、相关知识

（一）发动机怠速控制系统分析

1. 发动机怠速控制系统的类型与组成

怠速控制的方式随车型有所不同，对电控发动机来说，目前可分为两种类型，如图4-6所示，一种是节气门直动式，另一种是旁通空气道控制式。

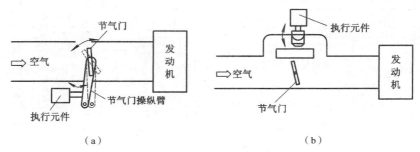

图 4-6　怠速空气量控制的两种方式
（a）节气门直动式；（b）旁通空气道控制式。

发动机怠速控制系统主要由发动机 ECU、执行器和各种传感器等组成，见表4-5。

表 4-5　发动机怠速控制系统组成

组　件		功　能
传感器	转速传感器	检测发动机转速
	节气门位置传感器	检测发动机怠速状态
	水温传感器	检测发动机水温
	起动开关	检测发动机起动工况
	空调开关	检测空调的工作状态
	车速传感器	检测汽车的车速
	空挡起动开关	检测换挡手柄位置
	动力转向开关	检测动力转向装置的工作状态
	发电机负荷信号	检测发电机负荷的变化
执行器	怠速控制阀或怠速控制电机	调整怠速时的进气量
发动机 ECU		根据传感器的信号控制执行器动作，通过调整进气量使发动机保持在目标转速附近稳定运转

2. 旁通空气道控制式怠速控制系统

旁通空气道控制式怠速控制系统是通过怠速控制阀控制从节气门前端通往节气门后端的旁通空气道的截面，进行怠速转速调节，如图4-7所示，使发动机实现对起动、暖机怠速、空调怠速、缓冲怠速及附件负荷怠速调节（发电机充电、大用电量电器开启、转向及换挡）等工况的适应。怠速控制阀可分为机械式和电子控制式两种，机械式的怠速控制阀又有双金属片式和石蜡式两种，电子控制式的怠速控制阀有平动电磁阀式、旋转电磁阀式和步进电机式三种。其中步进电机式怠速控制阀应用最为广泛。

1）步进电机式怠速控制阀结构原理

如图 4-8 所示，步进电机式怠速控制阀（ISCV）由定子线圈、转子、阀轴和阀门等组成。发动机 ECU 根据节气门位置传感器，水温传感器，发动机转速等信号，控制怠速阀的步级数，阀前后移动控制怠速旁通空气道开启截面大小，即控制怠速空气量，从而控制怠速转速。怠速控制阀工作过程如图 4-9（a）所示，电路图如图 4-9（b）所示。

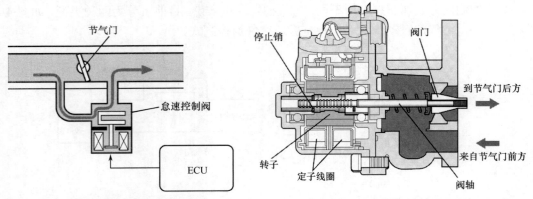

图 4-7　怠速控制阀的位置　　　　图 4-8　步进电机式怠速控制阀

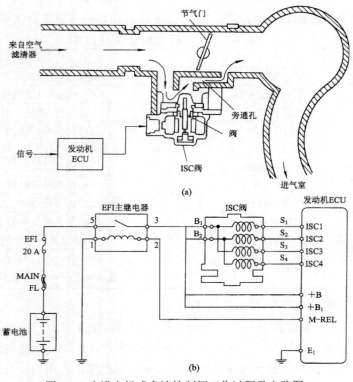

(a)

(b)

图 4-9　步进电机式怠速控制阀工作过程及电路图
（a）工作过程；（b）控制电路。

不同汽车公司所采取的步进电机式怠速控制装置，在结构形式上略有差异，但其基本工作原理相同。如图 4-10 所示为日产和三菱公司的步进电机式怠速控制执行机构的结构。步进电机的转子由永久磁铁构成，N 极和 S 极在圆周上相间排列，共有 8 对磁极。定子由 A、B 两个定子构成，其内绕有 A、B 两组线圈，线圈由导磁材料制成的爪极包围，如图 4-11 所示。每个定子各有 8 对爪极，每对爪极（N 极与 S 极）之间的间距为一个爪的宽度，A、B 两定子爪极相差一个爪的位差，组成一体安装在外壳上，如图 4-12 所示。

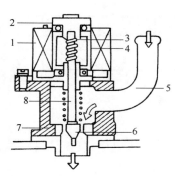

图 4-10　步进电机式怠速控制阀
1—定子绕组；2—轴承；3—进给丝杆；4—转子；
5—旁通空气道；6—阀芯；7—阀座；8—阀轴。

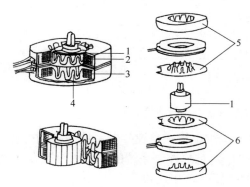

图 4-11　定子结构
1—转子；2—线圈 A；3—线圈 B；
4—爪极；5—定子 A；6—定子 B。

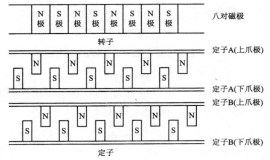

图 4-12　定子爪极的位置

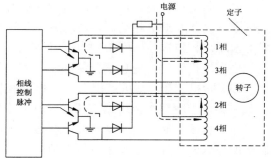

图 4-13　相线绕组的控制电路

ECU 通过控制定子相线绕组的电压脉冲，交替变换定子爪极极性，使步进电机转子产生步进式转动。A、B 两定子绕组分别由 1、3 相绕组和 2、4 相绕组构成，由 ECU 内晶体三极管控制各相绕组的搭铁，如图 4-13 所示。相线控制脉冲如图 4-14 所示，欲使步进电机正转时，相线控制脉冲按 1—2—3—4 相顺序滞后 90°相位角，定子上 N 极向右方向移动，转子随之正转，如图 4-15 所示。反之，欲使步进电机反转时，相线控制脉冲按 1—2—3—4 相顺序依次超前 90°相位角，定子上 N 极向左方向移动，转子随之反转。

转子的转动是为了使定子线圈电磁铁和转子永久磁铁的 N 极和 S 极互相吸引到最近距离。当定子的爪极极性随相线控制脉冲的变化而改变时，转子也随之转动，以保持转子的 N 极与定子的 S 极对齐。转子转动一圈分为 32 个步极，每一个步极转动一个爪的角度（即 11.25°），步进电机的正常工作范围为 0～125 个步级。

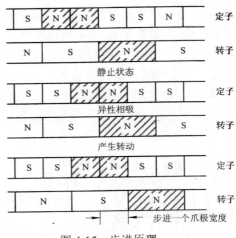

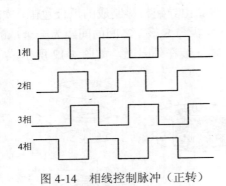

图 4-14　相线控制脉冲（正转）　　　　图 4-15　步进原理

2）步进电机式怠速控制系统的控制内容

ECU 对怠速控制系统的控制内容因发动机而异。对于步进电机式怠速控制系统，其控制内容主要有以下几项：

（1）起动初始位置设定。在发动机点火开关关闭后，ECU 继续向主继电器供电，并控制各定子相线绕组依次通电直到怠速控制阀处于全开位置，为下次发动机起动做好准备，然后主继电器才断电。

（2）起动后控制。由于发动机起动前 ECU 已把怠速控制阀的初始位置设定在最大开度位置，因此发动机起动后，若怠速控制阀仍保持全开，则会引起发动机转速过高。为了避免出现这种情况，在起动过程中，当发动机转速达到由冷水温度确定的对应转速时，ECU 控制步进电机转动，使怠速控制阀逐渐关小到冷却水温对应的开度。

（3）暖机控制。暖机过程中，ECU 控制步进电机转动，使怠速控制阀从起动后的开度逐渐关小，当冷却水温达到 70℃时，暖机控制结束，怠速控制阀达到正常怠速开度。

（4）反馈控制。当发动机处于怠速工况运转时，如果发动机的实际转速与 ECU 存储器中所存放的目标转速差超过规定值（如 20r/min），ECU 即控制步进电机转动。当发动机实际转速低于目标转速时，ECU 增加步进电机的步数；反之，当发动机实际转速高于目标转速时，ECU 减小步进电机的步数。在怠速工况时，对应空挡起动开关是否接通，是否使用空调，用电器增加等不同情况，都有确定的目标转速。

（5）发动机转速变化的预控制。发动机处于怠速工况时，空调开关、空挡起动开关等接通或者断开，都会即时引起发动机怠速负荷变化，产生较大的怠速转速波动。为了减小负荷变化对怠速转速的影响，ECU 在收到以上开关量信号，发动机转速变化出现前，就控制步进电机转动，预先把怠速控制阀开大或关小一个固定的距离。

（6）学习控制。ECU 通过控制步进电机的转动，进而控制怠速控制阀的位置，调整发动机的怠速转速。由于发动机在使用过程中其性能会发生变化，因此这时怠速控制阀的位置虽然没有变化，但实际的怠速转速也会偏离初始数值。出现这种情况的时候，ECU 除了用反馈控制使怠速转速仍达到目标值外，还将此时步进电机转过的步数存储在备用储存器中，供以后的怠速控制用。

3）步进电机怠速控制执行机构的检查

（1）在车上检查怠速控制阀。当发动机熄火时，怠速控制阀会"咔哒"一声，如果不响，应检查 ISC 阀和 ECU。

（2）检查 ISC 阀的电阻。如图 4-9（b）所示，检测 B1—S1，B1—S2，B2—S3 和 B2—S4 四个线圈电阻，都应是 $10\Omega\sim30\Omega$，如果电阻不对，应更换 ISC 阀。

（3）检查 ISC 阀的工作情况。

① 在 B1 和 B2 端子上接上蓄电池正极，然后依次将 S1，S2，S3，S4 接负极（搭铁），阀应逐步关闭，如图 4-16 所示。

② 在 B1 和 B2 端子上接上蓄电池正极，然后依次将 S4，S3，S2，S1 接负极（搭铁），阀应逐步开启，如图 4-17 所示。如果按上述检查时阀不能关闭或打开，则应更换 ISC 阀。

（4）诊断仪检测 ISC 阀步级数。丰田车步进电机型怠速控制执行机构步级数量为 0～125，0 表示怠速控制阀全部伸出，怠速空气旁通道全部关闭；125 表示怠速控制阀全部收回，怠速空气旁通道全部开启。测试某辆工作状况良好的皇冠 3.0 车发动机数据如下：冷车时，ISC=55（步级数），热车后 ISC=52，接通空调 A/C 开关，ISC=63，切断空调 A/C 开关，恢复到 ISC=52。

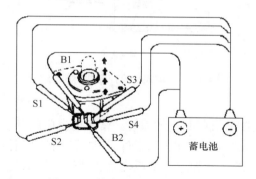

图 4-16　检查 ISC 阀关闭情况

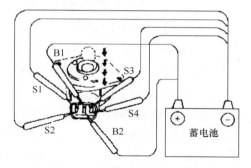

图 4-17　检查 ISC 阀开启情况

3. 节气门直动式怠速控制系统

节气门直动式怠速控制系统是通过节气门体控制部件中的怠速控制电机直接控制节气门的开启来实现怠速稳定控制的，它没有怠速空气旁通道。怠速控制电机是一个直流电机，通过齿轮传动控制节气门开启。半自动控制式节气门和电子节气门都具有节气门直动式怠速控制的功能。

1）半自动控制式节气门的控制

桑塔纳时代超人 AJR 发动机就是采用半自动控制式节气门，如图 4-18 所示。节气门控制部件包括节气门电位计、节气门定位器、节气门定位电位计和怠速开关四部分，其中节气门定位器实质就是怠速控制电机。

发动机怠速时，怠速控制电机根据发动机的负荷和发动机温度对节气门进行控制。当发动机温度低时，节气门开度大；当发动机温度高时，节气门开度小。当突然放松加速踏板时，节气门由怠速控制电机逐渐关闭，直到所需的怠速。在紧急运行状态下，节气门控制部件电源被切断，节气门控制部件内的紧急运行弹簧将节气门定位在预先设定的紧急运行位置，此时驾驶员对节气门调节无效。

如图 4-19 所示，节气门直动式怠速控制执行机构主要由直流电动机、减速齿轮、丝杆等部件组成。执行机构的输出是传动轴的前后运动，它与节气门操纵臂的全闭限位器相接触，决定了节气门的最小开度。当发动机 ECU 控制直流电动机通电时，电动机产生旋转力矩，通过减速齿轮减速时，增大了旋转力矩，然后又通过丝杆变转动为传动轴的前后直线运动。通过传动轴的运动，使节气门最小开度随之变化，达到调节节气门的空气通道面积，进而实现怠速的控制。

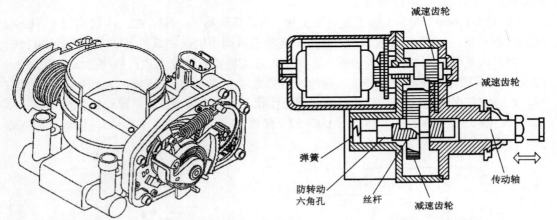

图 4-18　桑塔纳时代超人 AJR 发动机节气门控制部件　　图 4-19　直动式怠速控制执行机构

2）电子节气门的控制

电子节气门控制系统，是一种使用计算机控制节气门开度的系统。常规节气门的开启与关闭是由从加速踏板到节气门的一根油门拉索来控制的，电子节气门控制系统的油门拉索已被废除。如图 4-20 所示，电子节气门控制系统包括加速器踏板位置传感器、发动机 ECU 和节气门体，节气门体是由节气门、节气门控制电机、节气门位置传感器和其他部件构成。加速踏板的踩压量是由加速踏板位置传感器所检测，节气门的开启角度是由节气门位置传感器所检测，发动机 ECU 使用节气门控制电机来控制节气门的开启角度以达到最佳角度值。

如图 4-21 所示，节气门体包括节气门、检测节气门开度的节气门位置传感器、打开或关闭节气门的节气门控制电机、使节气门返回固定位置的回位弹簧。节气门控制电机采用了反应灵敏度高、耗能少的直流电机。发动机 ECU 控制流向节气门控制电机的电流量的大小和方向，使电机转动或维持，并通过减速齿轮打开或关闭节气门，节气门的实际开启角由节气门位置传感器检测并反馈给发动机 ECU。当没有电流流向电机时，节气门回位弹簧使节气门开启到一个固定位置（大约 7°）。但是，在怠速期间的节气门的开度反而要关闭到小于这个固定位置，并且根据发动机负荷和温度等信号调节电机电流大小和流向，以起到稳定怠速的作用。怠速控制电机到节气门轴的动力传递过程同半自动控制式节气门，也是利用齿轮机构进行传递的。

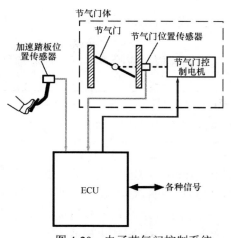

图 4-20　电子节气门控制系统

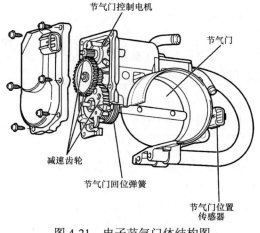

图 4-21　电子节气门体结构图

当发动机 ECU 检测到有故障发生时，将点亮组合仪表上的故障指示灯并同时切断电机电源，在节气门回位弹簧的作用下，节气门回位弹簧使节气门开启到一个固定位置（大约 7°），车辆仍能继续行驶。

3）AJR 发动机怠速控制执行机构的检查

（1）检查怠速。怠速转速由发动机控制电脑预先设置，不可以调整。

① 输入地址"01"，进入发动机检测。

② 输入选择功能"08"，进入读取数据块功能。

③ 输入组号"003"，读取基本数据，显示：

Reading measuring value block　　3　→	读取数据块　　　　3　→
800/min　13.650V　92.0℃　43.2℃	800/min　13.650V　92.0℃　43.2℃
1　　2　　3　　4	1　　2　　3　　4

④ 分析数据流：

a. 检查区域 3，冷却液温度应大于 80℃，测试时冷却风扇不能转。

b. 检查区域 1，发动机怠速标准应在（800±30）r/min。如果怠速转速不在标准值范围内，按 C 键退出，输入组号 20，读取工作状态数据显示：

Reading measuring value block　　20　→	读取数据块　　　　20　→
800/min　0..000　A/C-LOW　Kompr.AUS	800/min　0..000　A/C-LOW　Kompr.AUS
1　　2　　3　　4	1　　2　　3　　4

c. 检查区域 3，空调 A/C 开关应关闭（A/C-LOW）。

d. 检查区域 4，压缩机应关闭。

如果怠速转速仍然超过范围，按 C 键退出，输入组号 04，读取怠速稳定数据，显示：

Reading measuring value block　　4　→	读取数据块　　　　4　→
3<°　0.23g/s　0.00g/s　Leerauf	3<°　0.23g/s　0.00g/s　Leerauf
1　　2　　3　　4	1　　2　　3　　4

e. 检查区域 4，应当处于怠速（Leerlauf）状态，如没有显示 Leerlauf，应检查怠速开关。

f. 检查区域 1，标准值为 0～5<°，如果没有达到标准值，应检查节气门控制部件与发动机 ECU 的匹配，按 ↑ 键，显示：

Reading measuring value block		5 →	
810/min	800/min	1.7%	2.9g/s
1	2	3	4

读取数据块		5 →	
810/min	800/min	1.7%	2.9g/s
1	2	3	4

g. 检查区域 1，怠速转速标准值应在（800±30）r/min。如果怠速转速过低，可能产生故障的原因是：发动机负荷太大；节气门控制部件与发动机控制单元没有匹配；节气门控制部件损坏。如果怠速转速过高，可能产生故障的原因是：进气系统有泄漏；节气门控制部件与发动机控制单元没有匹配；节气门控制部件损坏；活性炭罐电磁阀常开。

（2）检测节气门控制部件。节气门控制部件位于节气门拉索轮的对面。节气门电位计、怠速开关、节气门定位电位计和紧急弹簧全部安装在节气门控制组件壳体内，这个壳体不必打开，全部调整由 V.A.G1552 诊断仪基本设定功能来完成。节气门控制部件控制电路如图 4-22 所示。

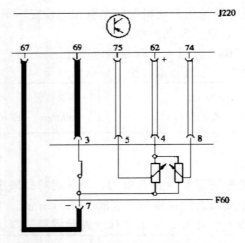

图 4-22　时代超人节气门控制部件电路

① 检测节气门电位计。节气门电位计也就是节气门位置传感器，当节气门电位计出现故障时，发动机 ECU 就用发动机转速和空气流量计的信号值计算替代。

测量节气门电位计的供电电压：拔下节气门控制部件的插头，用数字式万用表测量插头上 4 和 7 端子之间的电值，打开点火开关，此电压值应接近 5V（发动机 ECU 提供）。

测量节气门电位计导线的导通情况：用数字式万用表测量插头上的 4、5 和 7 端子分别至 ECU 线束插座端子 62、75 和 67 之间的电阻值，测得电阻值应小于 1Ω。

测量节气门电位计的信号电压（万用表）：插上节气门控制部件的插头，用汽车专用万用表测量插头上 5 和 7 端子（端子 5 和 7 分别对应 ECU 插座上的端子 75 和 67）之间的电压值，打开点火开关，使节气门开度变化，此电压值应在 0.5V～4.9V 之间变化。

测量节气门电位计的信号电压（V.A.G1552）：进入 08 功能"读测量数据块"，选择 98 显示组，屏幕显示：

Reading measuring value block　　98　→	读取数据块　　　　　98　→
4.420V　3.820V　Leerauf　ADP.i.o	4.420V　3.820V　Leerauf　ADP.i.o
1　　2　　3　　4	1　　2　　3　　4

区域 1：节气门电位计信号电压，0～5V 正常；

区域 2：节气门定位电位计信号电压，0～5V 正常；

区域 3：工况，显示 Leerauf 怠速，开关闭合，其他显示表示怠速开关打开；

区域 4：匹配状态。

检查区域 1 的数据是否正确，如果不正确，检查导线、插接件和更换节气门控制部件。

② 检测节气门定位电位计。节气门定位计的作用是怠速时节气门打开的输出位置信号，当节气门定位电位计出现故障时，节气门控制部件中的紧急运行弹簧起作用，使发动机处于紧急运行状态，此时发动机的怠速升高，约 1500r/min。

测量节气门定位电位计的供电电压：拔下节气门控制部件的插头，用汽车专用万用表测量插头上 4 和 7 端子之间的电压值，打开点火开关，此电压值应接近 5V。

测量节气门定位电位计的信号电压（万用表）：插上节气门控制部件的插头，用汽车专用万用表测量插头上 8 和 7 端子（端子 8 和 7 分别对应 ECU 插座上的端子 74 和 67）之间的电压值，打开点火开关，使节气门开度变化，此电压应在 0.5V～4.9V 之间变化。

测量节气门电位计的信号电压：进入 08 功能"读测量数据块"，选择 98 显示组，屏幕显示及检查见"节气门电位计检查"。

③ 检测怠速开关。当怠速开关出现故障时，ECU 就对节气门电位计和节气门定位电位计的信号值进行比较，判断出怠速位置。

测量怠速开关的电阻：将万用表两根棒接触 ECU 插座上的 69 和 67 端子，当打开节气门时，测到的电阻应为无穷大，当节气门关闭时，测得的电阻值应小于 1Ω。

测量怠速开关导线的导通情况：拔下节气门控制部件的插头，用汽车专用万用表测量节气门控制部件插头上的 3 和 7 端子至 ECU 线束插座 69 和 67 端子之间的电阻值，测得的电阻值应小于 1Ω。

测量怠速开关信号：进入 08 功能"读测量数据块"，选择 98 显示组，屏幕显示及检查见"节气门电位计检查"。

④ 检测节气门定位器。节气门定位器即怠速稳定装置，俗称怠速电机，怠速电机损坏或 ECU 对怠速控制出现故障，节气门控制部件内的紧急运行弹簧设置节气门处于紧急运行位置。

测量节气门定位器的供电电压：打开点火开关，用汽车专用万用表测量 ECU 上的 66 和 59 端子的电压值，66 号端子的电压值应为蓄电池电压值（12V 左右），59 号端子的电压值应为 10V 左右。

测量节气门定位器导线的导通情况：汽车专用万用表测量 ECU 线束插座至节气门定位器电线插头间的电阻值，电阻值应小于 1Ω。

（二）进气控制系统分析

在一些电子喷射式发动机上，采用进气控制系统，根据发动机的转速和负荷，由 ECU 控制进气的流量或流动路线以改善发动机的动力性能。下面主要介绍谐振控制进气系统（ACIS）和废气涡轮增压系统。

1. 谐振控制进气系统（ACIS）

ACIS 直译为声控进气系统，意思是"波长可变的谐振控制进气系统"，它是利用进气惯性产生的压力波提高充气系数。谐振控制进气系统（ACIS）可改变进气歧管的有效长度，从而提高了从低速到高速的所有转速范围内的动力性。该系统使用进气控制阀把进气歧管分成两段，从而就能改变进气歧管的有效长度，使它符合发动机的转速和节气门的开度。

由于进气门时开时关，气体在进气管内会产生压力波，这使得气门附近的压力时高时低，如果在进气门刚要打开时，进气压力波刚达到进气门附近，这时进气门打开，进气压力高，进气量大，提高了充气系数。一般来说，进气管长度长时，压力波波长长，可使中、低速转速区功率增大；进气长度短时，压力波波长短，可使高速时功率增大。如果进气管长度可改变，则可兼顾大功率和大扭矩的要求。当发动机需要低转速、大扭矩时，进气管长，则波长长；当发动机需要高转速、大功率时，进气管短，则波长短。但一般进气管长度是不能改变的，如果没有进气控制系统，进气管长度一般都是以最大扭矩对应的转速设计的。

以丰田 3UZ－FE 发动机采用的 ACIS 系统为例，如图 4-23 所示，主要由进气控制阀、执行器、真空开关阀（VSV）和真空罐等组成。该发动机进气管长度虽不能改变，但在进气管中部加设了一个大容量的空气室和进气控制阀，实现了压力波传播路线长度的改变，从而兼顾了低速和高速的进气增压效果。

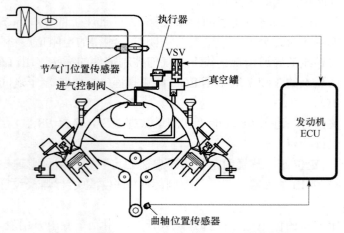

图 4-23　丰田 3UZ－FE 发动机 ACIS 系统组成

进气控制阀和执行器安装在进气室中，如图 4-24 所示，它可以打开和关闭，从而可使进气歧管分变成两段，达到改变有效长度。真空开关阀（VSV）如图 4-25 所示，依照发动机 ECU 的 ACIS 信号打开或关闭，从而控制真空力，而真空力是操作进气控制阀执行器的动力源。真空罐有一个内装式单向阀，并且它有贮备真空作用，即使在低真空条件下也能使执行器工作，以便于完全关闭进气控制阀。

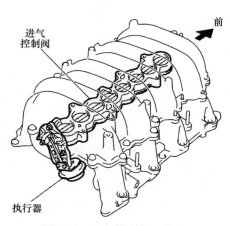

图 4-24 进气控制阀和执行器

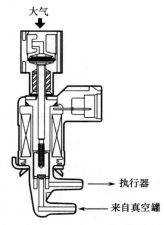

图 4-25 真空开关阀（VSV）

当发动机 ECU 打开 VSV 时将进行长脉动循环。真空罐内真空力作用于执行器膜片上方真空室，执行器工作使进气控制阀关闭，从而延伸了进气歧管的有效长度，如图 4-26 所示。该状态有利于保持进气惯性，改善进气雾化效果，配合进气脉动的增压效果，提高了在低—中速范围内的动力性。

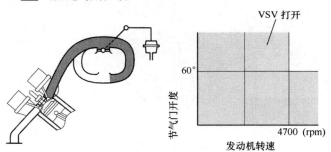

图 4-26 进气控制阀关闭时的进气歧管长度

当发动机 ECU 关闭 VSV 时将进行短脉动循环。大气压力作用于执行器的的膜片室时，它打开了进气控制阀，当进气控制阀打开时，使得进气歧管的有效长度缩短，如图 4-27 所示，达到最大进气填充效率，以增加高速范围内的动力性。

2. 废气涡轮增压控制系统

废气涡轮增压系统的作用是利用发动机排放的废气能量给进气增压，提高了充气效率，增大发动机的功率。利用废气涡轮增压可以在不增大发动机排量的情况下增大发动机的最大功率，同时使油耗降低，排污减小。

废气涡轮增压器主要由涡轮壳体、压缩壳体、中间壳体、涡轮、泵轮、全浮式轴承、排气旁通阀和执行器等组成，如图 4-28 所示。壳体的两侧各有一个独立的空间，一端是涡

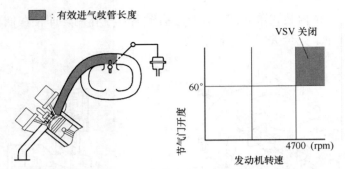

图 4-27　进气控制阀打开时的进气歧管长度

轮室，上有排气进口和排气出口，中间装有涡轮；另一端为压缩器，上有空气进口，中间装有泵轮；轮轴以轴承支承在壳体的中间。其工作原理如图 4-29 所示，废气涡轮和压缩器泵轮共同装在轮轴上。当具有一定压力、流速的废气从涡轮边缘的排气口进入，经过导流栅，冲击涡轮的叶片，使涡轮高速旋转，通过轮轴带动压缩机泵轮一同旋转，将空气压缩，经过中冷器冷却后送入发动机汽缸。

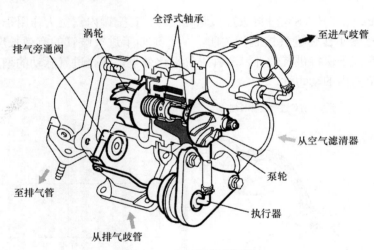

图 4-28　废气涡轮增压器

废气涡轮增压器上还装有一个排气旁通阀，防止增压压力太高。当增压压力低于规定值时，执行器并无作动，因此排气旁通阀仍保持关闭，所以全部排气被导入涡轮内，如图 4-30 所示。涡轮增压器通过泵轮将压缩空气送至汽缸内，得到高输出功率。

当发动机转速上升，涡轮增压器所提供的增压压力超过规定值（截止点）时，执行器的膜片被压下，如图 4-31 所示。这样就导致排气旁通阀开启，部分排气被排入排气旁通阀而未进入涡轮。由于部分排气未进入涡轮，使涡轮转速受到调节，将增压压力保持在规定值内。

由于涡轮增压器轴转动的速度非常高，因而对它的润滑、冷却就非常重要。增压器采用压力润滑，中间有进出油口与发动机主油道相通。涡轮增压器故障的一个主要原因就是缺油，因而必须保持适量的润滑油。有些涡轮增压器部件是用水冷却的。冷却水通过发动机缸体流入轮壳的中心，然后返回缸体。

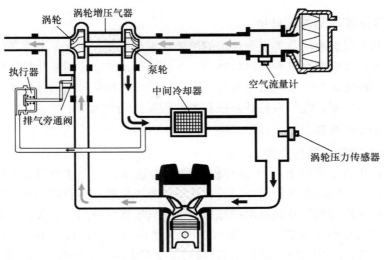

图 4-29　废气涡轮增压器的工作原理

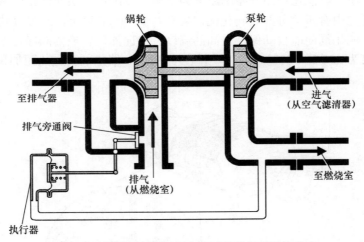

图 4-30　增压压力低于规定值时的排气旁通阀状态

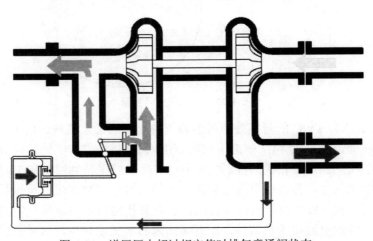

图 4-31　增压压力超过规定值时排气旁通阀状态

（三）废气排放控制系统分析

汽车尾气对人类健康的危害及对环境的污染越来越严重，对此，世界各国都制定了相应的法规和标准，以期把汽车有害排放物控制在较低的水平。为了满足排放标准，必须对发动机排气进行净化，各汽车制造厂家开发和应用了许多净化排气的新技术和新装置，常用的有三元催化转换器、废气再循环系统和燃油蒸发控制系统等。

1. 三元催化转换器

1）三元催化转换器结构原理

三元催化转换器（简称 TWC）的结构如图 4-32 所示，它主要由覆盖催化剂颗粒的线网、前后隔板、托架以及壳体组成。三元催化转换器里主要的催化剂有金属铂、钯和铑，催化剂填充在氧化铝等颗粒状或蜂窝状载体中，它只起催化作用。金属铂具有很强的氧化性，能够使 HC、CO 继续和排气管中的 O_2 产生氧化反应，生成 H_2O 和 CO_2；金属钯和铑具有很强的还原性，能够将 NO_x 还原成 N_2 和 O_2。该催化作用是靠废气本身的热量激发的。其使用的温度范围，以催化作用开始的温度为下限，以因过热引起烧结、老化的极限温度为上限。一般排气中有害成分开始转化的温度要达到 300℃以上，一旦催化反应开始，因氧化反应放热，催化剂便能自动保持较高的温度。保证催化转换器高净化率、高使用寿命的理想使用温度为 400℃～800℃。当作用温度过高时，催化剂会过热而加快老化，以致丧失催化功能。

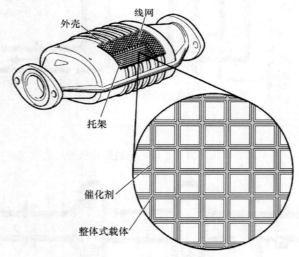

图 4-32　三元催化转换器

如图 4-33 所示为 TWC 的转换效率与混合气空燃比的关系曲线。从图中可知，对汽油机而言，只有在理论空燃比 14.7 附近很窄的范围内工作时，TWC 的转换效率最佳，所以必须对混合气的空燃比进行精确的控制。为了将实际空燃比精确控制在 14.7 附近，在发动机电控燃油喷射系统中，普遍采用根据氧传感器的信号对空燃比进行反馈控制的方式（即闭环控制方式）。在 TWC 前面的排气管内，装有氧传感器来检测排气中的氧含量，ECU 根据氧传感器反馈的空燃比浓稀信号，控制喷油量的增加或减少，这样就将空燃比精确地控制在 14.7 附近一个极小的范围内，以保证 TWC 工作在最佳状态。

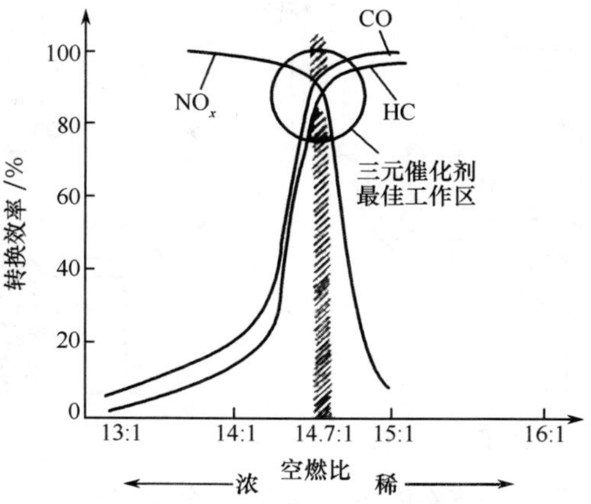

图 4-33　TWC 的转换效率与混合气空燃比的关系曲线

2）三元催化转化器检修

三元催化转化器的常见损坏形式有：外表具有碰撞的凹槽，明显的压痕或裂口，过热损坏或被积炭堵塞等。

在测试时，如果有检测排气背压过高、排气不畅等现象，则可能是三元催化转化器过热损坏或被积炭堵塞。外表碰撞的凹槽、压痕或裂口可通过对三元催化转化器进行外观检查，如发现转化器有严重损伤，则需更换。

2. 废气再循环系统

1）废气再循环系统结构原理

废气再循环系统（简称 EGR 系统）是在发动机工作过程中，将一部分废气引入进气歧管，返回汽缸内进行再循环，如图 4-34 所示，可降低发动机的最高燃烧温度，减少 NOx 排放量。但是过多的废气再循环将会影响发动机的正常运行。特别是在怠速、低转速小负荷及发动机处于冷态运行时，再循环的废气将会明显地降低发动机性能。因此应根据发动机工况及运行条件的变化自动调整参与再循环废气量。在 EGR 系统中，通过一个特殊的通道将排气歧管与进气歧管连通，在该通道上装有 EGR 阀，通过控制 EGR 的开度，控制再循环的废气量。EGR 阀结构如图 4-35 所示，由壳体、膜片、弹簧、膜片推杆以及锥阀等组成。膜片推杆、锥阀与膜片一起运动，由膜片上方真空室的真空度控制。真空度大，阀门开度大、循环的废气量大；反之，真空度小，循环废气量小。

废气再循环的控制分成两大类：一是机械式控制 EGR 阀装置，另一种是电子控制 EGR 系统。由于电子控制 EGR 系统结构简单，控制量大，在电控发动机上得到广泛的运用。

如图 4-36 所示为常见的普通电子式控制 EGR 系统图，它主要由 EGR 阀、EGR 电磁阀，节气门位置传感器、曲轴位置传感器、水温传感器、起动信号和 ECU 等组成。

EGR 阀通过管道将排气管与进气歧管连通，其真空气室的真空度受 EGR 电磁阀控制，ECU 根据发动机转速、空气流量、节气门位置、冷却水温、点火开关等信号控制 EGR 电磁阀通电时间的长度来控制进入 EGR 阀真空气室的真空度，从而控制 EGR 阀的开度来改变参与再循环废气量。

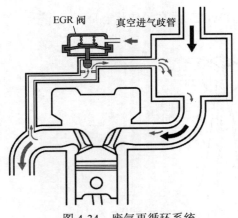

图 4-34　废气再循环系统

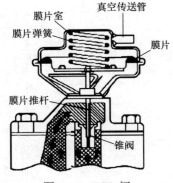

图 4-35　EGR 阀

　　有的厂家在 EGR 电磁阀与 EGR 阀之间的真空管路中装有一背压修正阀，用来修正 EGR 阀真空气室真空度的大小，使控制更加精确，如图 4-37 所示。

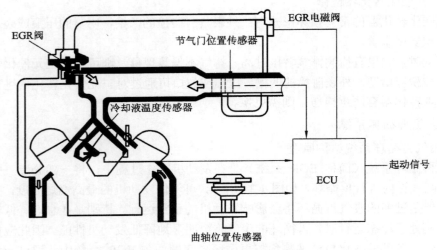

图 4-36　普通电子控制 EGR 系统图

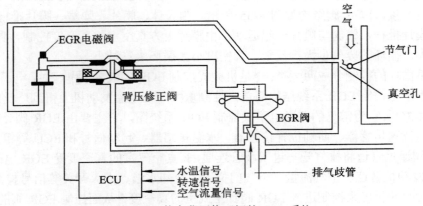

图 4-37　装有背压修正阀的 EGR 系统

背压**修正**阀由膜片、弹簧和一个放气孔组成。当排气背压低时，放气孔打开，空气流入 EGR 阀的真空管路中，减小了真空信号，防止 EGR 工作。随着排气背压的升高，背压**修正**阀的膜片在排气背压的作用下向上移动，将放气孔堵死，允许 EGR 工作。在节气门全开时高的排气背压仍使放气孔堵死，但真空口的真空太低，不能打开 EGR 阀。

2）废气再循环系统检修

（1）EGR 功能测试。

① 发动机在正常温度下怠速运转。从 EGR 上拆下真空管，用真空泵在阀上加真空，发动机怠速会开始不稳或停车。当移去真空信号时怠速恢复正常。如果发动机怠速反应不正确或没反应，则可能是阀膜片泄漏、密封不严或进气歧管排气通道受阻。

② 关掉发动机。靠近观察阀杆随真空加减的变化情况，或用手指放在阀下感觉阀的运动，如果膜片完好无损，则阀杆和膜片会随真空向上移动，当真空撤下后回位，否则说明 ECR 阀已坏，应更换 EGR 阀。

③ 如果阀工作正常，拆下并检查阀和阀的通路是否堵塞。必要时清洗。

（2）EGR 控制系统检测。

以带背压**修正**阀的 EGR 系统为例，说明 EGR 控制系统的检测。

① 在开始检测时，首先检查所有的管路和导线接头外观，打开点火开关，发动机不转，EGR 电磁阀应关闭。

② 发动机正常怠速运转，从下方顶 EGR 阀膜片，使阀门开启，此时怠速应下降。如果怠速不下降，检查 EGR 通路是否阻塞。如果没有发现阻塞，且清洁无助于其工作，则更换 EGR 阀。

③ 将发动机转速提高到 2000r/min，然后回到怠速，重新检查 EGR 阀的动作。如果没有见到其动作，检查 EGR 电磁阀靠近 EGR 阀一侧的真空度，如果真空度足够高，检查电磁阀与 EGR 之间的管路是否堵塞。如果真空度不够高，检查真空电磁阀输入端的真空度。如果不合格，查找真空不足的原因，如果是真空，检查电磁阀失效的原因，失效是由于电磁阀本身还是 ECU 的原因。

④将真空计串联到 EGR 阀上，使发动机转速升至 2000r/min，如果无真空，则从电磁阀开始沿着真空管查找到背压**修正**阀，检查背压**修正**阀入口处真空度，如无真空，说明电磁阀有故障，如有真空，背压**修正**阀不正常。拆下背压**修正**阀，清洗信号管及周围的碳和铅的沉积物再装上再试，如果不行则更换。

3．燃油蒸发控制系统

1）燃油蒸发控制系统结构原理

燃油蒸发控制系统是利用活性炭罐作为燃油蒸气的存储器来吸收油箱中的汽油蒸气，防止蒸气进入大气中。在发动机运行时，活性炭罐中被活性炭吸附的汽油蒸气重新被吸入进气系统中，进入汽缸进行燃烧。如图 4-38 所示，燃油蒸发控制系统的主要零部件由改进设计的燃油箱加油口盖、油箱、活性炭罐和炭罐电磁阀等组成。汽油蒸气先被吸附并储存在活性炭罐内，直到特定的发动机工况下，蒸气才被吸入进气歧管，送入发动机缸内燃烧。炭罐由充满活性炭粒的耐油尼龙和塑料容器组成，燃油蒸气被炭罐吸入直到被净化。净化是用新鲜空气吹过炭罐，将燃油蒸气排出炭罐的过程。在炭罐与进气管上之间装有炭罐电磁阀，发动机工作时 ECU 根据发动机转速、温度、空气流量等信号，通过控制炭罐电磁阀开启、闭合来控制炭罐通往进气管的开度，从而控制被吸入进气管的燃油蒸气量。

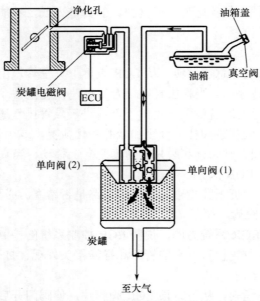

图 4-38　燃油蒸发控制系统

燃料箱内产生的蒸发气体开启单向阀（1），流入炭罐内。活性炭吸收炭罐内的蒸发气体，在发动机运转时，被吸收的气体又从节气门体的净化孔被吸出,进入汽缸中燃烧。当燃料箱内部变为真空时（因为外部温度低等原因），单向阀（2）和燃料箱盖的真空阀开启，将外部空气吸入燃料箱内。

2）燃油蒸发控制系统检修

（1）油管、油箱及油箱盖的检查。检查油管及连接部位，查看有没有松动、弯曲或损坏；检查油箱盖，查看安全阀起不起作用；检查燃油箱有无变形、裂开和漏油处。

（2）活性炭罐的检修。由于炭罐净化系统的控制方式不同，对炭罐的检测方法也不尽相同。对于上述介绍的炭罐，其检测方法如下：

①　从净化阀上拆下真空控制阀。将发动机转速升到 1500r/min，检查真空管内真空度。如果没有真空，检查该管路是否堵塞。

②　将真空泵接到真空控制口上，加真空。如果净化阀不保持真空，需更换炭罐总成；如果保持有真空，则拆下净化管，检查管路中是否有真空；如果无真空信号，则检查管路。

③　关掉发动机。从炭罐上拆下燃油通风管。将阀上的管口堵住。将真空泵接到净化管口上，加真空。如果炭罐保持真空，取下滤清器（如装）再试；如果炭罐仍保持真空，更换炭罐；如果不再保持真空，更换滤清器。如果系统上还装有炭罐控制阀，还要检测其性能。这里不再叙述。炭罐是一个密封装置，实际不需维护，当炭罐底部

的滤清器脏污、堵塞或损坏时需更换滤清器。如果发现炭罐开裂渗油或有其他损伤时应更换总成。

4. 二次空气喷射系统

图4-39为带空气泵的二次空气喷射系统。空气泵是由发动机前端前皮带驱动，它产生压缩空气并通过软管和分配歧管以及喷射管将它输送到每个汽缸的排气门口。从排气门口排出的一氧化碳和碳氢化合物是极热的。当它们遇到压缩空气后，在排气歧管中燃烧，转化后二氧化碳和水。将压缩空气直接喷射到排气口的喷射管用不锈钢制成，安装位置尽量靠近排气门。喷射管和空气泵之间装有止回阀，以防高热的废气返回，导致空气泵和软管的损坏。与空气泵相连的还有回火防止阀或者空气泵分流阀。

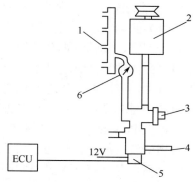

图4-39 二次空气喷射系统原理图
1—歧管；2—空气泵；3—空气阀；
4—真空信号；5—空气旁通阀；
6—检测阀。

当发动机减速时，节气门关闭，进气歧管的真空度增加，瞬时吸取较多的燃油进入发动机，这时会有过浓而不能完全燃烧的气体进入排气系统。如果这时空气继续喷入，就会产生回火爆炸，震坏消声器。为了解决这个问题，在空气和进气歧管安装一个回火防止阀或分流阀。分流阀膜片真空室上有一软管接到进气歧管。减速时，进气歧管因真空度提高形成的吸引力传给分流阀膜片，膜片将阀门打开使空气泵提供的压缩空气直接进入进气歧管。

空气泵为容积式叶片泵，采用永久润滑方式，因此不需定期保养。将发动机转速升至大约1500r/min，观察管中的空气流动情况。如果空气流动量随发动机转速升高而增加泵的工作令人满意，如果空气流量不增加或没有流量，检查分流阀是否泄漏，必要时更换，还要检查皮带的松紧度。如果全无问题，而泵仍不能正常工作，则要更换空气泵。

5. 曲轴箱通风

1）曲轴箱通风概述

曲轴箱通风（简称PCV）是指在发动机工作时，将曲轴箱内的窜气排到大气中或导入到进气管，随新鲜混合气一起进入汽缸内燃烧。

在发动机工作时，会有少量未燃混合气和废气经活塞环窜到曲轴箱内，所引起的后果如下：

（1）窜入曲轴箱内的汽油蒸气凝结后导致机油变稀，机油性能变差。

（2）废气中的水蒸气凝结在机油中形成泡沫，破坏机油的供给。

（3）废气中的二氧化硫遇水则生成亚硫酸，亚硫酸再遇到空气中的氧而生成硫酸，会腐蚀、损坏发动机零件。

（4）使曲轴箱内的压力增大，破坏发动机的密封，导致发动机的渗漏。

从减少摩擦零件的磨损与腐蚀、延长机油的使用期限、防止发动机渗漏等方面出发，必须对发动机的曲轴箱进行通风，抽出曲轴箱内的混合气和废气。

2）曲轴箱通风方式

曲轴箱通风的方式有两种：

（1）自然通风，即把曲轴箱内抽出的气体直接排入大气中去。

（2）强制通风，即把曲轴箱内抽出的气体导入发动机的进气管内。

现代汽车发动机曲轴箱一般都是采用强制通风。这样可以回收使用窜入曲轴箱内的混合气，提高发动机经济性，减少排放污染。

3）曲轴箱通风装置的维护与检查

（1）曲轴箱通风装置的维护项目。发动机维护时，应检查曲轴箱强制通风装置连接管路是否完好，胶管是否有破裂、老化、脱落，如果有，应更换和紧固；检查每根软管是否畅通，在曲轴箱强制通风系统中软管堵塞是一个主要故障，若发现某根软管堵塞，可用高压空气吹，或用细铁丝进行疏通，也可用专用清洗剂清洗。注意，更换的软管要具有相应规定的型号和规定的耐机油腐蚀性能。

检查 PCV 滤清器是否堵塞，如果堵塞应立即更换，有一些丝网状的 PCV 滤清器堵塞后可用清洗剂清洗，除去污垢后，涂上少许机油继续使用。检查 PCV 阀是否堵塞，阀体是否灵活，若堵塞或不灵活则应进行清洗或更换。

清洁曲轴箱通风装置，保证清洁畅通，连接可靠，不漏气，各阀门无堵塞、卡滞现象，灵敏有效，符合规定。

（2）曲轴箱通风装置异常引起的故障现象。曲轴箱通风装置异常可能导致如下故障：

① 阀门或软管堵塞可导致如下故障：怠速不平稳、失速或怠速过慢、机油泄漏、机油进入空气滤清器、发动机中的油污增多。

② 曲轴箱通风阀（PCV 阀）或软管泄漏可导致如下故障：怠速不平稳、失速、怠速过高。

（3）曲轴箱通风装置的检查方法。用真空压力表在机油塞尺处检查怠速和 50% 额定转速时的曲轴箱压力，压力不得为正值，如测得压力为正值，则应进一步查明曲轴箱强制通风装置各部的工作状况。

在发动机怠速时，用手指或钳子轻轻夹住 PCV 阀与进气歧管之间的软管，确认 PCV 阀中发出"咔哒"声响。如果不发出"咔哒"声响，则检查 PCV 阀的密封圈是否破裂或损坏，如果密封圈正常，则更换 PCV 阀并重新检查。

（4）时超 AJR 发动机 PCV 的检查步骤如下：

① 从摇臂盖上拆卸曲轴箱通风阀。

② 使发动机怠速运转。

③ 将手指放在阀端（即图 4-40 中的右端）检查有无真空若阀上无真空，检查是否存在如下条件：a.软管堵塞；b.歧管端口堵塞；c.曲轴箱通风阀破裂。

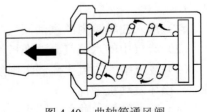

图 4-40　曲轴箱通风阀

④ 关闭发动机。

⑤ 拆卸曲轴箱通风阀。

⑥ 摇动发动机。

⑦ 听阀中的止回针有无喀嗒声，若阀中无喀嗒声，更换该阀。

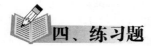

四、练习题

（一）判断题

1. 进气歧管真空度受节气门开度影响，并与其成正比。（　　）

2. 利用真空表对进气管真空度进行检测，不仅能判定进气系统密封性的好坏，而且还可以检测点火性能好坏和空燃比大小等发动机工作状况。（　　）

3. 节气门直动式怠速控制装置是通过节气门体控制部件中的怠速稳定控制器直接控制节气门的开启来实现怠速稳定控制的，它没有怠速空气旁通道。（　　）

4. 清洗节气门后，怠速时节气门的开度就会增大。（　　）

5. 节气门自适应设定就是让 ECU 识别节气门体的基本参数。（　　）

6. 采用半自动节气门体的车辆，当对节气门进行清洁或更换新的节气门体后，必须进行节气门体的自适应设定。（　　）

7. 节气门体出厂时，经过调试会保持 1°～3°的初始开度，以维持发动机对初始最低怠速转速的要求。（　　）

8. 虽然增压器能提高发动机的充气效率，增大发动机的功率，所以其增压压力越大越好。（　　）

9. 具有学习控制功能的怠速控制系统，在清洁完所有喷油器后，发动机怠速转速可能会比正常值高。（　　）

10. 发动机温度过高不会损坏三元催化转换器。（　　）

（二）选择题

1. 下面哪个条件下 EGR 阀可能会打开？（　　）
　　A．水温过高　　　　B．水温过低　　　C．转速过高　　　D．转速过低

2. 当冷却水温度达到（　　）时，步进电机式怠速控制执行机构的暖机控制结束，怠速控制阀达到正常怠速开度。
　　A．50℃　　　　　　B．60℃　　　　　C．70℃　　　　　D．80℃

3. 减速时____排放量最少，____排放量显著增加。（　　）
　　A．NO_x⋯HC　　　B．NO_x⋯CO　　C．HC⋯CO　　　D．CO⋯HC

4. 发动机温度正常时，在相当于海平面高度的条件下，怠速时真空度为（　　）kPa。
　　A．30～50　　　　　B．50～70　　　　C．70～90　　　　D．100

5. 步进电动机式怠速控制阀的工作原理是利用步进电动机转换控制使转子（　　），从而使阀芯左右移动以达到调节附加空气通道的截面积。
　　A．不可正转，不可反转　　　　　　B．可正转，可反转
　　C．可正转，不可反转　　　　　　　D．以上都不对

6. 当发动机达到一定温度时，ECU 根据发动机负荷和转速控制 EGR 阀作用，以降低

（　　）排放量。

  A．NO_x B．CO   C．HC   D．以上都不对

  7．电子节气门装置与半自动节气门装置结构基本相同，区别是（　　）。

  A．去掉了节气门位置传感器，增加了加速踏板位置传感器

  B．去掉了节气门拉线，增加了加速踏板位置传感器

  C．去掉了节气门拉线，增加了节气门位置传感器

  D．以上都不对

  8．在增压发动机上，进气歧管绝对压力传感器除了监测进气歧管压力外，还用来监测（　　）。

  A．涡轮增压器的转速   B．涡轮增压器的增压

  C．涡轮增压器的工作性能   D．以上都不对

  9．EGR 阀用以控制废气再循环，其作用是（　　）。

  A．增大输出功率   B．降低 CO 含量

  C．降低 NO_x 含量   D．降低 HC 含量

  10．甲在发动机运转时，通过观察进气歧管真空度来确定排气管是否受阻；乙用燃油压力计测试排气歧管的压力来确定排气管是否受阻。试问谁正确？（　　）

  A．甲正确   B．乙正确   C．两人均正确   D．两人均不正确

（三）简答题

1．简述 AJR 发动机节气门控制组件匹配的前提条件。

2．简述对 AJR 发动机节气门控制组件匹配的程序。

3．对进气系统泄漏进行检测时，主要的检测部位有哪些？

项目五

燃油喷射系统电控元件检测

一、项目描述

燃油喷射系统电控元件检测包括电子控制系统主要元件的拆装、主要电控元件检测、ECU 匹配、燃油喷射系统故障的检测与排除等任务，通过本项目的学习，应达到以下要求。

1. 知识要求

（1）了解常用的检测手段（万用表、示波器、故障码、数据流等），注重仪器的功能与使用。

（2）掌握主要元件的结构、原理及控制电路和标准参数。

（3）掌握主要元件的拆装、检测步骤及结果分析（水温、进气温度、空气流量/进气压力、转速、霍耳、节气门位置、氧等）。

（4）掌握 ECU 的电源端/搭铁端检测。

（5）熟悉 ECU 的更换和匹配设置。

2. 技能要求

（1）正确使用常用工具和专用工具。

（2）能正确使用万用表检测并判断相关电控元件及其连接线路是否正常。

（3）能正确使用诊断仪读取故障码、相关数据流，并对读取结果进行正确分析。

（4）能正确使用示波器检测并判断相关电控元件信号是否正常。

（5）能按照规定的工艺正确更换 ECU，并使用诊断仪进行匹配设置。

（6）能快速准确排除教师设置的燃油喷射系统故障，并准确叙述诊断分析思路。

3．素质要求

（1）5S。①SEIRI（整理）；②SEITON（整顿）；③SEISO（清扫）；④SEIKETSU（清洁）；⑤SHITSUKE（自律）。

（2）劳动保护与安全操作。

① 拆装ECU时必须将点火开关置于关的位置，同时断开蓄电池同系统的连接，以免拆装时损坏发动机ECU。

② 发动机运转时或电器系统在使用中不允许将电源线从蓄电池拆下。

③ 当断开和接上插接件时，一定要将点火开关置于关闭位置，否则会损坏电器元件。

④ 不要随意将电喷系统的任何零元件或其接插件从其安装位置上拆下，以免意外损坏或水、油污等异物进入接插件内，影响电喷系统的正常工作。

⑤ 禁止对电喷系统的零元件进行分解拆卸作业。

⑥ 维修过程中，拿电子元件（ECU、传感器等）时，要非常小心，不能让它们掉到地上。

⑦ 连接蓄电池时蓄电池的正负极不能接错，以免损坏电子元件，本系统采用负极搭铁。

⑧ 注意ECU周围的环境温度不应该超过80℃。

⑨ 当发动机高速运转时，严禁用手触摸发动机轮系、旋转元件。

⑩ 如果在系统加电正常的状态下，任何时候不要用手触摸发动机冷却风扇，因为冷却风扇会有突然起动的可能性。

（3）环境保护。

（4）团队协作。

（5）组织沟通能力。

（6）规范操作。

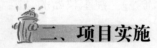

二、项目实施

任务一　电子控制系统主要元件的拆装

1．训练目标与要求

能正确地拆装电子控制系统的主要元件，并完成学习工作单。

2．训练设备

每组准备一台完好的发动机台架、常用的拆装工具箱，检查发动机台架上蓄电池和点火开关的连接情况。确保点火开关关闭，蓄电池负接线断开。

3．训练步骤

1）电子控制系统主要元件的拆卸

（1）冷却液温度传感器的拆卸（图5-1）。

① 关闭点火开关，拆下蓄电池负极线。

② 拔下水温传感器导线插接器。

③ 拔下卡簧，拆下水温传感器，取出密封垫圈。

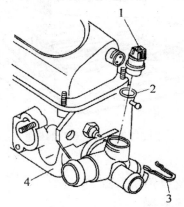

图 5-1　冷却液温度传感器的拆卸

1—冷却液温度传感器；2—O 形密封圈；3—卡簧；4—汽缸盖。

（2）进气温度传感器的拆卸。

① 拔下进气温度传感器导线插接器。

② 拆下进气温度传感器固定螺栓。

③ 拆下进气温度传感器，从进气温度传感器上取下 O 形密封圈。

（3）氧传感器的拆卸。

① 拔下氧传感器导线插接器。

② 从车辆底部的排气总管上拆下氧传感器。

（4）转速传感器的拆卸。

① 拔下转速传感器导线插接器。

② 拆下转速传感器固定螺栓。

③ 拆下转速传感器。

（5）发动机 ECU 的拆卸。

① 关闭点火开关。

② 卸下 ECU 保护壳的上盖。

③ 用螺丝刀按图 5-2 箭头所指，拆下定位杆。

④ 拔出发动机 ECU 上的两插接器的卡簧手柄，拔下两导线插接器。

⑤ 用螺钉旋具小心地撬开 ECU 固定夹，取出 ECU。

2）电子控制系统主要元件的装复

（1）水温传感器的装复。

① 装上水温传感器及密封垫圈，卡上卡簧。

② 插上水温传感器导线插接器。

图 5-2　发动机 ECU 的拆卸

（2）进气温度传感器的装复。

① 装回进气温度传感器及 O 形密封圈。

② 用螺栓固定进气温度传感器。

③ 插上进气温度传感器导线插接器。

（3）氧传感器的装复。

① 将氧传感器装回车辆底部排气总管的相应位置上。

② 插上氧传感器的导线插接器。

（4）转速传感器的装复。

① 装上转速传感器。

② 装上转速传感器固定螺栓。

③ 插上转速传感器导线插接器。

（5）装复发动机 ECU。

① 装上 ECU。

② 卡好 ECU 固定夹。

③ 插上 ECU 的导线插接器，推入卡簧手柄。

④ 装上 ECU 保护盒的罩盖。

⑤ 装上蓄电池负极线。

任务二　主要电控元件检测

1．训练目标与要求

能使用正确的检测手段检测并分析燃油供给系统主要电控元件，并完成学习工作单。

2．训练设备

（1）每组准备一台完好的发动机台架。

（2）每组准备好一个完好的万用表、诊断仪、示波器和维修手册。

3．训练步骤

1）空气流量计（G70）的检测

（1）通过维修手册查找空气流量计的电路图。

（2）检查空气流量计的供电电压。接通点火开关，用万用表测试空气流量计插头端子2（图 1-25）和发动机搭铁点之间电压，起动发动机，观察电压的变化，填写学习工作单相关内容。

（3）检查空气流量计的参考电压。接通点火开关，用万用表测试空气流量计插头端子4（图 1-25）和发动机搭铁点之间电压，填写学习工作单相关内容。

（4）进气流量检测。

① 连接诊断仪，起动发动机，让发动机充分暖机。

② 选择功能 08 "读取测量数据块"，输入组号 002，屏幕显示：

```
读取测量数据块 2          →
1        2        3        4
```

显示区 4 将显示进气量，单位为 g/s，怠速时其规定值为 2g/s～4.0g/s。

③ 填写学习工作单相关内容。

（5）故障代码检测。

① 连接诊断仪，起动发动机。

② 选择功能 02 "读取故障码"，如果能读到故障码 00515，其含义见表 5-1，说明空气流量计（G70）及其线路，或进气系统出现故障。

表 5-1 空气流量计（G70）故障代码

故障代码	故障内容	故障原因
00553	空气流量计（G70）	G70 线路对地断路或短路；G70 损坏

③ 填写学习工作单相关内容。

（6）波形检测。

① 起动发动机，将发动机充分暖机。

② 将示波器正表笔连接空气流量计插头端子 5，负表笔连接发动机搭铁点，测试空气流量计波形，将发动机加速到 2000r/min，观察波形的变化。

③ 填写学习工作单相关内容。

2）节气门控制组件（J338）的检测

（1）通过维修手册查找节气门控制组件的电路图。

（2）节气门控制组件的认识。

① 节气门电位计 G69 和节气门定位电位计 G88，这两个元件起着节气门位置传感器的作用。它们有两个与节气门联动的可动电刷触点：一个触点在节气门全闭时与怠速触点接触；另一个触点为可在电阻体上滑动的可动触点，节气门开度的大小与电阻的变化成比例。将节气门开度对应的线性输出电压送给 ECU，电脑就会感知节气门位置。

② 节气门定位器（V60）起着控制怠速的作用，能适当开大或关小节气门，所以这类发动机没有怠速控制阀。

③ 怠速开关（F60）用以向发动机 ECU 提供怠速位置信号。怠速开关闭合时，由节气门定位器来决定怠速时节气门的开度。

（3）测量节气门控制组件供电电压。测量节气门控制组件供电电压即是测量节气门定位电位计和节气门电位计的电源电压，测量方法是拔下节气门控制组件导线的插头，打开点火开关，测量节气门控制组件插头端子 4 和 7 间电压，填写学习工作单相应内容。

（4）测量节气门电位计 G69 信号电压。将发动机熄火，拔下节气门控制组件导线的插头，打开点火开关，在 KOEO（点火开关 ON，发动机熄火）状态下测量节气门控制组件插头端子 5 和 7 间电压，分别检测怠速，全负荷，怠速到全负荷打开过程的电压变化，填写学习工作单相应内容。

（5）测量节气门开度数据流。

① 连接诊断仪，打开点火开关，选择"读取测量数据块"（功能 08）及显示组 001，屏幕显示：

```
读取测量数据块 1              →
0r/min    0.00ms    4°××.×    上止点前
```

② 检查显示区 3 的显示即为节气门开度，其规定值为 0°～5°。

```
读取测量数据块 1              →
0r/min    0.00ms    4°××.×    上止点前
```

③ 慢慢地踩下加速踏板，其规定值为显示区 3 的显示值应增大，最终为 85°～95°（加速踏板踏到底），填写学习工作单相应内容。

```
读取测量数据块 1              →
0r/min    0.00ms    86°××.×    上止点前
```

④ 如初始和最终值都没达到规定值，应检测供电电压；如果显示值不变化或变化没有规律应检测导线的连接。

（6）检测怠速开关。

① 连接诊断仪，打开点火开关，选择"读取测量数据块"（功能 08）和显示组 98，屏幕显示：

```
系统在基本设置状态 98         →
×.×××V  ×.×××V      怠速  …
```

② 显示区 3 应显示："怠速"，渐渐地打开及关闭节气门，屏幕显示：

```
系统在基本设置状态 98         →
×.×××V ×.×××V 部分负荷  …
```

③ 显示区 3 的显示应由"部分负荷"变到"怠速"，屏幕显示：

```
系统在基本设置状态 98         →
×.×××V  ×.×××V      怠速  …
```

④ 如果显示没变成"怠速"，应关闭点火开关。拔掉节气门控制组件线束接头，用万用表蜂鸣挡检测插座端子 3 和端子 7 之间的通断，其规定值为导通（节气门关闭），轻轻

打开节气门，其规定值为不导通（怠速开关应打开），填写学习工作单相应内容。

（7）检测节气门定位器 V60。节气门定位器（V60）是个电机，发动机怠速时，节气门控制器通过一齿轮机构驱动节气门来实现怠速的控制。

① 连接诊断仪，打开点火开关，选择"基本设置"（功能 04）及显示组 098，屏幕显示：

读取测量数据块 98	Q
4.420V　3.880V	怠速　进行自适应

② 按下 Q 键，节气门定位器转动到最小及最大限位点（可看见并能听到）。

③ 如果节气门定位器没转动，应关闭点火开关。先拔下节气门控制组件的导线的插头，用万用表检测插座端子 1 和端子 2 之间电阻，填写学习工作单相应内容。

（8）检测故障代码。

① 连接诊断仪，起动发动机。

② 选择功能 02"读取故障码"，如果能读到故障码，其含义见表 5-2。

表 5-2　节气门控制组件主要元件故障代码

故障代码	故障内容	故障原因
00518	节气门电位计（G69）	G69 线路对正极断路或短路；G69 损坏
00530	节气门定位器（G88）	G88 线路对正极断路或短路；G88 损坏
01165	节气门控制组件（J338）基本设定错误	J338 与发动机 ECU 不匹配

③ 填写学习工作单相关内容。

（9）波形检测。

① 将示波器正表笔连接节气门控制组件插头端子 5，负表笔连接发动机搭铁点，测试节气门开度信号波形。

② 将节气门在全关到全开之间来回切换，观察波形的变化。

③ 填写学习工作单相关内容。

3）冷却液温度传感器（G62）的检测

（1）通过维修手册查找冷却液温度传感器（G62）的电路图。

（2）检查冷却液温度传感器（G62）的供电电压。接通点火开关，用万用表测试冷却液温度传感器（G62）插头端子 3 和发动机搭铁点之间电压，填写学习工作单相关内容。

（3）检测冷却液温度传感器（G62）电阻阻值。断开点火开关，拔掉冷却液温度传感器线束插头，用万用表测试插座端子 3（图 5-3）和端子 1 之间电阻，填写学习工作单相关内容。

（4）水温数据流检测。

① 连接诊断仪，起动发动机，让发动机充分暖机。

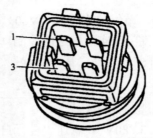

图 5-3　冷却液温度传感器插座端子

② 选择功能 08 "读取测量数据块"，输入组号 003，屏幕显示：

读取测量数据块 3		→	
1	2	3	4

显示区 3 将显示冷却液温度，单位为℃。

③ 填写学习工作单相关内容。

（5）故障代码检测。

① 连接诊断仪，起动发动机。

② 选择功能 02 "读取故障码"，如果能读到故障码 00522，其含义见表 5-3，说明冷却液温度传感器或其线路出现故障。

表 5-3　冷却液温度传感器故障代码

故障代码	故障内容	故障原因
00522	水温传感器（G62）	G62 线路断路；　G62 损坏；　G62 线路对地短路

③ 填写学习工作单相关内容。

4）进气温度传感器（G72）的检测

（1）通过维修手册查找进气温度传感器（G72）的电路图。

（2）检查冷却液温度传感器（G62）的供电电压。接通点火开关，用万用表测试进气温度传感器（G72）插头端子 1 和发动机搭铁点之间电压，填写学习工作单相关内容。

（3）检测进气温度传感器（G72）电阻阻值。断开点火开关，拔掉进气温度传感器（G72）线束插头，用万用表测试插座端子 1 和端子 2 之间电阻，填写学习工作单相关内容。

（4）进气温度数据流检测。

① 连接诊断仪，起动发动机，让发动机充分暖机。

② 选择功能 08 "读取测量数据块"，输入组号 003，屏幕显示：

读取测量数据块 3		→	
1	2	3	4

显示区 4 将显示进气温度，单位为℃。

③ 填写学习工作单相关内容。

（5）故障代码检测。

① 连接诊断仪，起动发动机。

② 选择功能 02 "读取故障码"，如果能读到故障码 00527，其含义见表 5-4，说明进气温度传感器或其线路出现故障。

表 5-4　进气温度传感器故障代码

故障代码	故障内容	故障原因
00527	进气温度传感器（G72）	G72 线路断路；　G72 损坏；G72 线路对地短路

③ 填写学习工作单相关内容。

5）氧传感器及其加热器的检测

（1）通过维修手册查找氧传感器（G39）及其加热器的电路图。

（2）氧信号数据流检测。

① 连接诊断仪，起动发动机，让发动机充分暖机。

② 选择功能 08 "读取测量数据块"，输入组号 003，屏幕显示：

读取测量数据块 3	→
1　　　2　　　3　　　4	

显示区 3 冷却液温度必须大于 80℃才可检查 λ 传感器工作情况。

③ 按 C 键，输入 007，按 Q 键确认。屏幕显示：

读取测量数据块 7	→
1　　　2　　　3　　　4	

区域 2 显示 λ 传感器（氧传感器）信号电压，如果 λ 传感器电压读数波动缓慢，检测 λ 传感器加热；如果 λ 传感器电压读数维持在 0.45V～0.50V 不变，说明信号线开路；如果 λ 传感器电压读数维持在 0～＋0.3V（混合气太稀），表明 λ 控制已经达到最大浓度极限，但 λ 传感器仍记录 "混合气太稀"；如果 λ 传感器电压读数维持在 0.7V～1.0V（混合气太浓），表明 λ 控制已经达到最稀浓度极限，但 λ 传感器仍记录 "混合气太浓"。

④ 按 C 键。如果 λ 传感器工作适当，检查 λ 调节值。输入 008，按 Q 键确认。屏幕显示：

读取测量数据块 7	→
1　　　2　　　3　　　4	

区域 2 显示怠速时 λ 调节值，区域 3 显示部分负荷时 λ 调节值。

混合气调节系统具有调节能力，也就是说 λ 控制能识别发动机（喷油器喷油、汽缸压缩压力、汽油压力等）的差异，并对控制单元已编程序的基本喷油时间进行补偿调节。喷油时间延长或减少，直至达到 "λ＝1" 混合气成分。实际喷油时间和控制单元中最初设定的喷油时间的点阵图之间的差值用百分比表示。

正值（＋…%）：预先设定基本喷油时间太短，为了达到 "λ＝1" 混合气成分，实际喷油时间应增加的分数。

负值（一…%）：预先设定基本喷油时间太长，为了达到"$\lambda = 1$"混合气成分，实际喷油时间应减少的分数。

⑤填写学习工作单相关内容。

（3）检测 λ 传感器加热器的供电电压。断开 λ 传感器线束插头，起动发动机，用万用表测试氧传感器插头端子1和发动机搭铁点之间电压，填写学习工作单相关内容。

（4）加热器的电阻阻值检测。拔下 λ 传感器的线束插头，用万用表测量插头1和2号端子之间的电阻，室温下规定值为 $1\Omega \sim 5\Omega$。需注意的是随着温度很小的升高，电阻值将会大幅增加，填写学习工作单相关内容。

（5）故障代码检测。

① 连接诊断仪，起动发动机。

② 选择功能 02 "读取故障码"，如果能读到故障码 00525，其含义见表 5-5，说明氧传感器（G39）及其线路，或进气系统出现故障。

表 5-5 氧传感器故障代码

故障代码	故障内容	故障原因
00525	氧传感器（G39）	G39 损坏、电缆断路、电缆对正极短路

③ 填写学习工作单相关内容。

（6）波形检测。

① 起动发动机，将发动机充分暖机。

② 将示波器正表笔连接氧传感器插头端子4，负表笔连接端子3，测试氧传感器信号波形，将发动机加速到 2000r/min，观察波形的变化。

③ 填写学习工作单相关内容。

6）转速传感器（G28）的检测

（1）通过维修手册查找转速传感器（G28）的电路图。

（2）检测转速传感器（G28）电阻阻值。断开点火开关，拔掉转速传感器线束插头，用万用表测试插座端子2（图5-4）和端子3之间电阻，其值应为 $450\Omega \sim 1000\Omega$，填写学习工作单相关内容。

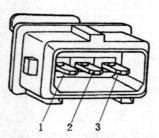

图 5-4 转速传感器插座端子

（3）发动机转速数据流检测。

① 连接诊断仪，起动发动机，让发动机充分暖机。

② 选择功能 08 "读取测量数据块"，输入组号 001，屏幕显示：

读取测量数据块 3			→
1	2	3	4

显示区 1 将显示发动机**转速**，单位为 r/min。

③ 填写学习工作单相关内容。

（4）故障代码检测。

① 连接诊断仪，起动发动机。

② 选择功能 02 "读取故障码"，如果能读到故障码 00513，其含义见表 5-6，说明发动机**转速**传感器或其线路出现故障。

表 5-6　发动机转速传感器故障代码

故障代码	故障内容	故障原因
00513	发动机**转速**传感器（G28）无信号	G28 线路断路或短路；G28 损坏

③ 填写学习工作单相关内容。

（5）波形检测。

① 起动发动机，将发动机充分暖机。

② 将示波器正表笔连接**转速**传感器插头端子 2，负表笔连接端子 3，测试**转速**传感器信号波形，将发动机加速到 2000r/min，观察波形的变化。

③ 填写学习工作单相关内容。

7）霍耳传感器（G40）的检测

（1）通过维修手册查找**霍耳**传感器（G40）的电路图。

（2）检查**霍耳**传感器（G40）的供电电压。接通点火开关，用万用表测试**霍耳**传感器（G40）插头端子 1（图 1-25）和发动机搭铁点之间电压，填写学习工作单相关内容。

（3）故障代码检测。

① 连接诊断仪，起动发动机。

② 选择功能 02 "读取故障码"，如果能读到故障码 00515，其含义见表 5-7，说明**霍耳**传感器或其线路出现故障。

表 5-7　霍耳传感器故障代码

故障代码	故障内容	故障原因
00515	霍耳传感器（G40）	G40 线路对正极断路或短路；G40 损坏

③ 填写学习工作单相关内容。

（4）波形检测。

① 起动发动机。

② 将示波器正表笔连接**霍耳**传感器插头端子 2，负表笔连接端子 3，测试**霍耳**传感器信号波形。

③ 填写学习工作单相关内容。

8）ECU（J220）的检测

（1）通过维修手册查找 ECU（J220）的电源端和搭铁端电路。

（2）连接诊断仪，点火开关打到 ON 挡，输入地址代码 01 选择发动机 ECU，如果屏幕显示：

| 快速数据传递　　　　　　帮助 |
| 选择功能×× |

说明 ECU（J220）的供电电压和搭铁正常。

选择"读取测量数据块"（功能 08）及显示组 003，屏幕显示：

| 读取测量数据块　　3　　　　→ |
| 1　　　2　　　3　　4 |

查看显示区 2 的显示，其规定值约为蓄电池电压。

（3）检查控制单元（J220）的供电电压。接通点火开关，用万用表测试 ECU（J220）插头端子 1 和发动机搭铁点之间电压，填写学习工作单相关内容。

（4）检查 ECU（J220）的搭铁端。

关闭点火开关，用万用表测试控制单元（J220）插头端子 2 和发动机搭铁点之间电阻，填写学习工作单相关内容。

任务三　ECU 匹配

1．训练目标与要求

能使用诊断仪对 ECU 进行正确的匹配设置，并完成学习工作单。

2．训练设备

每组准备一台完好的发动机台架，一个完好的诊断仪和维修手册。

3．训练步骤

1）给新发动机 ECU 设定编码

如果 ECU 编码没有显示或者更换了 ECU 之后，都必须对 ECU 编码。

（1）连接诊断仪，接通点火开关，选择地址码 01 "发动机电子控制系统"。

（2）输入 07 "控制单元编码"功能，按 Q 键确认。屏幕显示：

| 控制单元编码　　　　　　　　　　　Q |
| 输入编码号码 ×××××（0—32000） |

（3）输入这种车辆的编码号（手动变速箱车辆编码号为 08001），按 Q 键确认。ECU 的识别内容将显示在诊断仪的屏幕上。

（4）关闭点火开关，然后再打开。当点火开关再次打开，新输入的编码将起作用。

（5）输入 06 "结束输出"，按 Q 键确认。

2）进行节气门 ECUJ338 的自适应匹配

（1）连接诊断仪，不发动发动机，点火开关打到 ON 挡。

（2）在诊断仪上选择地址码 01"发动机电子控制系统"，屏幕显示：

```
快速数据传递                    帮助
选择功能××
```

（3）按 0 和 4 键选择"基本设置"并按 Q 键确认。屏幕显示：

```
基本设置                        帮助
输入显示组号×××
```

（4）按 0、9 及 8 键，选择显示组 98，并按 Q 确认。屏幕显示：

```
系统在基本设置状态 98            →
怠速自适应正在进行
```

（5）当节气门 ECU 的自适应完成后，按→键结束发动机基本设置，按 0 和 6 键选择"结束快速数据传递"功能并按 Q 键确认。

3）进行防盗系统 ECU 与发动机 ECU 自适应匹配

更换发动机 ECUJ220 后，必须重新与防盗系统 ECU 进行匹配。匹配时必须使用一把合法钥匙才能进行，操作步骤如下：

（1）连接专用诊断仪，打开点火开关，输入 25"防盗器地址码"，按 Q 键确认。

（2）按→键。屏幕显示：

```
车辆系统测试                    帮助
输入地址码   ××
```

（3）输入 10"匹配"功能。屏幕显示：

```
车辆系统测试                     Q
10-匹配
```

（4）按 Q 键确认。屏幕显示：

```
匹配                            Q
输入频道号   ××
```

（5）输入 00"频道"号，按 Q 键确认。屏幕显示：

```
匹配                            Q
清除已知数值？
```

（6）按 Q 键确认。屏幕显示：

```
匹配                            →
已知数值已被清除
```

（7）按→键，完成匹配程序，返回功能模式。

此刻点火开关是打开的，发动机 ECU 的随机代码就被**防盗器控制单元**读入储存起来。

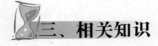 任务四　燃油喷射系统故障的检测与排除

1. 训练目标与要求

能正确检测并排除燃油喷射系统故障，并完成学习工作单。

2. 训练设备

（1）每组准备一台完好的发动机台架。

（2）每组准备好一个完好的诊断仪、万用表、示波器、维修手册和常用工具箱。

（3）教师在发动机台架上设置一个故障（切断某一电子元件电路）。

3. 训练步骤

（1）起动发动机，观察发动机的故障现象，填写学习工作单。

（2）连接诊断仪，读取故障码，并填写学习工作单相应内容。

（3）按照学习工作单要求检测发动机转速、节气门开度、进气量、喷油时间、氧传感器信号等重要数据流状态，并填写学习工作单。

（4）按照故障码和数据流的结果初步分析故障，并检测相应的元件或部位，填写学习工作单所示检测项目内容。

（5）对检测结果和发动机故障现象进行综合分析，得出分析结论，填写学习工作单。

（6）排除故障，填写学习工作单。

（7）重新起动发动机，检测原有不正常检测项目，验证故障排除结果，填写学习工作单。

（8）5S。

三、相关知识

（一）空气流量计

空气流量计是用来测量发动机吸入的空气量，输入 ECU 与发动机转速一起计算出基本喷油时间（除冷起动工况外）。目前在用空气流量计根据检测原理不同可分为叶片式、卡门旋涡式、热线式、热膜式。D 型汽油喷射系统用进气管绝对压力传感器间接测量空气流量。

1. 热线式空气流量计

热线式空气流量计是利用电吹风原理制成的。风量越大，电热丝冷却越快，颜色越暗。如果再增大电流，电热丝温度又会升高，颜色又变亮，其检测原理如图 5-5。

以铂丝制成的热线电阻 R_H 因空气流动而冷却，阻值发生变化，使电桥失去平衡。为了保持电桥不失去平衡，必须提高桥压，以加大电流，使热线温度升高、阻值恢复到原

值。通过测量桥压的变值可知空气流量。控制回路的作用是保持空气温度与热线温度差值恒定。

结构如图 5-6、图 5-7 所示。它有两种结构：一种是主流测量方式，热线和温度传感器（冷线）都装在位于空气主通道上的取样管内，这种传感器直接测量空气质量，无需大气压力和温度补偿，且进气阻力小，响应性好，但价格昂贵；另一种是旁通测量方式，把热线绕在螺线管上，并置于空气的旁路内。

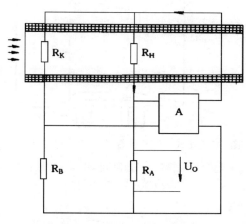

图 5-5 热线式空气流量计检测原理

A—混合集成电路；R_H—热线电阻；R_K—温度补偿电阻；R_A—精密电阻；R_B—电桥电阻。

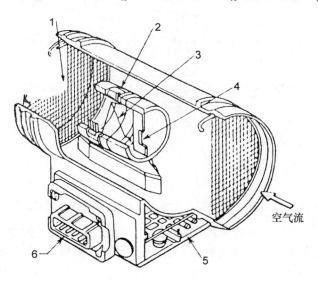

图 5-6 热线式空气流量计（主流测量方式）

1—防回火屏蔽；2—取样管；3—白金热线；4—上游温度传感器；5—集成电路；6—连接器。

2. 热膜式空气流量计

热膜式空气流量计工作原理与热线式相同，其发热体不是热线，而是热膜，它将热补偿电阻（冷线）及精密电阻固定在树脂膜上，如图 5-8 所示。

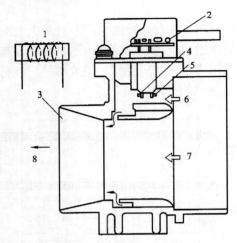

图 5-7　热线式空气流量计（旁通测量方式）

1—热线及冷线绕组；2—陶瓷螺线管；3—控制回路；4—冷线；5—热线；6—旁通气道；
7—主通道；8—至节气门。

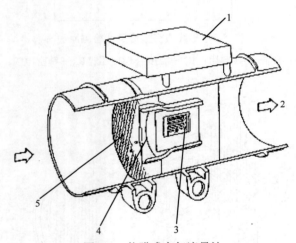

图 5-8　热膜式空气流量计

1—控制回路；2—通往发动机；3—热膜；4—上游温度传感器；5—金属网。

热膜式空气流量计由于发热体固定在树脂上，不直接承受气体冲刷，寿命长，结构简单，价格也比热线式低，所以桑塔纳"时代超人"车、SGM 别克车等都使用这种类型的空气流量计。

3. 热线式与热膜式空气流量计的故障与检修

热线（热膜）式空气流量传感器计量方式主要以空气质量为主，一般不受进气温度影响。另外，由于它在开机和关机时需要自清洁，供电电压一般为 12V，信号参考电压为 5V，输出信号电压为 0.3 V～4.5 V。由于当代电控汽油喷射发动机 ECU 具备自学习和记忆功能，能对空气流量传感器的污染情况进行记忆修正（用输入值反馈信号修正）。因此，在对系统进行检测时，要注意检查空气流量数据变化情况，因为进气道漏气及节气门脏污将造成空气流量传感器数据失准，时常也会记忆故障代码，所以不能简单凭故障代码判断空气流量传感器是否损坏。

1）热线（热膜）式空气流量计信号不正常主要原因

（1）节气门过脏。汽缸及气门严重积炭造成发动机 ECU 记忆空气流量传感器故障及氧传感器故障，这个故障在大众系列车系较多（捷达、桑塔纳和奥迪等）。之所以这样，是因为节气门过脏后直接影响了进气通道的截面积，从而使进气量减少。为了稳定发动机怠速转速，ECU 只能将电动节气门开度调大，以满足发动机怠速工况下对空气量的需求。ECU 一方面接收来自空气流量传感器的进气量信号，一方面通过节气门开度与发动机转速来判断空气流量传感器准确程度，当两个计算差值超过预设值时，判断为空气流量传感器失准，便报空气流量传感器超值。当节气门严重污染时，节气门势必开得更大，但此时的实际进气量并未增加，故节气门位置传感器信号值会高于空气流量传感器信号值，而同时ECU 也会修正空气流量传感器差值，但随着时间的延续，当修正值超过 ECU 预设值时，将报空气流量传感器失准故障。因此，应适时清洁节气门体，以保证空气流量传感器的准确性。在车辆发生此类故障后，不要急于更换空气流量传感器，应首先对进气道、节气门、汽缸和气门进行免拆清洗，然后再用专用设备清除 ECU 中的故障记忆（故障代码相应运行数据记录），并重新运行车辆进行初始设定，故障一般便可排除。

（2）进气格栅脏污故障。很多维修人员一般认为热线式空气流量传感器有了自洁功能后，热线部分便不易被污染，这个观点是不对的。原因在于，曲轴箱蒸汽及空气滤芯若过脏，空气流量传感器进气格栅也易受到污染。由于热线式空气流量传感器是取中间部分空气进行采样计算，所以就要求进入空气流量传感器通道内的空气必须均匀。而当进气格栅过脏时，因空气在高速流动时产生扰流，使空气不能被准确计量，从而导致发动机加速时混合气过稀，产生回火现象，这种情况下就需要清洁空气流量传感器进气格栅。

（3）热线（热膜）式空气流量计故障。热线（热膜）式空气流量传感器较为常见的故障是热线（热膜）脏污、热线断路（热膜损坏）和热敏电阻不良等。各个故障对发动机的影响见表 5-8。

表 5-8　热线（热膜）式空气流量传感器常见故障及影响

故障部位	对电控汽油喷射系统的影响	对发动机的影响
热线（热膜）脏污	空气流量传感器信号电压下降而使供油量过小	发动机运转不平稳或不工作；发动机运转无力、加速不良
热线断路（热膜损坏）	空气流量传感器无信号输出	发动机不能工作
热敏电阻不良	空气流量传感器信号电压不准确	发动机油耗过高或运转不正常

2）热线（热膜）式空气流量传感器的检测方法

热线式空气流量传感器导线连接器一般有 6 个端子，如图 5-9 所示。热膜式空气流量传感器导线连接器一般有 4 个端子，如图 5-10 所示。

（1）就车检测。将热线（热膜）式空气流量传感器导线连接器橡胶罩拨开，在发动机转动（怠速和 3000 r/min）和停转的情况下，用万用表 V 挡测量空气流量传感器 B～D（空气流量信号—搭铁）端子之间的输出电压值，其电压值应符合车型技术要求。

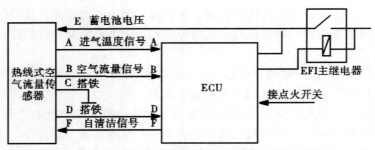

图 5-9　热线式空气流量传感器的连接线路

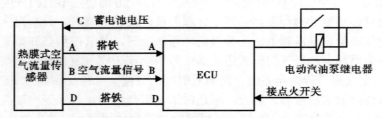

图 5-10　热膜式空气流量传感器的连接线路

（2）离车单件检测。点火开关置于"OFF"位置，拔下空气流量传感器的导线连接器，从车上将空气流量传感器拆下。观察空气流量传感器内的热线或热膜有无断开或脏污，护网有无堵塞或破裂。如图 5-11 所示，将蓄电池电压施加于空气流量传感器的端子 D 和 E（热线式，注意蓄电池极性应正确，D 接负极，E 接正极）或 C 和 D（热膜式，C 接正极，D 接负极），然后用万用表 V 挡检测端子 B 和 D（热线式）或 A 和 B（热膜式）之间的电压，电压值应符合车型技术要求。再用电风扇给空气流量传感器的进风口吹风，此时电压值应该上升 2 V～4 V，信号电压值应该随风量的大小变化灵敏地变化（风量增加，电压值增大，风量减少，电压值减小），如果信号电压在风量变化时不变、变化极小或变化迟缓等均为热线或热膜脏污或 ECU 故障。

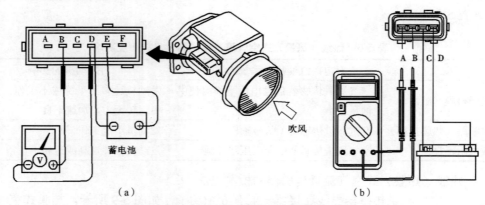

图 5-11　热线或热膜式空气流量传感器的检测

（a）热线式空气流量传感器的检测；（b）热膜式空气流量传感器的检测。

（3）供电电压检测。点火开关置于"OFF"位置，拔下空气流量传感器的导线连接器，再将点火开关转至"ON"位置，用万用表 V 挡测量导线侧连接器 E～D（热线式）

或 C～D（热膜式）端子间的电压值，电压值应该为蓄电池电压。

如果上述（1）、（2）、（3）项检测结果均符合技术要求，则空气流量传感器信号系统正常；如果（1）、（2）项中任何一项检测结果不在技术要求范围内，而（3）项检测结果符合技术要求，则说明空气流量传感器不良；如果（1）、（2）项检测结果符合技术要求，而（3）项的检测结果不符合技术要求，则说明空气流量传感器本身正常，ECU 性能不良。

（二）进气歧管绝对压力传感器

在进气量采用进气歧管压力计量方式的电控汽油喷射系统（如 Bosch 公司 D-Jetronic 系统）中，进气歧管绝对压力传感器是最重要的传感器，相当于采用直接测量空气流量的电控汽油喷射系统中的空气流量传感器。它能依据发动机的负荷状态测出进气歧管内绝对压力的变化，并转换成电压信号与转速信号一起输送到 ECU，作为决定喷油器基本喷油量的依据。

进气歧管绝对压力传感器种类较多，就其信号产生原理可分为半导体压敏电阻式、电容式、膜盒传动的可变电感式和表面弹性波式等，其中电容式和半导体压敏电阻式进气歧管绝对压力传感器在当今发动机电子控制系统中应用较为广泛。

1. 半导体压敏电阻式进气歧管绝对压力传感器

1）半导体压敏电阻式进气歧管绝对压力传感器结构原理

该进气歧管绝对压力传感器利用的是半导体的压阻效应，因具有尺寸小、精度高、成本低和响应性、再现性、抗振性较好等优点，得到了广泛的应用，其结构如图 5-12 所示，它由压力转换元件和把转换元件输出信号进行放大的混合集成电路等构成，传感器通常用一根橡胶管和需要测量其中压力的部位相连。压力转换元件是利用半导体的压阻效应制成的硅膜片。硅膜片的一面是真空室，另一面导入进气歧管压力。硅膜片（图 5-13（a））为约 3 mm 的正方形，其中部经光刻腐蚀形成直径约 2 mm，厚约 50 μm 的薄膜，薄膜周围有 4 个应变电阻，以惠斯顿电桥方式连接（图 5-13（b））。

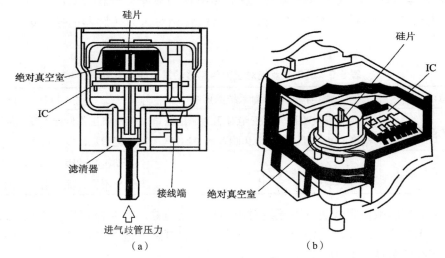

图 5-12　进气管绝对压力传感器

（a）主视图；（b）俯视图。

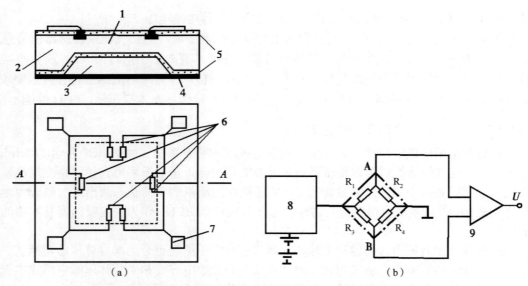

图 5-13　半导体式进气歧管绝对压力传感器硅膜片的结构及电路

（a）硅膜片的结构；（b）硅膜片的桥形电路。

1—硅膜片；2—硅；3—真空管；4—硼硅酸玻璃；5—二氧化硅膜；6—应变电阻；7—金属块；
8—稳压电源；9—差动放大器。

　　由于薄膜一侧是真空室，因此薄膜的另一侧进气歧管内绝对压力越高，硅膜片的变形越大，其应变与压力成正比，附着在薄膜上的应变电阻的阻值随应变成正比变化，这样就可利用惠斯顿电桥将硅膜片的变形变成电信号。因为输出的电信号很微弱，所以需用混合集成电路进行放大后输出。这种半导体压敏电阻式进气歧管绝对压力传感器输出的信号电压具有随进气歧管绝对压力的增大呈线性增大的特性。

　　2）半导体压敏电阻式进气歧管绝对压力传感器的故障与检修

　　（1）进气歧管绝对压力传感器故障。进气歧管绝对压力传感器的常见故障及影响见表 5-9。

表 5-9　进气歧管绝对压力传感器的常见故障及影响

故障部位	对电控汽油喷射系统的影响	对发动机的影响
真空软管老化破裂	不能准确反映进气歧管绝对压力，进气量检测信号不准确，从而影响基本喷油量	发动机工作性能不良、加速性差，油耗增加，发动机无力
压力转换元件损坏	不能准确测量进气量	发动机起动困难、动力不足、工作性能不良、油耗增加、加速性差

　　（2）半导体压敏电阻式进气歧管绝对压力传感器检修。首先检查连接在进气歧管上的真空软管有无破裂、老化、压瘪等现象。半导体压敏电阻式进气歧管绝对压力（MAP）传感器的连接线路如图 5-14 所示。

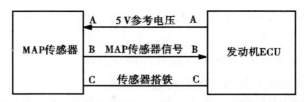

图 5-14　半导体压敏电阻式进气歧管绝对压力（MAP）传感器的连接线路

① 传感器电源电压的检测。将点火开关置于"OFF"位置，拔下进气歧管绝对压力传感器的导线连接器，然后将点火开关置于"ON"位置（不起动发动机），用万用表 V 挡测量导线连接器中电源端 A 和搭铁端 C 之间的电压（图 5-15（a）），其电压值应为 4.5V～5.5V。

② 传感器输出电压的检测。将点火开关置于"ON"位置（不起动发动机），拆下连接进气歧管绝对压力传感器与进气歧管的真空软管（图 5-15（b））。在 ECU 导线连接器侧用万用表 V 挡测量进气歧管绝对压力传感器信号端子 B 与搭铁端子 C 间在大气压力状态下的输出电压（图 5-15（c）），并记下这一电压值；然后用真空泵向进气歧管绝对压力传感器内施加真空，从 13.3kPa（100 mmHg）起，每次递增 13.3 kPa（100 mmHg），一直增加到 66.7 kPa（500 mmHg）为止，然后测量在不同真空度下进气歧管绝对压力传感器（B～C 端子间）的输出电压。该电压应能随真空度的增大而不断下降。不同真空度下的输出电压下降量应与车型技术要求相符。

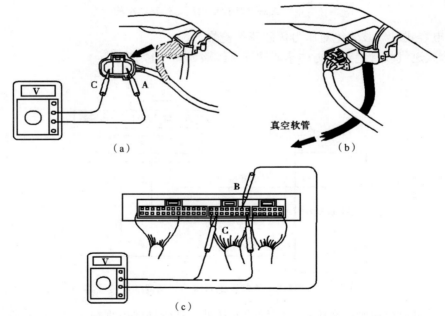

图 5-15　半导体压敏电阻式进气歧管绝对压力（MAP）传感器的检测

（a）传感器电源电压的检测；（b）拆下真空软管；（c）传感器输出电压的检测。

如果上述（a）、（b）项检测结果均符合技术要求，则进气歧管绝对压力传感器信号系统正常；如果（a）项的检测结果不在技术要求范围内，则应检查进气歧管绝对压力传感器与 ECU 之间的线路是否导通。若断路或短路，应更换或修理线束；若导线良好，则更换

ECU；若（a）项检测结果符合技术要求，而（b）项检测结果不符合技术要求，则说明进气歧管绝对压力传感器不良。

2. 电容式进气歧管绝对压力传感器的结构与检修

1）电容式进气歧管绝对压力传感器的结构原理

电容式进气歧管绝对压力传感器是使氧化铝膜片和底板彼此靠近排列，形成电容，利用电容依膜片上下的压力差而改变的性质，获得与压力成比例的电容值信号，如图 5-16 所示。把电容（压力转换元件）连接到传感器混合集成电路的振荡器电路中，则传感器产生可变频率的信号，其输出信号的频率与进气歧管绝对压力成正比。其频率在 80Hz～120Hz 变化。ECU 根据输入信号的频率便可感知进气歧管的绝对压力，从而计算出进气量。

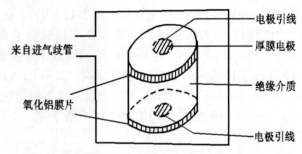

图 5-16　电容式进气歧管绝对压力传感器结构示意

2）电容式进气歧管绝对压力传感器的检修

电容式进气歧管绝对压力传感器的连接线路如图 5-17 所示。

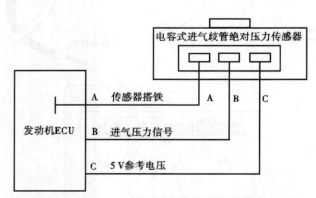

图 5-17　电容式进气歧管绝对压力传感器的连接线路

（1）供电电压检测。在确保真空软管能从进气歧管处取得真空（主要检查真空软管的连接状况以及有无老化破裂现象）的情况下，将点火开关转至"ON"位置，用万用表 V 挡检测发动机 ECU 的端子 A～C 之间的电压，应为 5V。

（2）传感器信号检测。将点火开关转至"ON"位置，用汽车专用万用表频率挡检测传感器导线连接器处端子 B～C 之间的频率信号。在发动机不起动时，传感器输出信号的频率信号约为 106 Hz，减速时的频率约为 80 Hz，怠速时的频率接近 105Hz。

如果上述（1）、（2）项检测结果均符合车型技术要求，则说明电容式进气歧管绝对压力传感器信号系统正常；如果（1）项检测结果符合技术要求，而（2）项检测结果不符合车型技术要求，则说明电容式进气歧管绝对压力传感器本身不良；如果（1）项检测结果不符合车型技术要求，则说明发动机 ECU 不良。

3. 表面弹性波式（SAW）进气歧管绝对压力传感器

该进气歧管绝对压力传感器的结构如图 5-18 所示。它是在一块压电基片上用超声波加工出一薄膜敏感区，上面刻制换能器（压敏 SAW 延时线），换能器与电路组合成振荡器。为了提高测量精度，补偿温度对基片的影响，在薄膜敏感区边缘设置一只性能相同的换能器（温基 SAW 延时线）。换能器是由在抛光的压电基片上设置两个金属叉指构成，如图 5-18（b）所示，若在输入换能叉指 T_1 上加电信号，便由逆压电效应在基片表面激励起弹性表面波，传播到换能叉指 T_2 转换成电信号，经放大后反馈到 T_1，以便保持振荡状态。表面弹性波（SAW）在两个换能叉指之间的传播时间即是所获得的延迟时间，其大小取决于两换能叉指间的距离。由于导入的歧管压力作用于压电基片上，压力变化将在薄膜敏感区产生应变，使换能叉指间距离发生变化，因此，表面弹性波传播的延迟时间相应变化。根据与延迟时间成反比的振荡频率，即可输出压力信号。

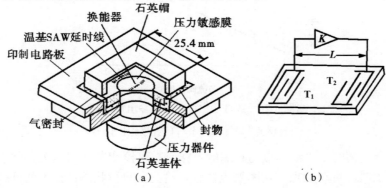

图 5-18 表面弹性波式（SAW）进气歧管绝对压力传感器

（a）传感器结构；（b）换能器结构。

（三）节气门位置传感器

1. 结构与原理

节气门位置传感器有线性输出和开关量输出两种形式，线性输出型传感器结构如图 5-19 所示。它有两个与节气门联动的触点：一个用于检测节气门全闭时的信号；另一个触点在阻尼体上滑动，测得与节气门开度相对应的线性输出电压。其输出特性如图 5-20 所示。

开关量输出型节气门位置传感器结构如图 5-21（a）所示。它由一个沿导向凸轮沟槽移动的可动触点和两个固定触点（功率触点、怠速触点）组成。导向轮由固定在节气门轴上的控制杆驱动。

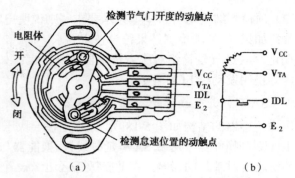

图 5-19　线性输出型节气门位置传感器

（a）构造；（b）电路。

V_{CC}—电源；V_{TA}—节气门开度输出信号；IDL—怠速触点；E_2—地线。

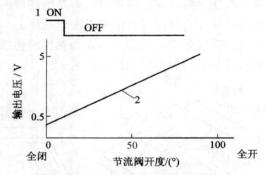

图 5-20　线性输出型传感器输出特性

1—怠速触点信号；2—节气门开度输出信号。

当节气门全关闭时，可动触点与怠速触点接触，可检测节气门全关闭状态；当节气门开度达 50%以上时，可动触点与功率触点接触，检测大负荷状态；在中间开度时，可动触点与两个固定触点都不接触，其输出特性如图 5-21（b）所示。

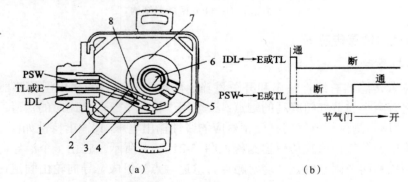

图 5-21　开关式节气门位置传感器

（a）外观；（b）特性。

1—连接装置；2—可动触点；3—功率触点；4—怠速触点；5—控制杆；6—节气门轴；
7—导向凸轮；8—导向凸轮槽。

2. 节气门位置传感器的故障与检修

1）节气门位置传感器的常见故障（表 5-10）

表 5-10　节气门位置传感器的常见故障及影响

故障部位	对电控汽油喷射系统的影响	对发动机的影响
节气门位置传感器怠速触点接触不良	无怠速信号	怠速不稳或无怠速
节气门位置传感器全负荷触点接触不良（开关信号量输出型）	无全负荷信号	发动机加速困难
节气门位置传感器电位器电阻值不准确（线性信号输出型）	节气门位置信号不正确	发动机动力不足、运转不平稳、加速性差
节气门位置传感器电位器滑头与电阻值接触不良（线性信号输出型）	节气门位置信号时有时无	发动机工作性能不良、发抖、喘振、加速性差，发动机加速失速
节气门位置传感器怠速触点调整不当	怠速信号不正确	发动机怠速不稳或怠速熄火或怠速过高不能调低，开空调（或用动力转向）时熄火

2）节气门位置传感器的检修

拆下节气门位置传感器的连接插头，用万用表的电阻挡测量传感器的信号输出端脚与搭铁端脚之间的电阻（图 5-22 所示 B 脚与 D 脚），同时连续地缓慢地改变节气门的开度，所得电阻应随节气门开度的不断增大而连续增大，且中间没有突变现象发生。

打开点火开关，发动机不运转。用万用表的电压挡测量传感器的信号输出端脚与搭铁端脚之间的电压，同时连续地缓慢地改变节气门的开度，所得电压值应随节气门开度的不断增大而连续增大，且中间没有突变现象发生。

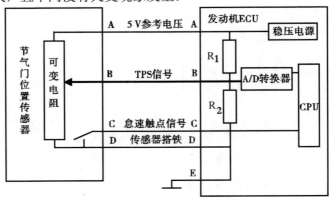

图 5-22　节气门位置传感器的连接图

对于有怠速触点的节气门位置传感器，拆下连接插头，用万用表的电阻挡测量传感器的怠速触点（IDL）信号输出端脚与搭铁端脚之间的电阻，节气门关闭状态时，电阻应为

0Ω，节气门打开微小的一个开度后一直到全开，电阻都应为∞Ω。

以上测试结果如果部分或全部与标准不符，则应更换节气门位置传感器。

（四）冷却液温度传感器

1. 结构与原理

冷却液温度传感器用于检测发动机的冷却液温度，作为 EFI 系统的**修**正信号。它由对温度变化非常敏感的负温度系数热敏电阻和外壳构成，如图 5-23 所示。负温度系数热敏电阻具有外界温度越高，其阻值反而越小的特性。

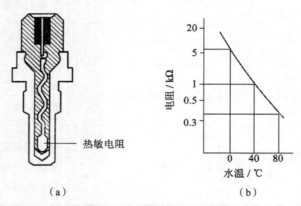

图 5-23 冷却液温度传感器

（a）结构；（b）特性。

冷却液温度传感器与 ECU 的连接如图 5-24 所示。ECU 中的电阻与同上温传感器的热敏电阻串联，当热敏电阻的阻值发生变化时，THW 信号的电压也随之改变。

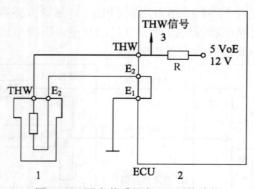

图 5-24 同上传感器与 ECU 的连接

1—同上传感器；2—ECU；3—THW 信号。

2. 冷却液温度传感器的故障与检修

1）冷却液温度传感器的常见故障分析

冷却液温度传感器的常见**故障**有内部线路接触不良或断线、热敏元件性能变化等。这些常见**故障**会造成冷却液温度传感器无信号输出或冷却液温度信号不准，影响对喷油量的修正精度造成混合气过浓或过稀。对于发动机而言，冷却液温度传感器的**故障**会造成发动机不能起动、发动机运转不平稳、停转或间断运转、发动机功率下降等多种**故障**现象。

2）冷却液温度传感器故障检查方法

冷却液温度传感器的好坏可以通过用万用表检测其电阻和信号电压的**方法**判断其性能好坏。

（1）就车电阻检测。将点火开关置于"OFF"位置，拔下冷却液温度传感器的导线连接器，用数字式高阻抗万用表电阻挡测试传感器 THW 和 E2 两端子间的电阻值，其电阻值与温度的高低应成反比，在热机时其电阻值应小于 1 kΩ。

（2）离车电阻检测。拔下冷却液温度传感器的导线连接器，并从发动机上拆下传感器，将冷却液温度传感器置于烧杯内的水中，加热杯中的水，同时用万用表电阻挡在不同冷却液温度的条件下测量传感器 THW 和 E2 两端子间的电阻值，电阻值应随着温度的上升而下降，或符合车辆技术要求。

（3）信号电压检测。装好冷却液温度传感器并将传感器导线连接器插好，用万用表电压挡从传感器导线连接器的 THW 和 E2 端子间测量传感器输出的信号电压，该信号电压值应与温度成反比（即温度越高，信号电压越低），或符合车辆技术要求。

（4）供电电压检测。拔下冷却液温度传感器的导线连接器，将点火开关转至"ON"位置，用万用表电压挡测量 ECU 导线连接器处 THW 和 E2 端子之间的电压，该电压应为 5V。

如果上述（1）、（2）、（3）、（4）项检测结果均符合技术要求，则系统正常；如果（1）、（2）、（3）项中任何一项检测结果不在技术要求范围内，而（4）项检测结果符合技术要求，则说明冷却液温度传感器不良，应更换冷却液温度传感器；如果（1）、（2）项检测结果符合技术要求，而（3）、（4）项的检测结果不符合技术要求，则说明冷却液温度传感器本身正常，ECU 性能不良，应更换 ECU。

（五）进气温度传感器

进气温度传感器用于检测进气管入口处的空气温度，补偿空气密度随气温变化的影响。其结构与水温传感器相似，内部是一个负温度系数热敏电阻，电阻值随温度的升高而降低。对于 D 型 EFI 系统，进气温度传感器装在空气滤清器壳或进气室内，对于 L 型 EFI 系统，进气温度传感器装在空气流量计中。其常见**故障**与检测**方法**同冷却液温度传感器。

（六）曲轴位置传感器／发动机转速传感器

在 EFI 中，相对于发动机每一个工作循环吸入的空气量，都可以得到由 ECU 控制的符合最佳空燃的汽油喷射量。空气流量传感器能够检测每个单位时间内的吸入空气量，但是不能检测每个工作循环内的吸入空气量。为了求出每个工作循环内的吸入空气量，需要检测发动机转速。另外，当采用独立喷射和分组喷射时，为了有效地利用各自的喷射特点，需要选择特定的喷射时刻，因此，还需要检测每缸的曲轴（凸轮轴）转角位置。检测发动机转速及曲轴转角位置，需要采用发动机转速传感器和曲轴（凸轮轴）位置传感器，很多车辆将检测发动机转速和曲轴位置的传感器制成一体，统称为曲轴位置传感器。曲轴位置传感器是发动机电子控制系统中最主要的传感器之一，它提供点火时刻（点火提前角）、确认曲轴位置的信号，用于检测活塞上止点、曲轴转角及发动机转速。具有这种功能的传感器形式很多，目前均已实用化，其中使用最多的是磁脉冲式传感器、光电式传感器、霍耳效应式传感器、可变磁阻式传感器。

它通常安装在曲轴前端、凸轮轴前端、飞轮上或分电器内。

1. 磁脉冲式曲轴位置传感器结构与检修

1）磁脉冲式传感器的基本工作原理

磁脉冲式传感器的工作原理可用图 5-25（a）、（b）所示的原理图来说明，它由一个永久磁铁和一个传感线圈组成，在驱动轴上装有一个有若干个缺口和舌片的转子，它能在磁极之间转动。当转子旋转，其缺口通过磁极时，磁路的磁阻大大增加（这是由于空气的磁导率比钢低得多），结果使磁场强度降低。当通过一个线圈的磁通量增加或减少时，线圈内就会产生感应电动势，其大小正比于磁通量的变化速率。变化越快，电动势越大；磁通量无变化，就不产生电动势。所以，当转子静止时，线圈中虽有磁通通过，但传感器没有信号电压输出。图 5-25（c）显示的是转子通过磁极时产生的波形：当转子舌片接近磁极时，电动势增至最大；当转子舌片正对磁极时，磁通量最大，而电动势为零。

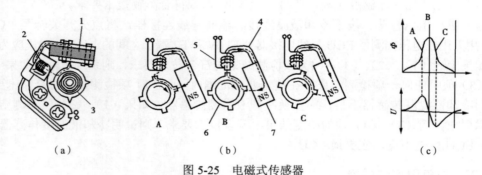

图 5-25　电磁式传感器

（a）结构图；（b）工作原理；（c）波形。

1、7—永久磁铁；2、5—传感线圈；3—动态转子；4—托架；6—信号转子；
Φ—通过线圈的磁通量；U—点火信号产生电压。

2）磁脉冲式曲轴位置传感器的结构和工作原理

图 5-26 所示为典型的安装在曲轴前端的皮带轮之后的磁脉冲式曲轴位置传感器。在皮带轮后端设置一个带有细齿的薄圆齿盘（用以产生信号，称为信号盘），它和曲轴皮带轮一起装在曲轴上，随曲轴一起旋转。在信号盘的外缘，沿着圆周每隔 $4°$ 有 1 个齿，共有 90 个齿，并且每隔 $120°$ 布置 1 个凸缘，共 3 个。安装在信号盘边沿的传感器盒是产生电信号的信号发生器。信号发生器内有 3 个在永久磁铁上绕有感应线圈的磁头，其中磁头②产生 $120°$ 信号，磁头①和磁头③共同产生曲轴 $1°$ 转角信号。磁头②对着信号盘的 $120°$ 凸缘，磁头①和磁头③对着信号盘的齿圈，彼此相隔 $3°$ 曲轴转角安装。信号发生器内有信号放大和整形电路，外部有 4 孔连接器，孔"1"为 $120°$ 信号输出线，孔"2"为信号放大与整形电路的电源线，孔"3"为 $1°$ 信号输出线，孔"4"为搭铁线。通过该连接器将曲轴位置传感器中产生的信号输送到 ECU。

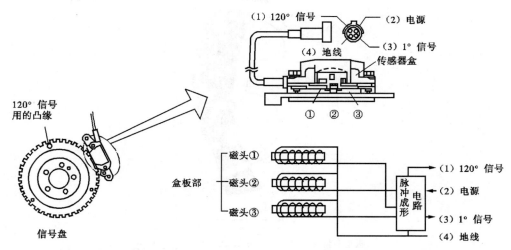

图 5-26　典型的安装在曲轴前端的皮带轮之后磁脉冲式曲轴位置传感器

发动机转动时，信号盘的齿和凸缘引起通过感应线圈的磁场发生变化，从而在感应线圈里产生交变的电动势，经滤波整形后，即变成脉冲信号（图 5-27）。发动机旋转一圈，磁头②上产生 3 个 120°脉冲信号，磁头①和③各产生 90 个脉冲信号（交替产生）。

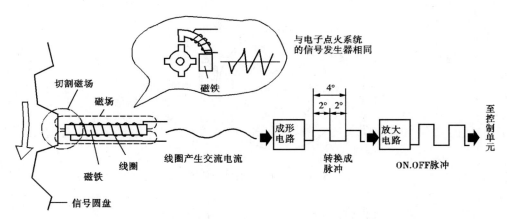

图 5-27　脉冲信号的产生

由于磁头①和磁头③相隔 3°曲轴转角安装，而它们又都是每隔 4°产生一个脉冲信号，所以磁头①和磁头③所产生的脉冲信号相位差正好为 90°。将这两个脉冲信号送入信号放大与整形电路中合成后，即产生曲轴 1°转角的信号（图 5-28）。

产生 120°信号的磁头②安装在上止点前 70°的位置（图 5-29），故其信号亦可称为上止点前 70°信号，即发动机在运转过程中，磁头②在各缸上止点前 70°位置均产生一个脉冲信号。

图 5-30 所示为典型的安装在分电器内的磁脉冲式曲轴位置传感器。该传感器分成上、下两部分，上部分产生 G 信号，下部分产生 Ne 信号，都是利用带有轮齿的转子旋转时，使信号发生器感应线圈内的磁通变化，从而在感应线圈里产生交变的感应电动势，再将它放大后，送入 ECU。

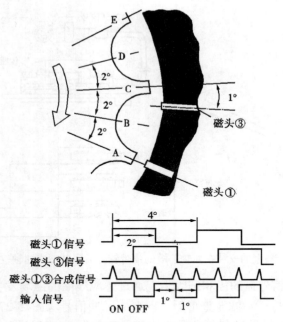

图 5-28 产生曲轴 1° 转角信号的原理

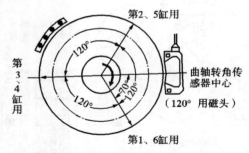

图 5-29 磁头②与曲轴的位置关系

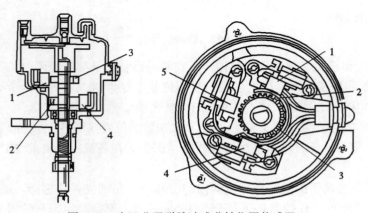

图 5-30 丰田公司磁脉冲式曲轴位置传感器

1—G_1 感应线圈；2—No.2 正的转子；3—No.1 正的转子；4—G_2 感应线圈；5—Ne 感应线圈。

Ne 信号是检测曲轴转角及发动机转速的信号，相当于前述磁脉冲式曲轴位置传感器的信号。该信号由固定在下半部具有等间隔 24 个轮齿的转子（No.2 正时转子）及固定于其对面的感应线圈产生（图 5-31（a））。

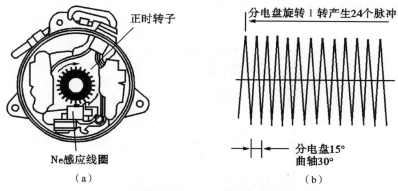

（a）　　　　　　　　　　　　（b）

图 5-31　Ne 信号发生器结构与波形

（a）Ne 信号发生器结构；（b）Ne 信号波形圈。

当转子旋转时，轮齿与感应线圈凸缘部（磁头）的空气间隙发生变化，导致通过感应线圈的磁场发生变化而产生感应电动势。轮齿靠近及远离磁头时，将产生一次增减磁通的变化，所以，每个轮齿通过磁头时，都将在感应线圈中产生一个完整的交流电压信号。No.2 正时转子上有 24 个齿。故转子旋转 1 圈，即曲轴旋转 720° 时，感应线圈产生 24 个交流电压信号。Ne 信号如图 5-32（b）所示，其一个周期的脉冲相当于 30° 曲轴转角（720° ÷ 24=30°）。更精确的转角检测，是利用 30° 转角的时间由 ECU 再均分 30 等份，即产生 1° 曲轴转角的信号。同理，发动机的转速由 ECU 依照 Ne 信号的两个脉冲（60° 曲轴转角）所经过的时间为基准进行计测。

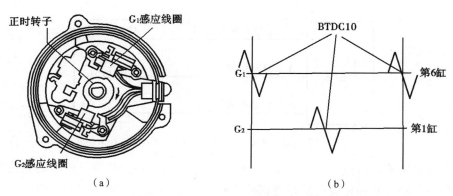

（a）　　　　　　　　　　　　（b）

图 5-32　G 信号发生器的结构及波形

（a）G 信号发生器结构；（b）G_1 信号和 G_2 信号波形。

G 信号用于判别汽缸及检测活塞上止点位置。G 信号是由位于 Ne 发生器上方的凸缘转轮（No.1 正时转子）及其对面对称的两个感应线圈（G_1 感应线圈和 G_2 感应线圈）产生的。其构造如图 5-32 所示。其产生信号的原理与 Ne 信号相同。G 信号也用作计算曲轴转角时的基准信号。

G₁、G₂ 信号分别检测第 6 缸及第 1 缸的上止点。由于 G₁、G₂ 信号发生器设置位置的关系，当产生 G₁、G₂ 信号时，实际上活塞并不是正好达到上止点（BTDC），而是在上止点前 10°的位置。图 5-33 所示为曲轴位置传感器 G₁、G₂、Ne 信号与曲轴转角的关系。

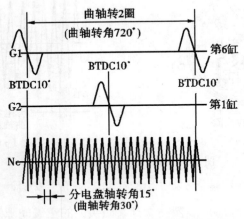

图 5-33　G、Ne 信号与曲轴转角的关系

3）磁脉冲式传感器的检测方法

发动机转速传感器和上止点位置传感器（凸轮轴位置传感器）制成一体的电磁式曲轴位置传感器一般为 3 端子型传感器（有些传感器有 2 个凸轮轴位置信号端子，这种传感器则有 4 个端子），下面以发动机转速传感器和上止点位置传感器（凸轮轴位置传感器）制成一体的 3 端子型传感器为例说明。曲轴位置传感器的连接线路如图 5-34 所示。

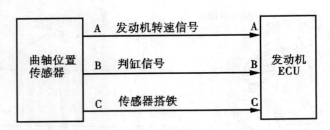

图 5-34　曲轴位置传感器的连接线路

（1）电阻检测。将点火开关置于"OFF"位置，拔下曲轴位置传感器的导线连接器，用万用表电阻挡在曲轴位置传感器连接器上测量端子 A-C 和 B-C 之间的电阻，电阻值均应符合车型技术要求。

（2）检测信号电压。将点火开关置于"OFF"位置，拔下曲轴位置传感器的导线连接器，在摇动发动机或由起动机带动发动机转动的同时，用万用表电压挡在曲轴位置传感器连接器上测量端子 A-C 和 B-C 之间的电压信号，应有随转速不同频率也不同的电压信号输出，且电压值的大小应符合车型技术要求。

（3）检测传感头与信号轮之间的间隙。传感头与信号轮之间的间隙应符合车型技术要求。

如果上述（1）、（2）、（3）项检测结果均符合车型技术要求，则说明曲轴位置传感器本身正常，但如果仍有**故障**存在，应更换发动机 ECU；如果（1）项检测结果正常，（2）、（3）项检测结果不符合车型技术要求，则应调整曲轴位置传感器传感头与信号轮之间的间隙；如果（1）、（3）项检测结果均符合车型技术要求，而（2）项检测结果不符合车型技术要求（信号电压值过小），则说明曲轴位置传感器传感头中的电磁铁退磁，则应更换曲轴位置传感器传感头；如果（1）项检测数据为 0 Ω或∞，则说明曲轴位置传感器电磁线圈短路或断路，则应更换曲轴位置传感器传感头。

2. 光电式曲轴位置传感器结构与检修

1）光电式传感器基本工作原理

图 5-35 所示是光电式传感器的基本工作原理图，位于光敏二极管的对面的是作为光源的发光二极管，在它们之间有一个能断续遮光的转盘。当转盘上的缺口、缝隙或小孔对准发光二极管时，光线可以通过，光敏二极管即发出信号指示转轴的某一位置或转速。它输出的信号是方波脉冲，**故**它能适应数字式控制系统的需要。这里的发光二极管的发光频率一般在红外线和紫外线范围内，是肉眼看不见的。

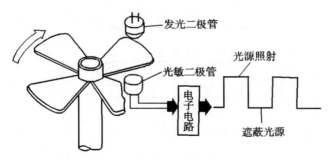

图 5-35　光电式传感器基本工作原理

图 5-36 所示为典型六缸发动机用分电器内的光电式曲轴位置传感器的结构，传感器固装在分电器壳体上，主要由两只发光二极管、两只光敏二极管和电子电路组成（图5-36（c））。两只发光二极管分别正对着光敏二极管，发光二极管以光敏二极管为照射目标。信号盘位于发光二极管和光敏二极管之间，当信号盘随发动机曲轴运转时，因信号盘上有光孔，产生透光和遮光的交替变化，信号发生器便输出表征由轴位置和转角的脉冲信号。

2）光电式曲轴位置传感器常见故障及影响

光电式传感器的常见**故障**有发光二极管、光敏管脏污、损坏，内部电路断路或接触不良，信号盘变形、损坏等，导致信号减弱或无信号产生，造成发动机工作不稳定或不能工作。

3）光电式曲轴位置传感器的检查方法

光电式曲轴位置传感器一般为 4 端子型传感器，光电式和霍耳效应式曲轴位置传感器的连接线路如图 5-37 所示。

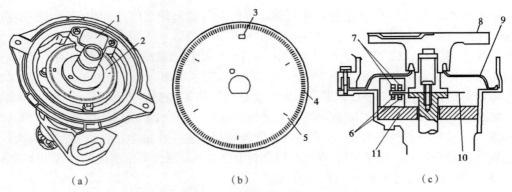

图 5-36　光电式曲轴位置传感器的工作原理与结构

（a）结构；（b）信号盘的结构；（c）信号发生器的布置。

1—曲轴位置传感器；2、10—信号盘；3—第 1 缸 120°信号缝隙；4—1°信号缝隙；
5—120°信号缝隙；6—光敏二极管；7—发光二极管；8—分电器；9—密封盖；11—电子电路。

（1）供电电压检测。将点火开关置于"OFF"位置，拔下曲轴位置传感器的导线连接器，再将点火开关转至"ON"位置，用万用表电压挡在曲轴位置传感器导线侧连接器（或发动机 ECU）上测量端子 A-D 之间的电压，电压值应符合车型技术要求。

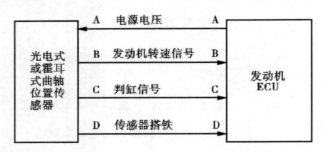

图 5-37　光电式和霍耳效应式曲轴位置传感器的连接线路

（2）信号电压检测。插好曲轴位置传感器的导线连接器，在摇动发动机或有起动机带动发动机转动或发动机怠速运转的同时，用万用表电压挡在曲轴位置传感器连接器上测量端子 B-D 和 C-D 之间的电压信号，应有随转速不同频率也不同的电压信号输出且电压值的大小应符合车型技术要求。

如果上述（1）、（2）项检测结果均符合车型技术要求，则说明曲轴位置传感器信号系统正常；如果（1）项检测结果符合车型技术要求，（2）项检测结果不符合车型技术要求，则说明曲轴位置传感器本身不良，应更换曲轴位置传感器；如果（1）项检测结果不符合车型技术要求，则说明发动机 ECU 不良，应更换发动机 ECU。

3. 霍耳式曲轴位置传感器结构与检修

1）霍耳式曲轴位置传感器结构原理

如图 5-38（a）所示，磁场中有一个霍耳半导体元件，恒定电流 I 从 A 到 B 通过该片。在洛伦兹力的作用下，电子流在通过霍耳半导体元件时向一侧偏移，使该片在 CD 方向上产生电位差，这就是霍耳电压。霍耳电压随磁场强度的变化而变化：磁场越强，电压越高；磁场越弱，电压越低。霍耳电压值很小，通常只有几毫伏，但经集成电路中的放大器放大，就能使该电压放大到足以输出较强的信号。若使霍耳集成电路起传感作用，需要用机械的方法来改变磁场强度。图 5-38（b）所示的方法是用一个转动的叶轮作为控制磁通量的开关，当叶轮叶片处于磁铁和霍耳集成电路之间的气隙中时，磁场偏离集成片，霍耳电压消失。这样，霍耳集成电路的输出电压的变化，就能表示出叶轮驱动轴的某一位置，利用这一工作原理，可将霍耳集成电路片用作点火正时传感器。霍耳式传感器属于被动型传感器，它要有外加电源才能工作，这一特点使它能检测转速低的运转情况。

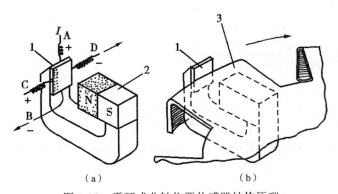

图 5-38　霍耳式曲轴位置传感器结构原理

（a）霍耳式曲轴位置传感器的基本原理；（b）霍耳式曲轴位置传感器的结构原理。

1—霍耳半导体元件；2—永久磁铁；3—挡隔磁力线的叶片。

2）霍耳式曲轴位置传感器常见故障及影响

霍耳式传感器的常见故障是内部集成块烧坏、线路断脱等而不能产生信号电压或信号太弱，导致 ECU 无法判缸，无法触发喷油和点火。

3）霍耳式曲轴位置传感器的检查方法

霍耳式曲轴位置传感器的故障检查方法与光电式相类似，也是将信号发生器接上电源后转动转子轴，测其信号输出电压，但电压波动范围不一样，比如桑塔纳 AJR 发动机霍耳传感器信号电压的波动范围是 0～14V。

4. 可变磁阻式曲轴位置传感器结构与检修

1）可变磁阻式曲轴位置传感器的结构原理

如图 5-39 所示，可变磁阻式曲轴位置传感器主要由磁阻元件（MRE）、转子、印制电路和磁环等构成。当传感器轴旋转时，与轴连在一起的多极磁环也同时旋转，磁环旋转引起的磁通变化，使集成电路内的磁阻元件的阻值发生变化，如图 5-40 所示，当流向磁阻元件（MRE）的电流方向与磁力线方向平行时，其电阻值最大；电流方向与磁力线方向垂直时，其电阻值最小。在磁环上"N 极"与"S 极"交替排列，随着磁环的回转使其磁力线方向不断地变化，伴随其每一回转，在内置磁阻元件（MRE）的集成电路（IC）中发生相应的脉冲信号，该信号即作为曲轴位置／发动机转速信号送入 ECU。磁通量的变化与磁环转速成正比，这样利用磁阻元件的阻值变化就可以检测出磁环旋转引起的磁通变化。阻值的变化引起其上电压的变化，将电压的变化输入到比较器中进行比较，再由比较器输出信号控制晶体管的导通和截止，这样就可以检测出曲轴位置／发动机转速。

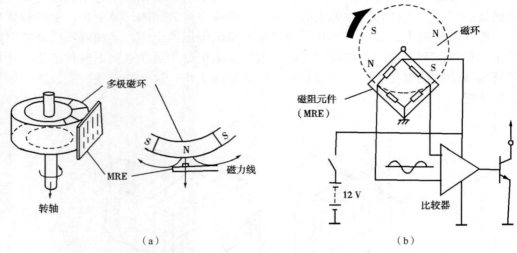

图 5-39　可变磁阻式曲轴位置／发动机转速传感器的工作原理及电路

（a）工作原理图；（b）电路图。

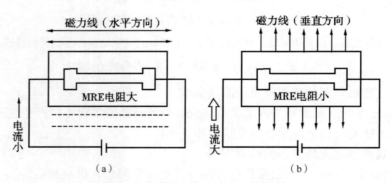

图 5-40　磁阻元件（MRE）的性质

（a）电流方向与磁力线平行；（b）电流方向与磁力线垂直。.

2）可变磁阻式曲轴位置／发动机转速传感器的检测

这种可变磁阻式曲轴位置／发动机转速传感器很少发生故障，在检修时，可以用手转动传感器轴，在转动的同时，用万用表电压挡或示波器测量传感器输出端子间的输出信号，应有脉冲电压信号输出，否则，应更换可变磁阻式曲轴位置／发动机转速传感器。

（七）氧传感器

在汽油反馈控制系统中，氧传感器是必不可少的。三效催化转化器安装在排气管的中段，它能净化排气中 CO、HC 和 NO_x 三种主要的有害成分，但只在混合气的空燃比处于接近理论空燃比的一个窄小范围内，三效催化转化器才能有效地起到净化作用。故在排气管中插入氧传感器，借检测废气中的氧浓度测定空燃比，并将其转换成电压信号或电阻信号，反馈给 ECU，ECU 根据该信号增加或减少喷油量，控制空燃比收敛于理论值。

目前使用的氧传感器有氧化锆（ZrO_2）式、氧化钛（TiO_2）式和宽量程氧传感器三种。

1. 氧化锆式氧传感器结构与检修

1）氧化锆式氧传感器结构原理

氧化锆式氧传感器的基本元件是氧化锆（ZrO_2）陶瓷管（固体电解质），亦称锆管（图 5-41）。锆管固定在带有安装螺纹的固定套中，内外表面均覆盖着一层多孔性的铂膜，其内表面与大气接触，外表面与废气接触。氧传感器的接线端有一个金属护套，其上开有一个用于锆管内腔与大气相通的孔，电线将锆管内表面的铂极经绝缘套从此接线端引出。

氧化锆在温度超过 300℃后才能进行正常工作。早期使用的氧传感器靠排气加热，这种传感器必须在发动机起动运转数分钟后才能开始工作，它只有一根接线与 ECU 相连（图 5-42（a））。现在，大部分汽车使用带加热器的氧传感器（图 5-42（b）），这种传感器内有一个电加热元件，可在发动机起动后的 20 s～30 s 内迅速将氧传感器加热至工作温度。它有 4 根接线，一根接 ECU，一根搭铁，另外两根分别为加热器的电源和搭铁。

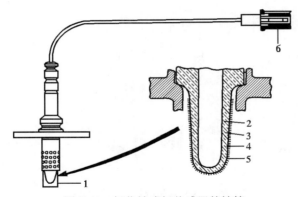

图 5-41　氧化锆式氧传感器的锆管

1—保护套管；2—内表面铂电极层；3—氧化锆陶瓷体；4—外表面铂电极层；5—多孔氧化铝保护层；6—导线连接器。

锆管的陶瓷体是多孔的，渗入其中的氧气，在温度较高时发生电离。由于锆管内、外侧氧含量不一致，存在浓度差，因而氧离子从大气侧向排气一侧扩散，从而使锆管成为一个微电池，在两铂极间产生电压（图 5-43）。当混合气的实际空燃比小于理论空燃比，即发动机以较浓的混合气运转时，排气中氧含量少，但 CO、HC 等较多。这些气体在锆管外表面的铂催化作用下与氧发生反应，将耗尽排气中残余的氧，使锆管外表面氧气浓度变为零，这就使得锆管内、外侧氧浓度差加大，两铂极间电压陡增。因此，锆管传感器产生的电压将在理论空燃比时发生突变：稀混合气时，输出电压几乎为零；浓混合气时，输出电压接近 1V。

要准确地保持混合气浓度为理论空燃比是不可能的。实际上的反馈控制只能使混合气在理论空燃比附近一个狭小的范围内波动，**故氧传感器的输出电压在 0.1 V～0.8 V 不断变化**（通常每 10 s 内变化 8 次以上）。如果氧传感器输出电压变化过缓（每 10 s 少于 8 次）

或电压保持不变（不论保持在高电位或低电位），则表明氧传感器有**故障**，需检修。

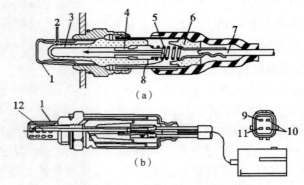

图 5-42　两种不同的氧化锆式氧传感器

（a）普通型氧化锆式氧传感器；（b）加热型氧化锆式氧传感器。

1—保护套管；2—废气；3—锆管；4—电极；5—弹簧；6—绝缘体；7—信号输出导线；8—空气；9—搭铁；10—加热器接线端；11—信号输出端；12—加热器。

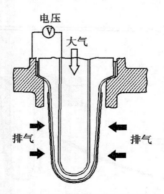

图 5-43　氧传感器的工作原理

2）氧化锆式氧传感器的常见故障及影响

氧传感器的常见**故障**及影响如下：

（1）铅中毒。使用含铅汽油，在高温下，铅沉附于氧传感器表面，使之不能产生正常的信号。

（2）积炭。氧传感器的铂片表面积炭，同样会使氧传感器不能正常工作。

（3）氧传感器内部线路断或脱。

（4）陶瓷元件破损。

（5）加热电阻丝烧断。

氧传感器的**故障**会使 ECU 不能得到排气管中氧浓度的信息，不能对空燃比进行反馈控制，会使发动机油耗和排气污染增加，发动机出现怠速不稳、缺火、喘振（抖）等**故障**现象。

3）氧化锆式氧传感器的检测

目前使用的氧传感器一般均为加热型氧化锆式氧传感器，其基本连接线路如图 5-44

所示。

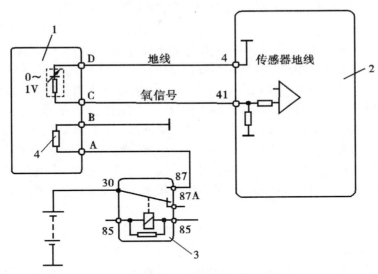

图 5-44　氧化锆式氧传感器的基本电路

1—氧传感器；2—发动机 ECU；3—主继电路；4—加热器。

A—氧传感器加热器供电端子；B—氧传感器加热器搭铁端子；C—氧传感信号端子；
D—氧传感搭铁端子。

（1）加热器电阻检测。点火开关置于"OFF"，拔下氧传感器的导线连接器，用万用表电阻挡测量氧传感器接线端中加热器端子与搭铁端子（图 5-45 的端子 A 和 B）间的电阻，其电阻值应符合标准值（一般为 4 Ω～40 Ω，具体数值参见具体车型技术要求）。如不符合标准，应更换氧传感器。

（2）反馈电压的检测。在对氧传感器的反馈电压进行检测时，最好使用指针型的电压表或示波器，以便直观地反映出反馈电压的变化情况。此外，电压表应是低量程（通常为 2 V）和高阻抗（阻抗太低会损坏氧传感器）的。

① 将点火开关转至"OFF"位置，拔下氧传感器导线连接器，对照被测车型的电路图，从氧传感器反馈电压输出端 C（图 5-45）引出一条细导线，然后插好导线连接器。

② 将发动机热车至正常工作温度（或起动后以 2500 r/min 的转速连续运转 2 min）。

③ 把电压表的负极测笔接蓄电池负极，正极测笔接氧传感器导线连接器上的引出线。

④ 让发动机以 2500 r/min 左右的转速保持运转，同时检查电压表指针能否在 0～1 V 来回摆动，记下 10 s 内电压表指针摆动的次数。在正常情况下，随着反馈控制的进行，氧传感器的反馈电压将在 0.4 V 上下不断变化，10 s 内反馈电压的变化次数应不少于 8 次。

如果电压表指针在 10 s 内的摆动次数等于或多于 8 次，则说明氧传感器及反馈控制系统工作正常；电压表指针若在 10 s 内的摆动次数少于 8 次，则说明氧传感器或反馈控制系统工作不正常，可能是氧传感器表面有积炭而使灵敏度降低，此时应让发动机以 2500 r/min 的转速运转约 2min，以清除氧传感器表面的积炭；若电压表指针变化依旧缓慢，则为氧传感器损坏或 ECU 反馈控制电路有**故障**。

（3）氧化锆式氧传感器工作特性的检测。拔下氧传感器的导线连接器，使氧传感器不再与 ECU 连接，将电压表的正极测笔直接与氧传感器反馈电压输出端子 C 连接，负极测笔搭铁，然后，在发动机正常运转时脱开接在进气管上的曲轴箱强制通风管或其他真空软管，人为地形成稀混合气，此时电压表读数应下降到 0.1V～0.3V；接上脱开的曲轴箱通风管或真空软管，再拔下冷却液温度传感器导线连接器，且用一个 4kΩ～8kΩ 的电阻代替冷却液温度传感器（或堵住空气滤清器的进气口），人为地形成浓混合气，此时，电压表读数应上升到 0.8V～1.0V。也可以用突然踩下或松开加速踏板的方法来改变混合气浓度。在突然踩下加速踏板时，混合气变浓，反馈电压应上升；突然松开踏板时，混合气变稀，反馈电压应下降。如果在混合气浓度变化时，氧传感器输出电压不能相应地改变，则说明氧传感器有故障。此时可拆去一根大真空软管，使发动机高速运转，以清除氧传感器上的铅或积炭，然后再测试。如果氧传感器反馈电压能按上述规律变化，说明氧传感器良好；否则，应更换氧传感器。

4）氧传感器的维护

氧传感器使用时需要按照规定里程或时间间隔进行定期检测或更换。维护时，应首先检查氧传感器的外观及连线是否完好，连接部位是否清洁、可靠，有无漏气等。拆下氧传感器可以通过观察氧传感器的外观（氧传感器顶端）的颜色判断氧传感器损坏的原因。氧传感器顶端的正常颜色应为淡灰色，一旦发现氧传感器顶端颜色发生变化时，就表示氧传感器已经失效，黑色顶端的氧传感器表明被炭污染，红棕色顶端的氧传感器表明氧传感器铅中毒，白色顶端的氧传感器表明被硅污染（这多是由于发动机在维修时使用了不符合要求的硅密封胶的缘故）。除了因为炭污染（黑色顶端）可以用火烧的方法恢复氧传感器的工作性能以外，其他情况均需要更换氧传感器。更换氧传感器时应先用工具清除排气管上安装螺纹孔内的脏物和毛刺，在安装时还需要用特殊的密封剂（其中含有石墨或玻璃粉，石墨烧掉后，玻璃粉留在螺纹上，便于拆卸）。氧传感器安装时的拧紧力矩应符合车型技术要求。

2. 氧化钛式氧传感器结构与检修

氧化钛式氧传感器是利用二氧化钛（TiO_2）材料的电阻值随排气中氧含量的变化而变化的特性制成的，故又称电阻型氧传感器。二氧化钛式氧传感器的外形和氧化锆式氧传感器相似。在传感器前端的护罩内是一个二氧化钛厚膜元件（图 5-45）。纯二氧化钛在常温下是一种高电阻的半导体，但表面一旦缺氧，其晶格便出现缺陷，电阻随之减小。由于二氧化钛的电阻也随温度不同而变化，因此，在二氧化钛式氧传感器内部也有一个电加热器，以保持氧化钛式氧传感器在发动机工作过程中的温度恒定不变。

如图 5-46 所示，ECU 的 2 号端子将一个恒定的 1V 电压加在氧化钛式氧传感器的一端上，传感器的另一端子与 ECU 的 4 号端子相接。当排出的废气中氧浓度随发动机混合气浓度变化而变化时，氧传感器的电阻随之改变，ECU 的 4 号端子上的电压降也随着变化。当 4 号端子上的电压高于参考电压时，ECU 判定混合气过稀；当 4 号端子上的电压低于参考电压时，ECU 判定混合气过稀。通过 ECU 的反馈控制，可保持混合气的浓度在理论空燃比附近。在实际的反馈控制过程中，二氧化钛式氧传感器与 ECU 连接的 4 号端子上的电压也是在 0.1V～0.9V 不断变化，这一点与氧传锆式氧传感器是相似的。

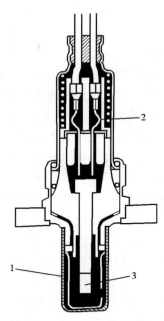

图 5-45　氧化钛式氧传感器

1—保护套管；2—连接线；3—二氧化钛厚膜元件。

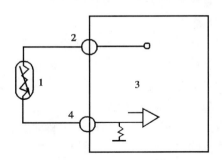

图 5-46　二氧化钛式氧传感器工作原理

1—氧化钛式氧传感器；2—1V 电压端子；3—ECU；4—输出电压端子。

3. 宽量程氧传感器

前面已经讲过，通过氧传感器与三效催化转化器的组合，在保证汽油经济性的同时，也可以使发动机的排放污染得到较好的控制。从发动机燃烧所需的空燃比角度讲，混合气浓些可以使发动机得到较大的转矩；混合气较稀些，可以降低发动机的油耗，CO、NO_x 排放量也会相应得到改善。在目前的发动机闭环控制系统中，发动机 ECU 利用氧传感器的反馈信号，将空燃比控制在 $\lambda=1$ 的理论空燃比附近；但当空燃比超出此范围时，发动机 ECU 只能根据其内部的脉谱图执行开环控制，然后对喷油量作出一定程度的修正。由于目前的环境仍旧处于恶化的状态，今后排放法规将更加严格，因此已经有了这样的动向，在发动机整个运转范围内实行空燃比反馈控制，以使发动机在各种工况下都实现最佳油耗、最佳排放及最佳运转性能。

为了满足日益严格的排放法规的要求，当代轿车发动机普遍采用稀薄燃烧技术，其特点是发动机燃烧效率高、损耗小。但因以前没有可以净化 NO_x 的催化剂，所以在 NO_x 排放量非常少的超稀薄区域，发动机混合气的燃烧不稳定，断火率增加，HC 排放量增加，发动机的输出转矩变动大，发动机运转性能变差。随着发动机技术的提高，很多厂家生产出了 λ=1.5 时仍可正常燃烧的发动机，加之已经发现了铜沸石类 NO_x 还原催化剂，稀燃发动机的开发开始活跃起来，如宝马公司生产的 N73 型 12 缸汽油直喷发动机。在这类发动机上，对氧传感器的测量范围要求非常高，而传统的氧传感器，在混合稍微偏浓时，输出电压就突变为 0.6 V～0.9 V，反之混合气变稀后，输出电压突变为 0.3 V～0.1 V。如果混合气进一步增浓，氧传感器的电压会不会再增加呢？0.9 V 的输出电压已经封顶，另外，如果混合气进一步变稀，氧传感器的电压会不会再一次降低呢？0.1V 的输出电压已是谷底。从上面分析来看，过浓与过稀的混合气普通氧传感已无法测量。0.1 V～0.9 V 的两状态电压信号已无法满足对汽车排放的控制，它只能在混合气为 14.7:1 的理论空燃比下，在混合气燃烧后，对排放的尾气含氧量进行比较狭窄的范围检测，这是普通氧传感器的缺陷所在，因此已远远不能胜任这项工作。

所谓宽量程氧传感器，是因为它相对于普通氧传感器仅能检测 λ=1 附近的理论空燃比的特点，它可以检测 λ 从 0.7～2.5 整个范围的空燃比（目前设计的发动机空燃比 λ 在 1.5 附近），且宽量程氧传感器在从稀到浓的整个区域均呈现线性输出特性。由于宽量程氧传感器具备以上特点，所以它也称为宽带及全范围氧传感器。

1）宽量程氧传感器的分类

根据氧传感器制造材料的不同，宽量程氧传感器可分为以 ZrO_2 为基体的固体电解质型和利用氧化物半导体电阻变化型两大类；根据传感器的结构的不同，宽量程氧传感器又可分为电池型、临界电流型及泵电池型。

2）宽量程氧传感器的结构和基本工作原理

宽量程氧传感器的结构如图 5-47 所示。它由 1 个普通窄范围浓差电压型氧传感器（参考电池、1 个界限电流型氧传感器、泵电池）以及扩散小孔、扩散室构成。它需要一个专门设计的传感器控制器来控制其正常工作，在图 5-47 中传感器控制器用 A 和 B 表示。尾气通过扩散小孔进入扩散室，尾气可能是富油的浓混合气，也可能是富氧的稀混合气。参考电池感知废气的浓度后，产生电压 U_s，根据尾气浓度的不同，富油的浓混合气将产生高于参考电压 U_{sRef} 的 U_s，传感器控制器将产生一个方向的泵电流 I_p，该泵电流 I_p 将氧气泵入扩散室内进行化学分解反应，在尾气中产生水和一氧化碳及一些氧化物附着在泵氧元的表面。在化学反应中将过多的碳氢化合物分解，从而降低了尾气的浓度，使泵电流 I_p 扩散室恢复到 U_0 电压为 0.45 V 的废气含氧浓度的平衡状态。相反，富氧的稀混合气将产生低于参考电压 U_{sRef} 的 U_s，传感器控制器将产生一个反方向的泵电流 I_p，该泵电流 I_p 将氧气泵出扩散室。当 HC 燃料或氧气被中和时，参考电池产生的电压 U_s 等于参考电压 U_{sRef}，此时的泵电流 I_p 就反映了尾气的浓度，传感器控制器将泵电流 I_p 转换成输出电压 U_{out}。通过改变泵电流的极性（电流流动方向）与大小就可以达到平衡扩散室里的尾气含氧量，如何将这个变化的泵电流再去控制发动机 ECU 对喷油器喷油时间的调整，是至关重要的。

在控制环路中有一块 DSP（数字信号处理器）电路，该电路有两路输出：一路将变化的泵电流信号通过放大数模转换成线性电压，此电压从 0～5V 连续变化，去控制发动机 ECU 的空燃比调整；另一路输出脉宽调制信号去控制 COM 场效应开关晶体管导通与截止时间，给加热单元组件提供电流，加热氧传感器。

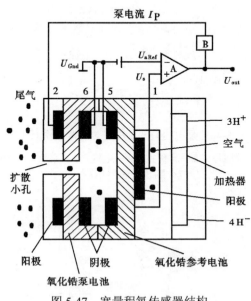

图 5-47 宽量程氧传感器结构

3）宽量程氧传感器的工作过程

下面以一汽大众汽车上应用的泵电池（泵氧元）型的宽量程型氧传感器（图 5-48）为例，介绍一下其工作过程。该传感器以二氧化锆传感器为基础组件，其内部分为两部分：测量室和泵氧元。

测量室一面与大气接触，另一面通过扩散孔与发动机尾气相通。此传感器测量室的工作原理与普通的二氧化锆氧传感器相同，由于测量室两侧氧含量不同会产生一个电动势。与普通氧传感器不同的是，发动机 ECU 要把测量室两侧的氧含量保持一致，并使电压值保持在 450mV，这就需要传感器的泵氧元来完成。泵氧元是利用二氧化锆氧传感器的反作用原理工作，在将电压加到泵氧元组件的两极后，泵氧元组件上的氧离子开始移动，把废气中的氧泵入测量室中，使测量室中两侧的电压值维持在 450mV。

在发动机工作状态下，当空燃比较浓时，发动机排出的尾气中氧含量减少，此时测量室的氧分子较少，测量室内外氧分压差较大，测量传感器两侧电压升高（图 5-49），发动机 ECU 加大泵氧元的控制电流使泵氧元提高泵氧效率，使测量室的氧含量增多，使测量传感器电压回到 450mV。

当空燃比较稀时，排出尾气中的氧含量减多，测量室的氧分子较多，测量室内外氧分压差较小，测量传感器两侧电压降低（图 5-50），发动机 ECU 减小泵氧元的控制电流使泵氧元降低泵氧效率，使测量室的氧含量减少，使测量传感器电压提高到 450mV。

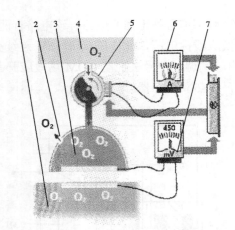

图 5-48 泵电池型宽量程氧传感器工作原理图

1—空气；2—扩散通道；3—测量室；4—尾气；5—泵氧元；6—泵氧元电流；
7—测量传感器电压。

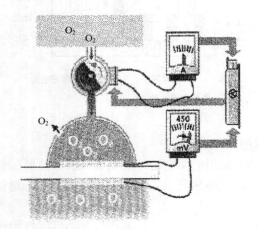

图 5-49 混合气偏浓状态

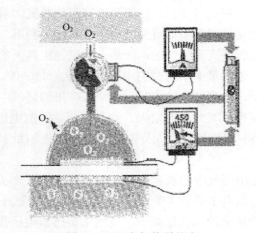

图 5-50 混合气偏稀状态

从图 5-51 中可以看到宽量程氧传感器的特点，工作曲线平滑，能够连续检测空燃比 10～20 之间，相当于过量空气系数从 0.686～1.405 的宽范围内，当线性电压在 2.5 V 时，就达到了理论空燃比 14.7 的控制。本田新款车系安装在三效催化转化器上游的为空燃比（AFR）传感器，检测信号为电流（mA）值（图 5-52）。在检测宽量程氧传感器时，不能用万用表电压挡及示波器进行直接测量氧传感器的端口线束电压，只能用相关的专用检测仪进行数据流分析。

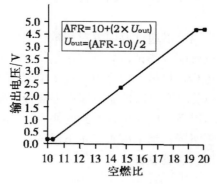

图 5-51　宽量程氧传感器输出特性

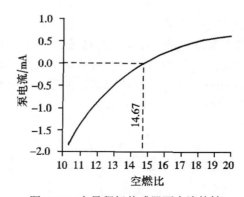

图 5-52　宽量程氧传感器泵电流特性

4）宽量程氧传感器的检测

宽量程氧传感器在工作时整个过程呈线性状态变化。在发动机正常工作的状态下：当 $\lambda=1$ 时，电压为 1.5 V；当 $\lambda>1$ 时，电压应高于 1.5 V；当 $\lambda<1$ 时，电压应小于 1.5 V。当混合气特别稀时，电压将达到 4.9 V，这一点应该引起大家的注意。当模拟发动机反复改变混合气的空燃比时，如电压固定在 0 V、1.5 V、4.9 V 某一值时，都说明传感器的信号回路出现了故障。

那么如何对宽量程氧传感器进行检测呢？可以利用故障检测仪，通过读取传感器的信号电压来判定其性能的好坏。以宝来轿车为例，可以通过读取数据流进行分析：发动机 ECU 将宽带型氧传感器的电流信号转化为电压值显示出来，宽带型氧传感器的电压规定值为 1.0V～2.0V。电压值大于 1.5 V 时混合气过稀（氧多），电压值小于 1.5 V 时混合气过浓（氧少）。电压值为 0 V、1.5 V、4.9 V 的恒定值时都说明氧传感器线路出现故障。用示波器观察的电压峰值可能到 4.9 V，这是正常的。

在发动机工作时，氧传感器的功能被发动机 ECU 监控，发动机 ECU 可识别氧传感器的功能故障，例如，由于使用了含铅汽油所引起的故障，将三效催化转化器前的氧传感器信号同三效催化转化器后的信号进行比较，结合发动机 ECU 内预存的特殊模型（数据）可检测氧传感器的状态。当氧传感器出现故障时，相应的故障存储在发动机 ECU 的故障代码存储器中，根据故障代码可以识别相关的氧传感器故障。另外，氧传感器信号故障和加热器故障的故障代码不同。

除了利用故障检测仪外，也可以通过万用表对宽量程氧传感器的性能进行检测。在测试时，需要使用两块万用表进行配合测试，具体方法是将一块万用表置于电压挡，表笔接到被测传感器的测量室两侧电极，将另一块万用表置于电流挡，将表笔串到泵氧元两侧电极的接线中（图 5-49），起动发动机，通过加减速模拟混合气空燃比频繁改变时，观察万用表的数值变化情况。正常情况下，应该可以看到两块表的数值呈反相变化：当电压表上升时，电流表指示电流应缓慢下降；当电压表指示下降时，电流表指示电流应上升；如果出现不动或单块表变化，说明传感器损坏。

（八）开关信号

1. 起动信号（STA）

STA 信号用来判断发动机是否处在起动状态。在起动状态时，进气管内混合气温度低、流速慢、雾化性差，为了改善起动性能，在起动时必须给混合气加浓。电脑检测到 STA 的信号，确认发动机处于起动状态时，将自动增加喷油量。从图 5-53 可看出，STA 信号与发动机电源相连，由空挡起动开关控制。空挡起动开关接通，ECU 使检测到 STA 信号。起动时，STA 端子与 EI 端子的电压应为 6V～14V。

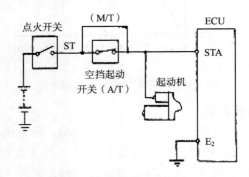

图 5-53　起动信号电路

2. 空挡开关信号（NSW）

在装有自动变速箱（A/T）的汽车上，NSW 信号用来检测变速箱是否处于"P"或"N"（停车或空挡），还是处于"L"、2、"R"状态（行驶状态）。NSW 信号用于怠速系统的控制，如图 5-54 所示。

当点火开关在 ST 位置时，NSW 与蓄电池正极接通，这时，若自动变速箱处于行驶状态，空挡开关断开，NSW 是高电压，若自动变速箱处于 "P" 或 "N" 时，空挡起动开关闭合，由于起动机负荷，造成压降，NSW 端是低电压信号。

3. 空调信号（A/C）

A/C 信号用来检测空调压缩机是否工作，空调信号与空调压缩机电磁离合器的电源接在一起，空调压缩机工作时，向计算机输送高电平信号，计算机根据 A/C 信号控制发动机怠速时的点火提前角、怠速转速和断油转速等。

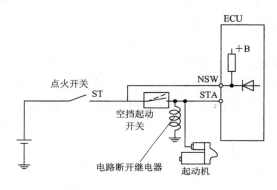

图 5-54 空挡起动开关信号

（九）ECU

发动机 ECU 的功用是通过其内存的程序对发动机传感器输入的各种信号进行判断、运算、处理，确定满足发动机运转状态的燃油喷射量、点火正时及怠速转速，然后指令控制相应的执行器。

1. 构造

图 5-55 是 ECU 的构成图。它主要由输入回路、A/D 转换器、ECU、输出回路组成。

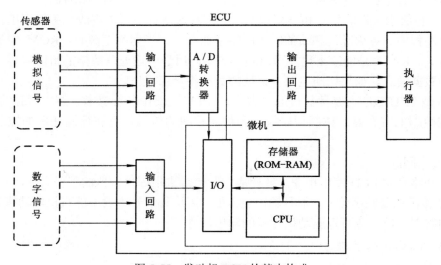

图 5-55 发动机 ECU 的基本构成

1）输入回路

输入回路的作用是接收来自传感器的信号，并对信号进行预处理，如对信号进行放大、滤波、整形，变成整齐的矩形波。另外在输入回路中设立脉冲发生器，把曲轴位置传感器中的脉冲变成 720 个脉冲（或 360 个脉冲），这样一个脉冲代表 0.5° 或（1°）曲轴转角，控制精度更高。

2）A/D 转换器（模拟/数字转换器）

传感器送出的信号有**模拟**信号和**数字**信号两种，而 ECU 只能处理**数字**信号，A/D 转换器的作用就是将**模拟**信号转换成**数字**信号后输入 ECU。

3）ECU

ECU 的作用是把传感器输入的信号，用内存程序和**数据**进行运算处理，并把处理结果（如喷油时间、点火时刻等）送往输出回路。它主要由中央处理器（CPU）、存储器、输入/输出装置（I/O）以及它们之间的信号传递总线构成，如图 5-56 所示。

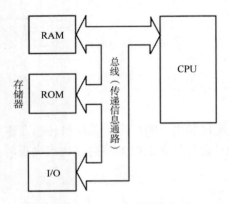

图 5-56　ECU 基本构成图

存储器具有记忆程序和**数据**的功能，它分只读存储器（ROM）和随机存储器（RAM）。ROM 用于存放永久性的程序和不变**数据**，一次存入后就不可以更改，可以调出使用。如发动机控制程序、点火脉谱和喷油脉谱的特性曲线等。当切断电源时，ROM 中的储存信息不会消失。RAM 是能读出也能写出的存储器，用于中途处理数据的暂时保存，如传感器输入的**数据**信息。如果切断电源，记忆的**数据**将全部消失。

CPU 是 ECU 核心，是计算机的"大脑"。CPU 主要由进行算术、逻辑运算的运算器；暂时存储**数据**的寄存器；按照程序执行各种装置间的信号传递和控制任务的控制器等组成。

4）输出回路

输出回路是将 ECU 发出指令，转变成控制信号来指挥执行器的工作。

ECU 输出的是**数字**信号、而且输出电压低，用这种信号一般不能直接驱动执行器，需要输出回路将其放大成可以驱动执行器的输出信号。

2. ECU 的工作原理

ECU 的工作过程很复杂，这里只是简要地说明其工作原理。

发动机起动时，ECU 进入工作状态，某些程序从 ROM 取出，进入 CPU。这个程序可以是控制燃油喷射、控制点火时刻或控制怠速等。执行过程中，从传感器来的信号，首先进入输入回路。如是**数字信号**，由 CPU 安排，经 I/O 接口直接进入 ECU；如果是**模拟信号**，还要经过 A/D 转换器转换成**数字信号**后，才经 I/O 接口进入 ECU。大多数信息，暂时存储在 RAM 内，根据指令再从 RAM 送至 CPU。下一步是将存储在 ROM 中的参考**数据**引入 CPU，与传感器输入的信号依次进行比较。CPU 对这些**数据**比较运算后，做出决定并发出输出指令信号，经过 I/O 接口（有的信号还要经 D/A 转换器转变成**模拟**信号），最后经输出回路去控制执行器动作。

3. ECU 电源电路

向 ECU 供电的电路称 ECU 电源电路。这主要由主继电器、点火开关等组成。目前常见电源电路有以下两种形式。

1）未装步进电机时的电源电路

如图 5-57 所示，蓄电池通过主继电器向 ECU 供电，当点火开关接通时，主继电器闭合，ECU 的"+B"、"+B$_1$"与蓄电池的正极接通，获得供电。当点火开关断开时，ECU 的"+B"、"+B$_1$"端则失去供电。

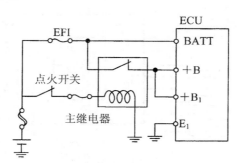

图 5-57　ECU 电源电路（未装步进电机）

ECU 的"BATT"端通过 EFI 熔丝始终与蓄电池相通，不受点火开关控制，以免存储故障代码、学习空燃比修正值的后备存储器断电。

2）装有步进电机的电源电路

如图 5-58 所示，主继电器有 ECU 控制，当点火开关接通，ECU 中的主继电器控制电路通过 IGSW 端与蓄电池正极相通，再通过 M-REL 端将主继电器也接通，ECU 的"+B"、"+B$_1$"端和蓄电池相通。

当点开关断开后，主继电器控制电路能保证主继电器继续接通约 2s，使步进电机（怠速系统部件）回到初始位置。

同样 ECU 的"BATT"端始终与蓄电池相通，与点火开关无关。

4. 电控燃油喷射系统的控制过程

电控燃油喷射式发动机工作所需的燃油是靠喷油器供给的，而喷油器的工作由 ECU 进行控制。如图 5-59 所示，发动机工作时，ECU 根据传感器输入信号，经运算判断后输出控制信号，控制大功率三极管导通截止。当大功率管导通时，喷油器电磁线圈通电，阀门打开，喷油器开始喷油。反之，当大功率管截止时，喷油器停止喷油。喷油量的大小，取决于喷油器的喷油时间。

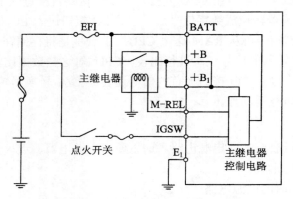

图 5-58　ECU 电源电路（装步进电机）

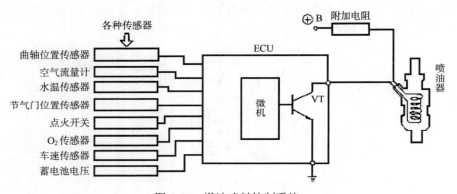

图 5-59　燃油喷射控制系统

ECU 对喷油器的控制包括两方面的内容：一是喷油时刻的控制；二是喷油持续时间的控制。

1）喷油时刻的控制

对于多点间歇式喷射发动机，按照喷油时刻可分为同步喷射和异步喷射两类。同步喷射与发动机旋转同步，是连固定的曲轴转角位置进行喷射，异步喷射与曲轴转角无关。在发动机稳定工况的大部分运转时间，喷油器以同步方式工作，而起动、加速等过渡工况，喷油器以异步方式工作。

同步喷射又可分为同时喷射、分组喷射和顺序喷射三种基本类型，它们对喷油正时的要求各不相同。

（1）同时喷射方式，所有的喷油器并联，ECU 通过一个大功率三极管同时控制各个喷油器电磁线圈电路同时接通或断开，使各缸喷油器同时喷油，通常曲轴每转一转，各缸喷油器同时喷射一次。

由于这种喷射方式是各缸喷油器同时喷射，所以喷油时刻与发动机进气、压缩、做功、排气工作循环没有关系，喷油器的控制电路和控制程序都比较简单。其缺点是由于各缸的喷油时刻不可能都是最佳，有可能造成各缸混合气不均匀。

（2）分组喷射是把所有气缸的喷油器分成 2 组～4 组，每组喷油器经过一个大功率三极管受 ECU 控制，每一工作循环中，各喷油器均喷射一次。

（3）顺序喷射也叫独立喷射。每个喷油器各自通过一个大功率三极管由 ECU 控制。曲轴每转两转，各缸喷油器按做功顺序依次喷油一次。采用顺序喷射控制时，电控发动机必须具有正时和判缸两个功能，ECU 根据判缸信号、曲轴位置传感器可以确定某缸是处于排气行程活塞上止点前某一位置，此时 ECU 输出喷油控制信号，接通喷油器电磁线圈电路，该缸喷油器开始喷油，图 5-60 是四缸发动机的喷时正时图，做功顺序 1—3—4—2。

由于顺序喷射可以在最佳时刻喷油，对混合气的形成十分有利，它对提高动力性、经济性、降低排放等都有好处。但顺序喷射方式的控制电路及程序都较复杂。

顺序喷射方式既适合进气歧管喷射，也适用于汽缸内喷射。

2）喷油时间的控制

电控燃油喷射系统是传感器将各种信号提供给 ECU，ECU 根据这些信号控制喷油器的喷油量从而得到一定空燃比的可燃混合气。由于有燃油压力调节器保证油路和进气歧管之间的压差保持恒定，所以喷油量多少只与喷油器喷油持续时间有关，而 ECU 实际上控制的正是喷油器的喷油持续时间，达到控制喷油量的目的。

喷油时间的控制分起动喷油控制和起动后喷油控制。

（1）起动后喷油时间的控制。发动机起动后进入正常工况，ECU 按下列步骤决定喷油持续时间。

① 决定基本喷油时间。ECU 根据目标空燃比和单位循环的空气质量计算出每次燃烧所需要的燃油量 G_f：

$$G_f = G_a / 目标空燃比$$

G_a 为每个进气过程中所进空气量，它可由 ECU 根据空气流量计（绝对压力传感器）、进气温度传感器及大气压力传感器等输入信号计算出单位时间的进气量，再除以发动机的转速得到。

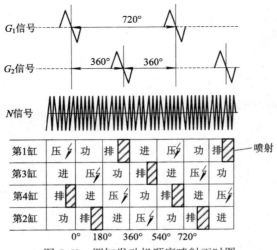

图 5-60　四缸发动机顺序喷射正时图

目标空燃比：它是考虑到发动机的动力性，经济性、响应性、排气净化等因素后决定的，事先通过无数次实际测取，经过整理和优化计算后，以**数据**的型式储存在 ECU 的只读存储器中，作为基本喷油量的依据。

基本喷油量对应的喷油时间就是基本喷油时间。

② 决定喷油持续时间的校正量。大多**数**情况下，发动机都是以目标空燃比（一般是14.7）平稳运转，但是当周围环境和发动机工况发生变化时，空燃比必须做相应的改变，ECU 通过水温传感器、节气门位置传感器和点火开关等判别发动机的工况，然后对基本喷油时间作相应的校正以满足发动机的运转要求。另外，即使在发动机正常工况下，喷油持续时间也由氧传感信号来校正，以使空燃比保持在 14.7 的狭窄范围内。

③ 决定喷油信号的长度。喷油器针阀打开的时刻比电磁线圈通电的时间会稍有延迟；同样针阀关闭时刻也会延迟，但打开的延迟时间长于关闭的延迟时间，它们之间的差称为无效喷射时间。无效喷射时间与蓄电池的电压和喷油器的型式有关，如图 5-61 所示。

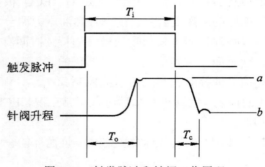

图 5-61　触发脉冲和针阀工作原理

T_i—通电时间；T_o—开阀延迟时间；T_c—关阀延迟时间；a—针阀全开位置；b—针阀全闭位置。

ECU 按照无效喷射时间的长度延长喷油持续时间。

总之，发动机起动后，ECU 按下式决定喷油信号持续时间：

$$喷油持续时间=基本喷油持续时间×校正系数+电压校正$$

式中：校正系数是各种校正的总和。

（2）起动喷油时间控制。发动机起动期间，由于转速很低、不稳，空气流量计很难精确测量空气流量。因此 ECU 从其存储器中选取一个适合冷却水温度，而与进气量或发动机转速无关的喷油时间，然后再加上进气温度、电压校正，从而得到实际喷油持续时间。

3）不同工况下喷油量的控制过程

ECU 根据进气量及发动机转速计算出基本喷油量，但不同的工况，其最佳的空燃比并不一样，因此必须对基本喷油量进行修正。由于汽车行驶行驶条件复杂发动机的实际运行工况也是千变万化的，有冷起动工况、起动后暖机工况、快怠速工况、怠速运行工况、中小负荷工况、大负荷运行工况、加减速过度工况等。在电控燃油喷射系统中，ECU 通过各种传感器对发动机进气量、水温、转速、节气门位置等参数及其变化量的测量，与存储器中各工况参数判定标准进行对照，即可判断出发动机的运转工况，然后再按各工况对混合气浓度的要求，对基本喷油量进行修正。

下面就叙述一下 ECU 对各个工况下喷油量的控制过程。

（1）冷起动工况。发动机起动时，由于转速低、进气波动大，对进气量的测量很不准确。因此，在起动工况，ECU 对喷油量的控制不是以进气量和发动机转速为控制依据，而是以发动机水温为依据。ECU 从计算机存储器"温度—喷油时间"表中找出该温度下的基本喷油持续时间，再根据进气温度与蓄电池电压加以修正，得到起动过程中喷油器开启的持续时间，作为起动工况的主喷油。

冷起动时，由于温度低，转速不高，使喷入的燃料不易蒸发，会引起混合气过稀，为了使发动机易于起动，这时喷油系统应有部分附加的燃油喷入，附加的喷油量取决于当时发动机的温度与起动时间。

冷起动时的加浓喷油量一般可以用两种方法来实现。

① 直接通过 ECU 控制喷油器来实现。发动机冷起动时，ECU 根据点火开关信号与发动温度传感器得到的水温信号。通过延长喷油器的喷油持续时间，使之喷出更多的燃油来达到起动加浓的目的，如图 5-62 所示。

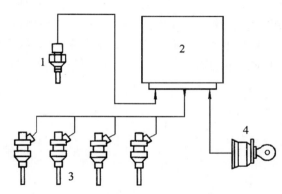

图 5-62　ECU 控制冷起动加浓

1—发动机冷却液温度传感器；2—ECU；3—喷油器；4—点火开关。

② 通过温度—时间开关和冷起动喷油器来实现。冷起动喷油器安装在进气总管上，发动机冷起动时，温度时间开关接通，冷起喷油器电磁线圈通电，电磁阀门打开器喷油。其喷油时间由温度—时间开关控制，属于异步喷射。有的电控发动机上冷起动喷油器由 ECU 控制。

判断冷起动工况并控制喷油量的信号有发动机转速（Ne）、起动开关（STA）、冷却水温度（THW）、进气温度（THA）和蓄电池电压（+B）。

（2）起动加浓。冷发动机起动后的数十秒内，或发动后转速已超过规定值。由于此刻发动机温度低，汽油汽化不良，为了防止混合气过稀，在这段时间内，ECU 将修正燃油喷射时间，提供较浓的混合气，使发动机转速升高。

其体做法是：ECU 根据冷却水的温度确定喷油量修正的初始值，使发动机转速升高，当转速稳定后，再按一定的速度衰减喷油修正系数，如图 5-63 所示。

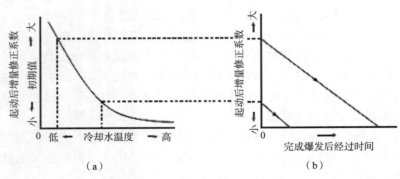

图 5-63 起动加浓喷油修正系数

（a）初始值；（b）衰减系数。

与起动加浓有关的信号有发动机转速（Ne）、起动开关（STA）和冷却水温度 （THW）。

（3）暖机工况。发动机起动后就进行暖机加浓工况，它与发动机起动后加浓同时进行。一般而言，起动后加浓在发动机完成点火后数十秒内即告结束，此时，由于温度不高，仍会有一部分燃油凝结在较冷的汽缸壁上，造成混合气稀化。而暖机加浓则在冷却水温度达到规定值之前一直存在。但随发动机温度升高，加浓量逐渐减少，直至发动机达到规定温度时，暖机加浓停止，如图 5-64 所示。

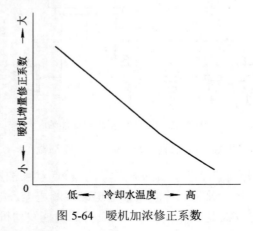

图 5-64 暖机加浓修正系数

与暖机工况有关的信号有冷却水温度（THW）、发动机转速（Ne）和节气门位置的怠速信号（IDL）。

（4）快怠速工况。增高怠速转速可以使发动机在空调开关打开等情况下也能稳定地怠速运转，而且又可实现快速暖车，相当于化油器上的快怠速装置。

ECU 根据发动机的温度和空调等附件的运行状态，控制旁通阀的不同开度，多引进一部分空气进入发动机，由于这部分空气也经过空气流量计的检测，ECU 将指令喷油器相应地多喷一些燃料，从而得到更多的混合气使怠速转速升高。

与快怠速工况有关的信号有节气门位置的怠速信号（IDL）、发动机转速（Ne）、冷却水温（THW）、空气流量计和空调开关信号。

（5）稳定怠速工况。怠速的控制将在后面专门介绍。在这里介绍一下 D 型电喷系统怠速时空燃比的修正。

对于 D 型汽油喷射系统发动机来说，决定基本喷油时间的进气管压力，在过渡工况时相对于发动机转速将产生滞后。节气门以下进气管容积越大，怠速转速越低，其时间越长。进气管内压力波动，发动机扭矩也变动，因为进气管压力滞后于发动机转速，则发动机扭矩也滞后于发动机转速。因此发动机转速上升时扭矩也随上升，相反发动机转速下降时，扭矩也下降，使转速波动持续上升。为了提高发动机怠速稳定性，ECU 根据进气歧管压力和发动机转速的变化增减喷油量，当歧管压力升高或发动机转速下降时，增加喷油量，反之减少喷油量。

判断此工况并控制喷油量的有关信号有节气门位置的怠速信号（IDL）、发动机转速（Ne）和进气管压力（PIM）信号。

（6）大负荷工况。当车辆在节气门全开下大负荷运行，发动机应发出最大的扭矩，此时空燃比应定在 12.5 左右，但此时，排气温度过高，会使氧传感器三元催化转换器等排气系统零件温度超过许用温度。因此 ECU 为了降低排气温，在大负荷时也适当再增加喷油量，使空燃比小于 12.5。

大负荷或全负荷工况下的基本喷油时间在 ECU 存储 map 图中已经确定，实际运行再根据节气门开度、进气量大小、和发动机水温等因素修正。一般来说，大负荷喷油器的喷油量要比正常多 10%～30%。

判断此工况和控制喷油量的信号有节气门位置（PSW 或 VTA）、空气流量计或进气管压力（PIM）、发动机转速（Ne）、冷却水温度（THW）和排气温度信号。

（7）过渡工况。仅仅使用基本燃油喷射时间的喷油量在加速、减速等过渡工况下混合的空燃比相对于目标空燃比会产生偏差，一般情况下，加速时由于汽油汽化需一定的时间，而且液体流动惯性要比气体大，这样会使混合气变稀。同样道理，减速时会变浓。因此 ECU 确认发动机处于过渡工况时，根据节气门开度变化速度、发动机转速以及冷却水温度修正喷油器的持续喷油时间，以满足加减速等过渡工况对喷油量的特殊要求。

有的发动机在急加速时，由于燃油来不及供给，还采用异步喷射，其喷射量由节气门变化速度决定。

（8）空燃比反馈控制。汽车在大部分运行状态下，ECU 都按基本喷油时间控制喷油器喷油。但在装有三元催化转换器的发动机，还必须装氧传感器，ECU 据此信号对喷油时间进一步的校正，以使空燃比保持在 14.7 的狭窄范围内。

装有三元催化转换器（TWC）和氧传感器的汽油喷射系统称为闭环控制系统。由于三元催化转换器只有当空燃比非常接近 14.7 时其效果最好，因而必须对喷油量进行精确控制。单凭空气流量计对混合气空燃比实行反馈达不到这么高的控制精度，必须借助安排在排气管中氧传感器送来的反馈空气信号，对混合气空燃比实行反馈控制，才能满足要求。

由于氧传感器输出电压会在过量空气系数 $\lambda = 1$ 时产生突变，据此 ECU 可以判断混合气是过稀还是过浓，如较理论空燃比浓，则缩短喷油时间，反之如果较理论空燃比稀则延长喷油时间，如此循环地修正，使混合气空燃比逐渐接近理论空燃比其控制过程，如图 5-65 所示。

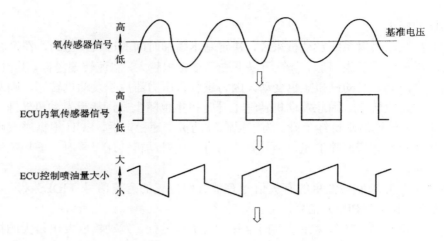

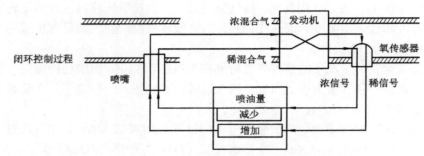

图 5-65　空燃比反馈控制过程

采用闭环控制系统，其空燃比接近于理论值附近，但在有些条件下是不适宜的，如前面所介绍的这些工况，都必须对空燃比进行修正，使之大于理论值。在下列这些情况下应停止反馈控制，实行开环控制状态。

① 发动机起动期间。

② 发动机起动后加浓。

③ 暖机工况。

④ 大负荷加浓。

⑤ 断油时。

⑥ 氧传感器输出空燃比稀信号持续时间大于规定值。

⑦ 氧传感器输出空燃比浓信号持续时间大于规定值。

⑧ 加减速过渡工况。

（9）断油控制。发动机在以下情况下，ECU 向喷油器发出停止喷油信号。

① 减速断油。发动机在高速下运行急减速时，节气门完全关闭，为了燃油经济性和排气净化，ECU 发出指令，停止喷油器喷油。当发动机转速降到没定转速以下时，喷油器恢复喷油，设定的转速与冷却水温度以及空调是否起动有关。

判断此工况和控制喷油量有关的信号有节气门位置的怠速信号（IDL）、发动机转速（Ne）、发动机水温（THW）、空调开关（A/C）、停车开关（STP）和车速（SPD）信号。

② 发动机超速断油。为了防止发动机转速过高，引起发动机损伤，当发动转速超过

设定的最高限速时，及时停止供油，待发运机转速降到规定值时又恢复供油。如此防止转速继续升高而引起事故。

与此工况有关的信号是发动机转速（Ne）。

另外，有一些汽车上，有超速行驶断油功能，当车速超过规定值时，停止供油。其工作原理与上述相同。

（10）空燃比学习控制。对于某一型号的发动机来说，各种工况下的基本喷油时间是标准数据，它们存在 ECU 存储器ＲＯＭ中。但在实际运行过程中，由于发动机性能的变化，如空气供给系统，供油系统的性能变化，虽然喷油器按基本喷油时间喷油，但仍然会造成实际空燃比相对于理论空燃比的偏离不断增大。虽然空燃比的反馈控制可以修正空燃比的偏差，但修正的范围是有限的，一般闭环控制空燃比的修正系数为 0.8～1.2。如果反馈值的中心偏向稀或浓的一边（图 5-66（a）和图 5-66（b）），修正值可能超过修正范围（图 5-66（a）中 C）为了使修正值回到可以控制的修正范围内，并使反馈值尽量回到理论空燃比的位置，ECU 根据反馈值总的偏离情况，设定一个学习修正系统，使反馈中心值回到理论空燃比的位置。

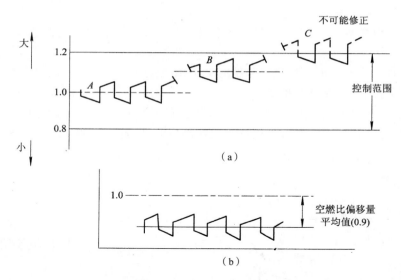

图 5-66　学习控制示意图

（a）为反馈修正值的中心位置；（b）空燃比偏离量。

学习控制由下列三个步骤完成。

① 求出实际空燃比与理论空燃比的偏离量。

② 求出学习空燃比修正系数，并把它储存在 ECU 中，此学习修正系数即使点火开关断开也不会消失。

③ 把符合当前运行条件的学习修正量反映到喷射持续时间上。

以上就是 ECU 对发动机主要几个过程燃油喷射的控制过程，另外所有过程的基本喷油时间还要受到进气温度、大气压力及蓄电池电压的修正。

5. ECU 的故障与检修

1）ECU 损坏故障原因分析

（1）供电电压超出正常范围（大于 16 V）或蓄电池接反并起动了车辆。

（2）输出电流过大（短路或连电）或电磁感应电压过高。

（3）输入信号电压过高（一般应低于 5 V）。

（4）ECU 进水、潮湿，造成线路短路或腐蚀。

（5）外部线路短路，导致线路电流过载（一般地线烧断）。

（6）受高压静电冲击（电焊或错误拆装）。

（7）强烈的外力冲击造成 ECU 外壳损坏、变形及线路板破裂。

（8）ECU 内部元器件老化（电阻或电容）或程序设计缺陷。

（9）有些 ECU 采用了一次性设计（安全气囊 ECU）及锁死（音响和防盗 ECU）。

2）ECU 故障的检修

（1）检测注意事项。在检测 ECU 端子的电压和电阻时应注意以下事项。

① 在检测之前，应先检查发动机电子控制系统及其他电子控制系统和电气系统各熔断器、熔丝及有关导线连接器是否良好。

② 在点火开关处于"ON"位置时，蓄电池电压应不低于 11 V，蓄电池电压过低会影响测量结果。

③ 必须使用高阻抗的万用表（阻抗应大于 10 MΩ/V），低阻抗的万用表会损坏 ECU。最好使用汽车专用万用表进行检测。

④ 必须在 ECU 和导线连接器处于连接的状态下测量 ECU 各端子的电压，并且万用表的测笔应从导线连接器的导线一侧插入进行测量 ECU 各端子的电压（图 5-67）。

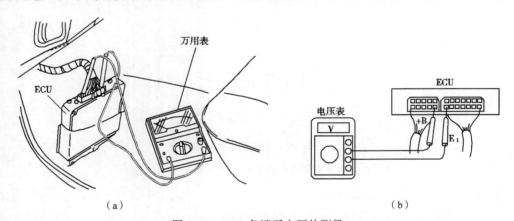

图 5-67 ECU 各端子电压的测量

（a）万用表表笔的插入方法；（b）电压测量。

⑤ 不可在脱开 ECU 的导线连接器的状态下，直接测量 ECU 的各端子电阻，否则，会损坏 ECU。

⑥ 若要脱开 ECU 的导线连接器测量各控制线路，则应先拆下蓄电池负极搭铁线。不可在蓄电池连接完好的状态下脱开发动机 ECU 导线连接器，否则，可能损坏 ECU。

⑦ 在检测时，应先将 ECU 连同导线一同拆下，在导线连接器处于连接的状态下，按照车型 ECU 技术要求的检测顺序，分别在点火开关断开（OFF）、接通（ON）及发动机运转状态下测量 ECU 各端子与搭铁端子之间的电压。也可以脱开 ECU 导线连接器，测量各控制线路的电阻，从而确定控制线路是否正常。

（2）检测方法。ECU 故障的检测一般在原车上进行，因为 ECU 接口较复杂，离车后很难满足多信号、多负载、多电源及多地线的连接。检测车用 ECU 故障的工具、设备与仪表有数字万用表、故障检测仪、负载（试灯）、连接器（扎针）及示波器（必要时）。检查方法包括静态检测和动态检测（起动发动机或运转设备）。

① 静态检测。静态检测是指利用故障检测仪对 ECU 系统进行通信功能检测的一种方法。如果通信连接正常，则表明 ECU 供电、搭铁线、芯片组及基本功能正常；如果通信连接失败或无法通信，应改用万用表检查 ECU 的电源电压、基准电压（+5 V）与搭铁线等线路。若检查时发现电源电压及搭铁线正常而基准电压过低，则说明 ECU 电源电路存在故障或外电路基准电源线短路；若检查时发现基准电压过高，也说明 ECU 电源电路存在故障或电源地线内部开路。如果静态检测一切正常，则应转向动态数据流检测。

② 动态检测。动态检测是指在起动系统处于工作状态时，利用故障检测仪读取数据流观察传感器信号是否正确的一种方法。如果丢失某一信号，可通过断开传感器，利用信号模拟器（信号发生器）根据信号性质模拟发送信号（最好将信号传送至 ECU 输入口）再次进行检测。如果检测结果正常，说明是外部线路或传感器本身故障；如果仍然没有数据显示，则应检查接口电路焊接情况。若焊接良好，那么则是 ECU 发生了输入信号处理电路故障。但若属于输入数据流检测正常而输出功能不良的情况，则可通过静态检测元件功能逐一试验输出功能，同时可用万用表和试灯监测试验结果（万用表接在驱动电路前，试灯接在驱动电路后）。如果万用表监测结果正确而试灯无动作，说明 ECU 驱动电路存在故障（可以更换相同或同类元件）；如果万用表监测结果不正确，则说明 ECU 输出信号处理电路存在故障。

在经过静态检测和动态检测能确认 ECU 基本工作正常后，接下来应进行各项参数的信号分析。如果参数相差甚远或输入信号和输出电路正常而 ECU 工作不正常时，应检查或更换 PROM（有些车型可更换）。另外，若 ECU 在断电后放置一段时间再次检测又能恢复正常，则说明 ECU 程序不稳定或存在缺陷死机。

③ ECU 端子电压的测量方法和步骤如下：

a. 用万用表电压挡检测蓄电池的电压，电压值应大于或等于 11V，否则，应对蓄电池充电后再进行测量。

b. 从汽车上拆下 ECU，但保持其导线连接器与 ECU 处于连接状态（即不拔下导线）。

c. 将点火开关转至"ON"位置，将万用表置于电压挡。

d. 依次将万用表测笔从导线连接器的导线一侧插入，如图 5-67（b）所示，测量 ECU 各端子与搭铁端子之间的电压。

e. 记录各 ECU 端子与搭铁端子之间的电压值，并与车型的标准检测数据相比较。

f. 如果所测得的电压与标准值不符，说明 ECU 或其控制线路有故障，则检修发动机控制线路或更换 ECU。

④ ECU 端子间电阻的测量方法和步骤如下：

a．从汽车上拆下 ECU。

b．脱开 ECU 导线连接器。

c．如图 5-68 所示，用万用表电阻挡测量发动机导线连接器各端子之间的电阻（注意：不要触碰 ECU 的接线端子，应将测笔从导线侧插入导线连接器中）。

d．记录所测得的电阻值，并将其与车型标准检测数据相比较。如果检测的技术数据均与标准检测数据相符，但是车辆仍有故障存在，则应更换 ECU。

（3）确认 ECU 是否损坏的方法步骤。ECU 内部电路可以分为两部分，即包括输入、输出以及转换电路的常规电路和微处理器。常规电路大多采用通用的电子元件，如果损坏一般是可以修复的。在实际使用过程中，汽车 ECU 的故障大多发生在常规电路中。如果要维修 ECU，首先要确定是 ECU 故障，以免盲目修理，造成不必要的时间浪费和引起其他电路故障。

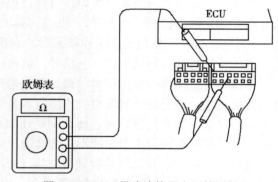

图 5-68　ECU 导线连接器电阻的测量

① 确定 ECU 是否损坏。确定 ECU 损坏的通常方法是在相关传感器信号都能正常输入 ECU 的情况下，ECU 却不能正确输出控制信号来驱动执行器。这句话虽然简单，但这需要很多具体细致的基础检查工作。例如，发动机无法起动，经过检查，确定起动时喷油器导线连接器上无频率电压，在检查相关电路正常而且起动信号可以正常输入发动机 ECU，但是 ECU 没有输出驱动信号给喷油器，这样就可以断定发动机 ECU 内部故障。

② 按照电路寻找损坏元件。根据电路图或实际线路的走向找到与喷油器连接的相应 ECU 端子，然后用数字万用表的通断挡，从确定的 ECU 端子开始，沿着 ECU 的印刷电路查找，直至找到某个三极管。这是因为 ECU 通常采用大功率三极管放大执行信号以驱动执行器，所以此类故障的原因大多是一个起着开关作用的三极管短路所致。

③ 测量三极管。确定三极管的三个极。与印刷线路对应的管脚为三极管的集电极，旁边较细的印刷线是基极。确认方法是，将发动机 ECU 多孔导线连接器插上，起动发动机，使用万用表的电压挡连接到要确认的印刷线，显示 5V 则为基极。用万用表测试三极管，如果发现集电极 c 与基极 b 的正反向电阻无穷大，则说明三极管已经断路；如果发现集电极 c 与发射极 e 之间的电阻为零，则说明三极管已经被击穿。另外，还需要测量三极

管附近相连的其他三极管和二极管。

④ 确定替换用的三极管。确定三极管的型号大致有以下几个方法：

a.型号。查看三极管上的型号，通过三极管对应表确定与之相配的国产三极管。

b.电阻。三极管的基极一般都串有电阻，基极的电阻值要与原三极管的电阻值相近，不同颜色的电阻阻值不同。因为三极管的基极是靠电流的大小控制的，ECU电压值固定，因此就需要利用电阻来控制电流。如果电流过大会烧毁三极管，电流过小则不能将其触发。

c.测量。利用万用表的二极管测量挡测量三极管的属性。根据三极管的特性，应该只有1个管脚相对于另外2个管脚单向导通，具备这个属性则可确定是三极管，只有一对管脚单向导通的是场效应管，相对另外两个管脚导通的管脚是三极管的基极。

⑤ 将替换的三极管焊接到电路板上。焊接时要注意焊锡要尽可能少，避免过热，焊接完成后要用万用表测量各管脚应不相互连通。

⑥ 测试维修效果。将ECU板在裸露的情况下连接到车体线束中，起动发动机，检查相应功能是否正常，同时用手触摸三极管，有些热是正常的，如果烫手就有问题了。观察故障指示灯是否点亮，并进行一定里程的路试。

（4）ECU检修过程范例。下面以发动机ECU控制的喷油器电路为例（图5-69），简要说明检修发动机ECU的过程：

① 喷油器电源电路。喷油器电路分为电源电路和发动机ECU控制电路两部分。喷油器的电源大都由汽油喷射继电器提供，即接通点火开关后，汽油喷射继电器动作，蓄电池电压到达喷油器，此时等待发动机ECU的控制信号，以配合发动机所需的工作。

② 发动机ECU控制电路。发动机ECU依据负荷、转速以及各种修正信号进行运算，由输出电路输出喷油器脉冲信号，并由驱动电路放大电压信号，再接到NPN功率晶体管的基极b，使三极管执行脉冲频率的开关动作，即完成喷油器电磁线圈的通电与断开的动作。

③ 喷油器电路故障分析。执行喷油器开关动作的控制电路，是由三极管控制喷油器线圈的搭铁回路，三极管的集电极c连接喷油器，发射极e搭铁。如果c极和e极短路，就会出现接通点火开关后，喷油器始终喷油的故障；如果c极断路，就会使喷油器无法完成搭铁回路，导致喷油器不喷油。另外，与三极管c极并联的保护二极管如果短路，也会出现喷油器一直喷油的现象。

④ 喷油器电路检测方法。可以使用数字万用表、示波器或LED测试灯等工具，严禁带电插拔导线连接器，或使用指针式万用表或大功率测试灯，以免引起瞬间大电流造成发动机ECU内部三极管损坏。将LED测试灯连接在喷油器导线连接器两个插孔中，接通点火开关。如果LED灯一直点亮，表示三极管c极和e极短路；如果LED灯不亮，起动发动机，如果LED灯仍不亮，表示三极管c极和e极断路。

（5）ECU的修理。从原则上讲，ECU只能更换不能修理，对于芯片及ECU程序故障，最好更换同型号ECU。但有些ECU的故障是可以通过更换元器件的方法进行修复的，这类故障主要包括以下几种情况。

① 电源故障。ECU电源故障有两种。一是主电源故障。造成这种故障的原因有两个：保护二极管短路（蓄电池接反后造成），这种故障可以通过去掉或用同一规格的二极管代

替的方法解决；电源主地线开路（烧断），这种故障可用焊接及导线连接的方法解决。二是基准电压故障（5 V±0.1 V）。如果基准电压过低，应切断外界相关线路，看电压能恢复到 5V±0.1 V，说明外电路传感器负荷过大，此时要逐一查找进行排除；如果基准电压不能达到5V±0.1 V，则应更换电压调整模块或用 7805 电源专用电路模块取代原有电源模块；如果基准电压过高（大于 8 V），则应检查电源模块地线及线路板地线，找到具体故障点后，应修复地线或更换模块。

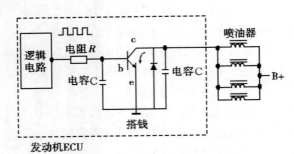

图 5-69 ECU 的喷油器控制电路

② 输出动力模块故障。可找到相对应的动力模块检测其输入及输出信号电压，确认模块损坏后，可更换相同或基本参数相同的模块，如点火模块、空调控制模块、喷油控制模块及风扇控制模块等。

③ 电容和电阻损坏。有些电容器采用的是电解电容，当 ECU 使用过久后，很容易造成电容器失效，此时可用相同容量耐压 16V～25V 的电容进行更换。更换电阻的原则也是如此。

④ ECU 进水和受潮故障。ECU 在进水或受潮后可进行干燥处理。干燥方法是先用无水乙醇（工业用酒清）进行冲洗，然后再将 ECU 装入 1 个大密封袋内用真空机（空调用真空机也可以）进行抽真空，保持 24 h 干燥后装车试用。

（十）AJR 型发动机电子控制汽油喷射系统故障代码表

AJR 型发动机电子控制汽油喷射系统故障代码见表 5-11。

表 5-11 AJR 型发动机故障代码表

故障代码	故障内容 8	故障原因
00513	发动机转速传感器（G28）无信号	G28 线路断路或短路；G28 损坏
00515	霍耳传感器（G40）	G40 线路对正极断路或短路；G40 损坏
00518	节气门电位计（G69）	G69 线路对正极断路或短路；G69 损坏
00522	水温传感器（G62）	G62 线路断路；　G62 损坏；　G62 线路对地短路
00524	1 号爆震传感器（一缸、二缸）（G61）	G61 线路对地断路或短路；G61 损坏
00527	进气温度传感器（G72）	G72 线路断路；　G72 损坏；G72 线路对地短路
00530	节气门定位器（G88）	G88 线路对正极断路或短路；G88 损坏

（续）

故障代码	故障内容 8	故障原因
00540	2 号爆震传感器（三缸、四缸）（G66）	G66 线路对地断路或短路；G66 损坏
00553	空气流量计（G70）	G70 线路对地断路或短路；G70 损坏
00668	30 号端电压过低	蓄电池电压低于 10.0V
01165	节气门控制组件（J338）基本设定错误	J338 与发动机 ECU 不匹配
01247	活性炭罐电磁阀（N80）	N80 线路对地断路或短路；N80 损坏
01249	一缸喷油器（N30）	N30 线路对正极断路或短路；N30 损坏
01250	二缸喷油器（N31）	N31 线路对正极断路或短路；N31 损坏
01251	三缸喷油器（N32）	N32 线路对正极断路或短路；N32 损坏
01252	四缸喷油器（N33）	N33 线路对正极断路或短路；N33 损坏

（十一）AJR 型发动机数据流列表

AJR 型发动机数据流列表见表 5-12。

表 5-12　AJR 型发动机数据流列表

显示组号	屏幕显示	说　明
00 基本功能	Read measuring value block 0 1　2　3　4　5　6　7　8　9　10	1—冷却液温度；2—发动机负荷；3—发动机转速；4—电瓶电压；5—节气门角度；6—怠速空气质量控制值；　7—怠速空气质量测量值；8—混合气成分控制值（λ控制值）；9—混合气成分测量值（λ测量值）；10—混合气成分测量值（λ测量值）
01 基本功能	Read measuring value block　1 1　　2　　3　　4	1—发动机转速；2—发动机负荷（每转喷射持续时间）；3—节气门角度；4—点火提前角
02 基本功能	Read measuring value block　2 1　　2　　3　　4	1—发动机转速；2—发动机负荷（曲轴每转喷射持续时间）；3—发动机每循环喷射持续时间；4—进气质量
03 基本功能	Read measuring value block　3 1　　2　　3　　4	1—发动机转速；2—电瓶电压；3—冷却液温度；4—进气温度
04 怠速稳定	Read measuring value block　4 1　　2　　3　　4	1—节气门角度；2—怠速空气质量测量值（空挡位置）；3—怠速空气质量测量值（自动变速箱驱动挡）；4—工作状况：Leerlauf 怠速；Tetllast 部分负荷；Vollast 全负荷；Schub 加浓；Anreicherung 超速
05 怠速稳定	Read measuring value block　5 1　　2　　3　　4	1—怠速转速（测量值）；2—怠速转速（规定值）；3—怠速控制；4—进气质量
06 怠速稳定	Read measuring value block　6 1　　2　　3　　4	1—怠速转速；2—怠速控制；3—混合气 λ 控制；4—λ 点火提前角

（续）

显示组号	屏幕显示	说　　明
07 λ控制和 ACF阀系 统	Read measuring value block　7 1　　2　　3　　4	1—混合气λ控制；2—λ传感器电压；3—活性炭罐电磁阀N80占空比；4—油箱净化系统动作时混合气修正因素
08 λ调节值	Read measuring value block　8 1　　2　　3　　4	1—发动机每循环喷射持续时间；2—怠速时λ调节值；3—部分负荷时λ调节值；4—油箱净化系统：TEactive活性炭罐电磁阀动作；TE not active活性炭罐电磁阀关闭；Adaption活性炭罐电磁阀关闭λ调节起作用
09 λ调节值	Read measuring value block　9 1　　2　　3　　4	1—发动机转速（测量值）；2—混合气λ控制；3—λ传感器电压；4—怠速时λ调节值
10 λ调节值	Read measuring value block　10 1　　2　　3　　4	1—活性炭罐电磁阀N80占空比；2—油箱净化系统动作时进混合气修正因素；3—活性炭罐过滤器充满水平；4—ACF阀供应空气的比例
11 汽油消耗	Read measuring value block　11 1　　2　　3　　4	1—发动机转速；2—发动机负荷（曲轴每转喷射持续时间）；3—车速；4—汽油消耗
12 汽油消耗	Read measuring value block　12 1　　2　　3　　4	1—发动机转速；2—电瓶电压；3—汽油消耗；4—点火提前角
13 爆震控制	Read measuring value block　13 1　　2　　3　　4	1—第1缸爆震控制点火滞后角；2—第2缸爆震控制点火滞后角；3—第3缸爆震控制点火滞后角；4—第4缸爆震控制点火滞后角
14 爆震控制	Read measuring value block　14 1　　2　　3　　4	1—发动机转速；2—发动机负荷（曲轴每转喷射持续时间）；3—第1缸爆震控制点火滞后角；4—第2缸爆震控制点火滞后角
15 爆震控制	Read measuring value block　15 1　　2　　3　　4	1—发动机转速；2—发动机负荷（曲轴每转喷射持续时间）；3—第3缸爆震控制点火滞后角；4—第4缸爆震控制点火滞后角
16 爆震控制	Read measuring value block　16 1　　2　　3　　4	1—第1缸爆震传感器信号电压；2—第2缸爆震传感器信号电压；3—第3缸爆震传感器信号电压；4—第4缸爆震传感器信号电压
17 催化转换 器加热	Read measuring value block　17 1　　2　　3　　4	1—发动机转速；2—发动机负荷（曲轴每转喷射持续时间）；3—催化转换器加热能量平衡；4—点火提前角（目前催化转换器未装）
18 海拔高度 适配	Read measuring value block　18 1　　2　　3　　4	1—发动机转速；2—发动机负荷（没有高度修正）；3—发动机负荷（有高度修正）；4—按空气密度来修正的高度修正因素

（续）

显示组号	屏幕显示				说　明
19 转矩减小	Read measuring value block　19 1	2	3	4	1—发动机转速；—发动机负荷（曲轴每转喷射持续时间）；3—变速箱挡位信号；4—点火提前角
20 工作状态	Read measuring value block　20 1	2	3	4	1—发动机转速；2—选挡杆位置；3—空调开关；4—空调压缩
21 λ控制工作状态	Read measuring value block　21 1	2	3	4	1—发动机转速；2—发动机负荷（曲轴每转喷射持续时间）；3—冷却液温度；4—A控制关闭/打开
23 节气门控制元件	Read measuring value block　23 1	2	3	4	1—节气门控制元件工作状态；2—节气门定位器最小停止位置；3—节气门定位器紧急运行停止位置；4—节气门定位器最大停止位置
24 爆震控制	Read measuring value block　24 1	2	3	4	1—发动机转速；2—发动机负荷（曲轴每转喷射持续时间）；3—点火提前角；4—第1缸至第4缸总点火滞后角平均值
98 节气门控制元件匹配	Read measuring value block　98 1	2	3	4	1—节气门电位计电压；2—节气门定位电位计电压；3—工作状态：怠速/部分负荷；4—匹配状态：正在匹配、匹配完成、匹配未完成、匹配错误
99 λ控制	Read measuring value block　99 1	2	3	4	1—发动机转速；2—冷却液温度；3—混合气在成分λ控制；4—λ控制关闭/打开

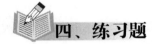

四、练习题

（一）判断题

1. 发动机空气流量计损坏后，往往会出现油耗增加并冒黑烟等现象，但不影响加速。（　　）

2. 当怠速开关（IDL）触点接触不良后，不可能引起怠速游车故障。（　　）

3. 时超 AJR 发动机 THA 出现故障后，系统可能会设定进气温度为 19.5℃。（　　）

4. 热线式空气流量计在工作时会保持热线电阻温度恒定不变。（　　）

5. 时超 AJR 发动机转速传感器上的一个上止点位置信号是用来控制各缸喷油器喷油时刻的。（　　）

6. 电磁感应式曲轴位置传感器不需要 ECU 供给电源，只要信号发生器转动，传感器就能产生信号。（　　）

7. 副氧传感器信号变动率高表示三元催化净化器转换效率高。（　　）

8. 空气流量计信号弱的故障原因必定是空气流量计损坏。（　　）

9. 采用空气流量传感器测量进气量的汽油喷射系统，只要在空气流量传感器之后的进气管道有漏气就会影响进气量计量的准确性，从而使混合气变稀。（　　）

10. 水温（冷却液温度）传感器通常由正温度系数热敏电阻制成。（　　）

11. 检测热膜式空气流量传感器主要是检测信号电压和电源电压等。（　　）

12. 曲轴位置传感器主要可分为磁脉冲式、光电式和霍耳式三大类。（　　）

13. 霍耳式曲轴位置传感器是利用霍耳效应原理，产生与曲轴转角相对应的电压脉冲信号的。（　　）

14. 在突然踩下加速踏板时，氧传感器反馈电压应下降；突然松开加速踏板时，氧传感器反馈电压应上升。（　　）

15. 在对氧传感器的反馈电压进行检测时，电压表应是低量程和高阻抗的。（　　）

16. 氧化锆式氧传感器，在稀混合气时，输出电压几乎为零；浓混合气时，输出电压接近 1 V。（　　）

17. 霍耳电压随磁场强度的变化而变化，磁场越强，电压越低；磁场越弱，电压越高。（　　）

18. 进气歧管压力传感器应用在 L 型汽油喷射系统中。（　　）

19. 氧传感器的作用是通过监测排气中氧的含量来获得混合气的空燃比信号。（　　）

20. 短期燃油修正根据氧传感器反馈信号快速地进行喷油脉动修正，当氧传感器反馈电压经过"转变点"时，短期燃油修正将改变修正方向。（　　）

21. 长期燃油修正是 ECU 通过对短期燃油修正计算得来的，其目的是尽可能让短期燃油修正的数值接近 0%。（　　）

22. 对采用 OBD-Ⅱ系统的车，三效催化转化器前后氧传感器的信号变化频率是一样的，只是幅值不同。（　　）

23. 测量某个端子或某条线路的电压时，应将万用表的两个表笔与被测的那个端子或导线接触，负表笔与电源正极接触。（　　）

24. 在用万用表检查线路搭铁短路故障时，应拆开线路两端的连接器，然后测量连接器被测端子与车身（搭铁）之间的电阻。（　　）

25. 在用万用表测量电阻时，要在垂直和水平方向轻轻摇动导线，以提高准确性。（　　）

26. 进气温度传感器内部结构是一个负温度系数的热敏电阻。（　　）

27. 节气门脏污虽然影响了进气通道的截面积，但是对空气流量传感器检测进气量的精度没有太大的影响。（　　）

28. 热线式空气流量传感器有了自洁功能后，热线部分便不易被污染。（　　）

29. 进气温度传感器在任何情况下都起作用，ECU 根据进气温度控制喷油器进行不同程度的额外喷油。（　　）

30. 空气流量传感器与节气门体连接胶管不密封，对空气流量传感器检测的进气量没有影响。（　　）

（二）选择题

1. 以下是发动机 ECU 输入信号的是（　　）。

A．空气流量计　　　　　B．点火模块　　　C．EGR 阀　　　D．自清信号

2．桑塔纳 2000GSI AJR 发动机空气质量计采用（　　　）。

A．热线式　　　　　　　B．热膜式　　　　C．翼片式　　　D．卡门式

3．打开点火开关，用 VAG1552 读取 AJR 发动机氧传感器电压数据，为（　　　）。

A．0.45V±0.05V　　　　B．1V　　　　　　C．4.7V～5V

4．AJR 发动机转速传动器 G28 失效，该车（　　　）。

A．不能起动　　　　　　B．能起动　　　　C．能起动，但马上熄火

5．AJR 发动机转速传感器的标准电阻值为（　　　）。

A．200Ω～500Ω　　　B．450Ω～1000Ω　　　C．900Ω～1200Ω

6．AJR 发动机霍耳传感器供电电压（　　　）。

A．4.5V　　　　　　　B．5V　　　　　C．9V　　　　　D．12V

7．下面哪种传感器需要进行自清洁？（　　　）

A．压敏电阻式 MAP　　　　　　　　B．可变电阻式 MAP

C．热膜式 MAF　　　　　　　　　　D．热线式 MAF

8．当前故障码的内容为空气流量计信号不良，则（　　　）。

A．空气流量计有故障　　　　　　　B．空气流量计曾经有故障

C．空气流量计电路有故障　　　　　D．空气流量计或影响进气量部件有故障

9．时代超人 AJR 发动机的空气流量计怠速时信号为（　　　）g/s。

A．2～4　　　　　B．1～3　　　　　C．2～6　　　　　D．4～6

10．对于热线式空气流量传感器，当空气质量增大时，为保持热线温度，集成电路应使热线通过的电流（　　　）。

A．不变　　　　　　B．减小　　　　　C．增大　　　　　D．不确定

11．霍耳式曲轴位置传感器利用触发叶片改变通过霍耳元件的磁场强度，从而使霍耳元件产生脉冲的霍耳（　　　）信号，即为曲轴位置传感器的输出信号。

A．光敏　　　　　　B．电阻　　　　　C．电压　　　　　D．频率

12．ECU 根据氧传感器输入的信号，对喷油器进行修正，实现空燃比的（　　　）。

A．反馈控制　　　　B．开环控制　　　C．电压控制　　　D．稳定控制

13．桑塔纳 2000 GLi 轿车使用的进气歧管压力传感器与（　　　）制成一体，安装在进气系统的动力腔上。

A．冷却液温度传感器　　　　　　　B．进气温度传感器

C．空气流量传感器　　　　　　　　D．以上都不对

14．在空燃比控制过程中可用（　　　）监测混合气的浓度，一旦检测到混合气浓的信号，就控制减少喷油量；反之，增加喷油量。

A．氧传感器　　　　　　　　　　　B．EGR 阀位置传感器

C．爆震传感器　　　　　　　　　　D．进气流量

15．空气流量传感器安装在（　　　），用来测量进入汽缸内空气量的多少。

A．节气门之后　　　　　　　　　　B．空气滤清器和节气门之间

C．节气门体上　　　　　　　　　　D．以上都不对

16. 上海桑塔纳 2000 GSi 轿车发动机防盗系统的防盗器地址码为（　　）。

　　A．08　　　　　　B．10　　　　　　C．25　　　　　　D．03

17. 在讨论混合气空燃比偏浓的原因时，技师甲说燃油泵压力偏低时可能导致空燃比偏浓；技师乙说冷却液温度传感器故障可能导致空燃比偏浓。试问谁正确？（　　）

　　A．甲正确　　　　B．乙正确　　　　C．两人都正确　　D．两人都不正确

18. 在讨论检测磁脉冲传感器时，技师甲说，可用欧姆表检测线圈的阻值；技师乙说，在传感器端子上跨接电压表能检测出传感器上产生的电压。试问谁正确？（　　）

　　A．甲正确　　　　B．乙正确　　　　C．两人均正确　　D．两人均不正确

19. 如果长期燃油修正显示的是高于 0% 的正值，则表明（　　）。

　　A．混合气过浓，喷油量正在减少（喷油脉宽减小）

　　B．混合气过稀，ECU 正在通过增加供油量（喷油脉宽增大）进行补偿

　　C．短期燃油修正已经失效

　　D．以上都不对

20. 供油量变化可通过故障检测仪进行监视（　　）表示出来，理想的燃油修正值接近 0%。

　　A．长期和短期燃油修正值　　　　　　B．长期燃油修正值

　　C．短期燃油修正值　　　　　　　　　D．以上都不对

（三）简答题

1. 简述给 AJR 发动机新发动机 ECU 设定编码的步骤。

2. 哪些工况 ECU 必须对空燃比实行开环控制？

3. 简述发动机断油控制的功能。

4. 简述电控发动机燃油喷射系统空燃比学习控制完成的步骤。

5. 对发动机电控元件检测时，主要有哪些常用的检测方法？

项目六

点火系统故障的检修与诊断

一、项目描述

点火系统故障的检修与诊断包括点火波形测试与分析、废气测试与分析、点火系统主要元件拆装与检测、点火系统故障的检测与排除等任务，通过本项目的学习，应达到以下要求。

1. 知识要求

（1）了解点火系统组成、要求和类型，掌握点火系统控制电路和控制内容等。

（2）掌握主要元件的结构原理、检测步骤及结果分析。

（3）掌握点火异常常见故障的检修方法与步骤（包括废气分析仪的功能与使用）。

2. 技能要求

（1）正确使用常用工具和专用工具。

（2）能正确使用万用表检测并判断点火线圈是否正常。

（3）能正确使用示波器检测并判断初级和次级点火波形是否正常。

（4）能正确使用诊断仪读取故障码、相关数据流，并对读取结果进行正确分析。

（5）能正确使用废气分析仪读取相关数据，并对读取结果进行正确分析。

（6）能按照规定的工艺正确更换火花塞、分缸线和点火线圈（点火模块）。

（7）能快速准确排除教师设置的点火系统故障，并准确叙述诊断分析思路。

3. 素质要求

（1）5S。①SEIRI（整理）；②SEITON（整顿）；③SEISO（清扫）；④SEIKETSU（清洁）；⑤SHITSUKE（自律）。

（2）劳动保护与安全操作。

① 发动机运转时，不要触摸或拔下点火线。

② 发动机运转时或电器系统在使用中不允许将电源线从蓄电池拆下。

③ 当断开和接上插接件时，一定要将点火开关置于关闭位置，否则会损坏电器元件。

④ 不要随意将电喷系统的任何零元件或其接插件从其安装位置上拆下，以免意外损坏或水、油污等异物进入接插件内，影响电喷系统的正常工作。

⑤ 禁止对电喷系统的零元件进行分解拆卸作业。

⑥ 维修过程中，拿电子元件（ECU、传感器等）时，要非常小心，不能让它们掉到地上。

⑦ 连接蓄电池时蓄电池的正、负极不能接错，以免损坏电子元件，本系统采用负极搭铁。

⑧ 注意 ECU 周围的环境温度不应该超过 80℃。

⑨ 当发动机高速运转时，严禁用手触摸发动机轮系、旋转元件。

⑩ 如果在系统加电正常的状态下，任何时候不要用手触摸发动机冷却风扇，因为冷却风扇会有突然起动的可能性。

（3）环境保护。

（4）团队协作。

（5）组织沟通能力。

（6）规范操作。

二、项目实施

任务一　点火波形测试与分析

1. 训练目标与要求

能正确使用示波器测试点火波形，并对测试结果进行分析，完成学习工作单。

2. 训练设备

每组准备一台完好的发动机台架，示波器，示波器使用说明书。

3. 训练步骤

1）次级点火电压波形检测

次级点火电压波形检测步骤需要依据示波器使用说明书操作。例如，检测 DIS 次级点火单缸波形时，如图 6-1 所示，将示波器 RPM90 信号拾取器连接到通道 A 端，RPM90 信号拾取器夹在 1 缸的火花塞引线上，负极线搭铁，通道 B 搭铁。起动发动机，示波器菜单选择：MENU→IGNITION→SECONDARY，可以测出 DIS 次级点火单缸波形。

2）点火波形分析

次级点火波形的显示方式有多缸直列次级波形、次级点火单缸波形、次级高压重叠波形、次级高压并列波形、点火初级低压波形等。

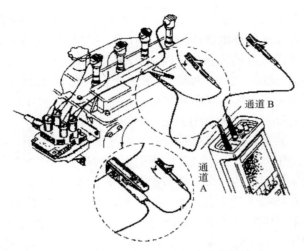

图 6-1　测试 DIS 次级点火单缸波形

（1）多缸直列次级波形。多缸直列次级波形也称为多缸并列波形，主要用来检查点火高压、能量、短路或开路的高压线，或引起点火不良的火花塞。多缸直列次级波形可以提供关于各个汽缸燃烧质量情况，由于点火次级高压受到各种不同的发动机、燃油系统和点火条件的影响，所以它能够有效地检测出发动机机械部件和燃油系统部件以及点火系统部件对点火次级高压的影响情况。同时多缸直列次级波形还能比较各缸高压值，判断哪一缸点火高压有故障。

如图 6-2 是四缸发动机点火直列次级波形，点火顺序是 1、3、4、2，则屏幕将从左边第 1 缸开始显示点火波形，向右依次是第 3 缸、第 4 缸和第 2 缸。

（2）次级点火单缸波形。检测次级点火单缸波形的主要作用是**分析**单个缸的点火闭合角（即点火线圈，初级线圈通电时间，它决定断开电流 I_k 值，I_k 大，则次级高压高）；**分析**点火线圈和次级高压电路性能（观察点火高压击穿电压值、燃烧电压值、点火时间等）；查出单缸不适当的混合气空燃比（从燃烧线看）；**分析**电容性能；查出造成汽缸失火的火花塞（从燃烧线看）。图 6-3 是标准次级点火单缸波形。

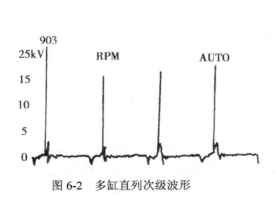

图 6-2　多缸直列次级波形

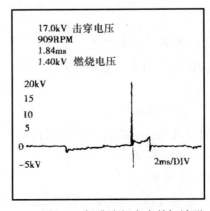

图 6-3　标准次级点火单缸波形

（3）次级高压重叠波形。将多缸发动机各缸次级电压的曲线重叠在同一图形上，即为重叠波。利用重叠波可诊断出分电器凸轮磨损情况和断电器触电闭合角的大小。标准重叠波中，断电器触电闭合段应占的比例为：四缸发动机 45%~50%，六缸发动机 63%~70%，八缸发动机 64%~71%。此外，要求闭合段波形的变化范围不应超过波段长度的 5%。

（4）次级高压并列波形。次级高压并列波形是将多缸发动机次级电压波形并列在一个图形上显示，可观察各缸高压情况及闭合角，如图 6-4 所示。

（5）点火初级低压波形。由于点火初级和次级线圈有互感作用，当初级线圈电路断开时，次级线圈感应出高压，在点火次级发生跳火状态时还会反馈一个初级电路。点火初级闭合角测试是初级低压波形中的一个重要数据，初级点火闭合角显示主要用于：**分析单个汽缸的点火闭合角**（初级线圈通电时间）；**确定平均闭合角的度数或毫秒数；分析点火线圈初级电路性能；分析电容性能**。汽车示波器在显示屏上可以用数字显示出波形的特征值。

检测点火初级低压波形，先使发动机怠速运转，再加速发动机或按照行驶性能出现故障或点火不良发生的条件来起动发动机或驾驶汽车，密切注意当发动机负荷和转速变化时闭合角的变化情况，核实初级点火闭合角是否在标准范围内。闭合角测试波形如图 6-5 所示。

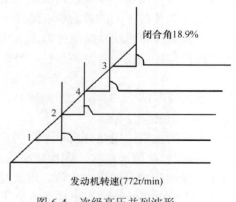

图 6-4　次级高压并列波形

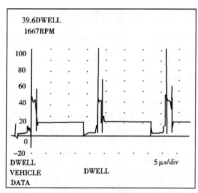

图 6-5　闭合角测试波形

任务二　废气测试与分析

1. 训练目标与要求

能正确使用废气分析仪测试发动机废气主要成分，并对测试结果进行**分析**，完成学习工作单。

2. 训练设备

每组准备一台完好的发动机台架，尾气分析仪。

3. 训练步骤

1）仪器预热

将电源线插到 220V 交流电源的插座上，接通仪器的电源开关，**预热**仪器。仪器液晶显示屏下部将出现提示："正在**预热**，请等待… ×××秒"。其中，"×××秒"是以倒计时方式显示剩下的**预热**时间，**预热**时间总共为 600s（10min）。

2）泄漏检查

仪器**预热**完成后会自动进入"**泄漏检查**"子菜单，检查气路系统是否有**泄漏**，这时液晶显示屏下部将出现提示："用密封套堵住探头，然后按 K 键"。用户应按此提示操作，按一下 K 键。之后，会出现提示："正在检**漏**，……××秒"，其中"××秒"表示剩下的检**漏**时间（倒计时，总共 18s）。

检**漏**完毕，如有**泄漏**，将出现提示："有**泄漏**，请检查，按 K 键再检……"。用户应仔细检查整个气路，予以排除。如无**泄漏**，会出现提示："OK，按 K 键退出"。按一下 K 键后，仪器将进入自动调零。

3）自动调零

仪器进入自动调零时，显示屏下部将出现提示："正在调零，请等待……"。如果调零完成，显示屏右下角会显示"OK"。几秒钟后，下部的提示消失，显示屏进入主菜单。如果调零不正常，显示屏下部将显示："调零错误，请查看状态"。几秒钟后，显示屏也将进入主菜单。

4）设置测量方式

仪器有三种测量方式：通用测量、怠速测量和双怠速测量。在"**设置**"子菜单下，按照显示屏上部的提示，用"▲"键或"▼"键使光标移到"测量方式"前，按 S 键，"√"选中符号会在"通用"、"怠速"、"双怠速"前轮流出现。

5）测量

在主菜单下按下 S 键，使光标移到"测量"选项上，再按一下 K 键。仪器将根据先前所**设置**的测量方式，进入相应的子菜单——"通用测量"、"怠速标准测量"或"双怠速标准测量"，并开始进行相应的测量工作。

（1）将转速测量钳夹在发动机第 1 缸的火花塞高压线外，注意测量钳口背面的箭头，使其指向火花塞，如果箭头的方向反了，会得到不正确的转速信号。然后再将油温测量探头插入发动机的润滑油标尺孔中，一直插到探头接触到润滑油为止。

（2）进入"双怠速标准测量"子菜单后，仪器首先也将进行 HC 残留物检查和发动机**预热**。

（3）测量高怠速下的排放。发动机**预热** 60s 倒计时结束时，将进入高怠速下的排放测量阶段，显示屏上部将出现提示："请减速到 2500 r/min"。见此提示，驾驶员应将发动机减速，同时注视显示屏中部不断变化的转速值，直到转速降到 2500 r/min 左右为止。这时，上部的提示将改变为："请保持 2500 r/min"，下部将显示："请插入取样探头……"。见此提示，驾驶员应将转速保持在 2500 r/min±50 r/min 的范围内。与此同时，操作人员要将取样探头插入排气管中，插入深度为 400 mm。插入取样探头后显示屏上部将继续显示："请保持 2500r/min"，而下部的提示则改变为："正在取样……××秒"（倒计时，总共 45s，前 15s 为**预备**阶段，后 30s 为实际取样阶段）。如果在后 30s 期间，转速值超过 2500 r/min±250 r/min 范围，显示屏上部将出现提示："转速超范围，请保持 2500 r/min"。这时仪器将停止取样，直到转速回到 2500 r/min±250 r/min 范围内，仪器才重新取样。 取样倒计时结束时高怠速下的排放测量完毕，将进入怠速下的排放测量阶段。这时显示屏下部的提示消失，上部将显示："请减速至怠速……"。

> **注意**：只有额定转速值为默认值——5000 r/min 时，提示才显示为："请加速到 2500 r/min"。如果额定转速值设定为其他值，提示将显示为："请加速到××××r/min"，×××× 等于 0.5 倍的额定转速值设定值。

（4）测量怠速下的排放。显示屏上部出现"请减速至怠速……"的提示时，驾驶员应将车辆减速。当转速下降到 1100r/min 以下时，显示屏上部的提示会改变为："请保持怠速……"，下部将显示："正在取样……××秒"（倒计时，总共 45s）。取样倒计时结束时，怠速下的排放测量完毕。这时显示屏将转换为"测量完成"界面，下部显示出"高速"、"低速"、"打印"和"退出"四个选项。

（5）读取测量数据。

[读取高怠速排放的测量数据]：

按下 S 键，将光标移到"高速"选项上，再按一下 K 键，显示屏将转换为"高怠速数据"界面，显示高怠速工况下的 HC、CO、CO_2、O_2、NO 和 n 的最大值、最小值、平均值以及 λ 和 T 的数值，下部仍显示四个选项。

[读取怠速排放测量数据]：

按下 S 键，将光标移到"低速"选项上，再按一下 K 键，显示屏将转换为"低怠速数据"界面，显示怠速工况下的 HC、CO、CO_2、O_2、NO 和 n 的最大值、最小值、平均值以及 λ 和 T 的数值，下部仍显示四个选项。

[打印测量数据]：

按下 S 键，将光标移到"打印"选项上，然后按一下 K 键。仪器将打印出高怠速工况下和怠速工况下排放的测量结果，同时光标将自动回到"退出"选项上。

6）结束本次测量

测量完一辆车后，请将取样探头从排气管中拔出，从发动机上取下转速测量钳并拔出油温测量探头。 光标位于"退出"项上时按一下 K 键，显示屏将返回到主菜单，而光标将自动位于"测量"选项上。

> **注意**：进行双怠速排放测量时，如果中途要退出"双怠速标准测量"子菜单停止测量，可同时按下"S"键和"K"键，显示屏将返回到主菜单。检测工作全部结束，关断电源前，应将仪器设置为"通用测量"方式，并进入该子菜单，处于测量状态下（这时气泵处于工作状态下）10min 左右。同时，将取样探头放置在洁净的空气中，让洁净的空气通入仪器，吹净管道内残留的排放气体。

任务三　点火系统主要元件拆装与检测

1．训练目标与要求

能正确拆装并检测点火系统主要元件，并完成学习工作单。

2．训练设备

每组准备一台完好的发动机台架、万用表、常用的拆装工具箱、塞规、维修手册。

3．训练步骤

1）分缸线的检查

捏住分缸线上的橡胶护套小心地从火花塞上拆下高压线，用欧姆表测量电阻，查找维修手册标准值，其规定值大约为 2kΩ，如果不符合规范请更换。

2）火花塞的检查

拆下分缸线，拆下**火花塞**，检查螺纹和绝缘体是否损坏，如损坏则更换。

也可以使发动机加速到 4000r/min 5 次，拆下**火花塞**检查，如果电极是干的说明正常，如果是湿的，说明绝缘性不好，需检查火花塞的螺纹或绝缘体是否损坏。

用**塞规检查**电极间隙，查询维修手册标准值，其规定值为 0.9mm～1.1mm，如电极间隙不对应更换**火花塞**，如电极上有油渍痕迹，应让它干燥后再用**火花塞**清洗剂进行清洗。

3）爆震传感器的拆装

（1）拆下进气歧管。

① 拨开喷油器导线插接器上的锁止卡簧，拔出喷油器上的插接器。

② 拆下燃油分配管，拔下喷油器上的卡簧，取下各缸喷油器。

③ 拔下各缸高压点火线。

④ 松开进气歧管支架的紧固螺栓。

⑤ 旋下进气歧管与缸盖的连接螺栓和螺母，拆下进气歧管，取下进气歧管密封垫。

⑥ 从进气管上拆下点火线圈。

（2）拔下**爆震传感器**导线插接器。

（3）分别从缸体上拆下 1 号和 2 号**爆震传感器**，如图 6-6 所示。

图 6-6　**爆震传感器**在缸体上的安装位置

（4）装上**爆震传感器**。

（5）接上**爆震传感器**导线插接器。

（6）装上进气歧管。

① 将点火线圈装在进气歧管上。

② 装上进气歧管密封垫（密封垫凸起的一面朝进气歧管，装上进气歧管）。

③ 插上各缸高压点火线。

④ 将各缸喷油器装在燃油总管上，卡上卡簧。

⑤ 将燃油总管和喷油器装在进气歧管相应位置上。

⑥ 插上喷油器导线插接器。

4）爆震传感器的检测

（1）连接诊断仪，用地址代码 01 选择发动机电子控制单元，进行上述操作时发动机应在怠速运转。屏幕显示：

读取测量数据块 16 →
0.800V   0.840V   0.800V   0.760V

（2）查看所有显示区，其规定值为 0.400V～1.400V。各显示区相互比较，其规定值的公差值应小于 0.500V，如没有满足规定要求，应松开并重新用 20N·m 力矩紧固爆震传感器。

（3）重新检测，如果没有达到规定值要求，应拉下相应的爆震传感器的线束插头，检测爆震传感器线束插头的三个端子间是否短路。如针脚之间短路，应更换传感器。

（4）检测从爆震传感器到发动机 ECU 线束的连接时，必要时排除导线的故障。

5）点火线圈的拆装与检测

（1）查找维修手册，找出点火线圈的控制电路。

（2）拔掉点火线圈线束插头，接通点火开关，测试线束插头端子 2 和发动机搭铁端电压，应为 12V。

（3）关闭点火开关，测试线束插头端子 4 和发动机搭铁端电阻，应为 <1Ω。

（4）如图 6-7 所示，检测点火线圈端子 2 和端子 3 电阻，端子 1 和端子 4 电阻，常温（20℃）下不超过 4kΩ～6kΩ，端子 2、3 和端子 1、4 之间电阻应为 ∝。

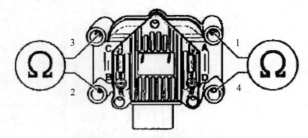

图 6-7   测量点火线圈次级电阻

（5）拆下进气歧管，从进气管上拆下点火线圈，如图 6-8 所示。

（6）将点火线圈装在进气歧管上，注意固定螺栓的上紧扭矩为 10N·m，装好进气歧管。

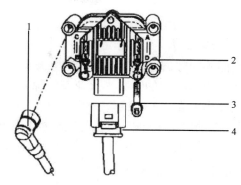

图 6-8　点火线圈及其附件

1—分缸线；2—点火线圈；3—固定螺栓（10N·m）；4—线束插头。

任务四　点火系统故障的检测与排除

1．训练目标与要求

能正确**检测**并排除点火系统故障，并完成学习工作单。

2．训练设备

（1）每组准备一台完好的发动机台架。

（2）每组准备好一个完好的万用表、诊断仪、示波器、尾气分析仪和维修手册。

（3）教师在发动机台架上设置点火系统故障。

3．训练步骤

（1）起动发动机，观察发动机的故障现象，填写学习工作单。

（2）连接诊断仪，读取故障码，并填写学习工作单相应内容。

（3）按照学习工作单要求**检测**发动机转速、氧传感器信号、点火提前角、喷油时间、节气门开度、进气量、尾气中 HC、CO、O_2、CO_2 等重要数据流状态，并填写学习工作单。

（4）按照故障码和数据流的结果初步分析故障，并**检测**相应的元件或部位，填写学习工作单所示**检测**项目内容。

（5）对**检测**结果和发动机故障现象进行综合分析，得出分析结论，填写学习工作单。

（6）排除故障，填写学习工作单。

（7）重新起动发动机，**检测**原有不正常**检测**项目，验证故障排除结果，填写学习工作单。

（8）5S。

 **三、相关知识**

（一）汽油机对点火系统的基本要求

点火系统应在发动机各种工况和使用条件下保证可靠而准确地点火，为此点火系统应满足以下基本要求。

1. 能产生足够高的击穿电压

使火花塞两电极之间的间隙击穿并产生电火花所需要的电压，称为**火花塞击穿电压**。**火花塞**击穿电压的大小与电极之间的距离（火花塞间隙）、汽缸内的压力和温度、电极的温度、发动机的工作状况等因素有关。试验表明，发动机正常运行时，**火花塞**的击穿电压为 7kV～8kV，发动机冷起动时达 19kV。为了使发动机在各种不同的工况下均能可靠地点火，要求火花塞击穿电压应在 15kV～20kV。

2. 电火花应具有足够的点火能量

为了使混合气可靠点燃，火花塞产生的火花应具备一定的能量。发动机工作时，由于混合气压缩时的温度接近自燃温度，因此所需的火花能量较小（1mJ～5mJ），传统点火系统的火花能量（15mJ～50mJ），足以点燃混合气。但在起动、怠速以及突然加速时需要较高的点火能量。为保证可靠点火，一般应保证 50 mJ～80 mJ 的点火能量，起动时应能产生大于 100mJ 的点火能量。

3. 点火时刻应与发动机的运行工况相适应

首先发动机的点火时刻应满足发动机工作循环的要求；其次可燃混合气在汽缸内从开始点火到完全燃烧需要一定的时间（千分之几秒），所以要使发动机产生最大的功率，就不应在压缩行程终了（上止点）时点火，而应适当地提前一个角度。这样当活塞到达上止点时，混合气已经接近充分燃烧，发动机才能发出最大功率。

（二）发动机电控点火系统的组成和原理

发动机电控点火系统可分为带分电器电控点火系统和无分电器电控点火系统。如图 6-9 所示为带分电器电控点火系统，主要由电控单元（ECU）、点火器、传感器、点火线圈、分电器、高压线、火花塞等组成，以蓄电池和发电机为电源，借点火线圈将电源的低压电转变为高压电，再由分电器将高压电分配到各缸火花塞，并由电控单元根据各种传感器提供的反映发动机工况的信息，发出点火控制信号，控制点火时刻，点燃可燃混合气。无分电器的电控点火系统还有单缸独立点火系统和双缸同时点火系统两种类型。目前，无分电器的电控点火系统已广泛应用于各种轿车发动机中。

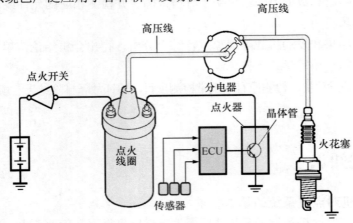

图 6-9 发动机电控点火系统（带分电器）

1. 电控单缸独立点火系统

单缸独立点火系统指每一个汽缸的火花塞上各配一个点火线圈,单独对本汽缸进行点火,如图 6-10 所示。这种点火系统中,通常是点火线圈与点火器制成一体(图 6-11),直接安装在缸盖上,特别适合于四气门发动机使用。火花塞可安装在双凸轮轴的中间,并在每缸火花塞上直接压装一个点火线圈,以充分利用空间。同时,由于无高压导线,因而能量传导损失和漏电损失小。而且各缸的点火线圈和火花塞均由金属包着,其电磁干扰大大减少。

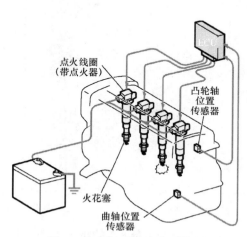

图 6-10 单缸独立点火系统

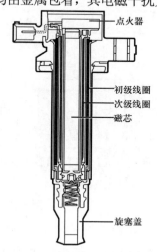

图 6-11 带点火器的点火线圈

1)组成

电控单缸独立系统由各种**传感器**、发动机 ECU、点火器、点火线圈和**火花塞**组成,如图 6-12 所示。其中主要的**传感器**包括曲轴位置**传感器**、凸轮轴位置**传感器**、空气流量计(或进气歧管压力**传感器**)、节气门位置**传感器**、水温**传感器**、爆震**传感器**和氧**传感器**等。发动机 ECU 接收从**传感器**传来的信号,计算出发动机在每种工况下相对应的最佳点火正时,将点火信号(IGT)传递给点火器。点火器针对发动机 ECU 输出的 IGT 信号,间歇性地将初级线圈电流作用于点火线圈,还将点火确认信号(IGF)反馈给发动机 ECU。

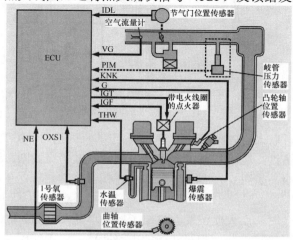

图 6-12 电控单缸独立系统组成

2）电路分析

如图 6-13 所示为单缸独立点火系统的控制原理图，电控单元根据发动机曲轴位置**传感器**、凸轮轴位置**传感器**等信号分析和计算发动机的曲轴运行位置和点火提前角等信息，形成点火信号（IGT1－IGT4）发送给 4 个汽缸的点火器，分别控制相应的点火线圈产生感应高电压击穿火花塞。

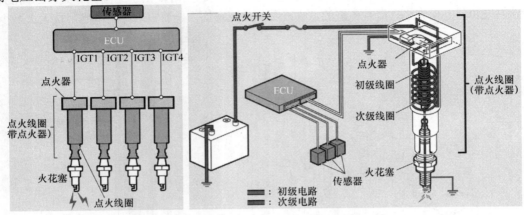

图 6-13　单缸独立点火系统控制原理图

（a）系统原理；（b）单缸控制原理。

如图 6-14 所示，初级和次级线圈都环绕在铁芯上，次级线圈的匝数大约是初级线圈的100 倍。初级线圈的一端连接在点火器上，次级线圈的一端连接在**火花塞**上。两个线圈各自的另一端则通过相关电气元件与蓄电池连接。

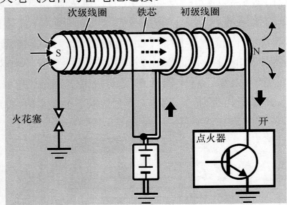

图 6-14　单缸点火线圈连接示意

当发动机运转时，点火器根据发动机 ECU 输出的点火信号（IGT）接通初级线圈的控制三极管，使其正常搭铁，电流从蓄电池正极出发，流过初级线圈，通过点火器的控制三极管后回到蓄电池负极，如图 6-15 所示。结果，在初级线圈周围产生磁力线，此线圈在中心包含一个磁芯。

当发动机继续运转时，点火器按发动机电子控制单元（ECU）输出的点火信号（IGT）切断初级线圈的控制三极管电路，初级线圈的电路断路，由于线圈是电感元件，此时其内

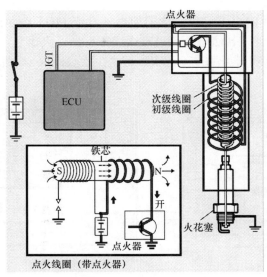

图 6-15 初级线圈通电电路

部产生的感应电动势导致线圈通电电流的逐渐减小，结果是初级线圈和次级线圈的磁通量开始减小。因此，通过初级线圈的自感和次级线圈的互感，在阻止现存磁通量衰减的方向上产生了感应电动势。初级线圈自感效应产生约为 500V 的电动势，而与其相伴的次级线圈互感效应产生约为 30kV 的高压电电动势。这样，以次级线圈为新的电源，电流流过蓄电池正、负极，通过火花塞接地电极，击穿中心电极，回到次级线圈，如图 6-16 所示。结果是火花塞产生电火花点燃该缸混合气燃烧作功。初级电流切断越迅速，及初级电流值越大，则相应的次级电压越高，火花塞的点火能量也越强。

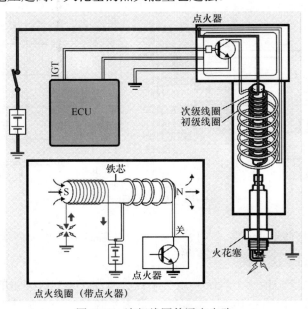

图 6-16 次级线圈的通电电路

3）点火系统控制过程

如图 6-17 所示，当 ECU 传递给点火器的点火信号（IGT）处于"开"（高电位）的状态时，初级线圈电路接通，初级电流流过点火线圈；当点火信号（IGT）关闭（低电位）时，流过点火线圈的初级电流被切断，点火线圈产生次级高压，同时将点火确认信号（IGF）反馈给发动机 ECU。

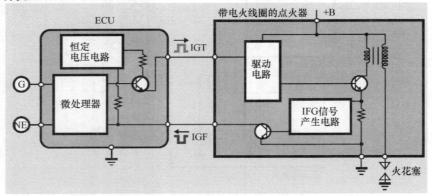

图 6-17　单缸独立点火系统控制过程

如图 6-18 所示，发动机 ECU 根据不同**传感器**的信号计算优化点火正时，并按照点火次序（如 1—3—4—2），把各个点火信号（IGT1～IGT4）传递给点火器，控制点火线圈产生次级高压击穿火花塞点火，从而实现对各缸进行高度精确的点火正时控制。点火器利用一个反电动势把一个 IGF 信号发送至发动机 ECU，此反电动势是在施加在点火器线圈的初级电流被切断时产生的。当发动机 ECU 接收到此 IGF 信号，便确定已点火。如果发动机 ECU 连续一定次数没有收到 IGF 信号，发动机故障自诊断系统将记录故障代码，并且启动失效保护功能使喷油**器**停止喷油。

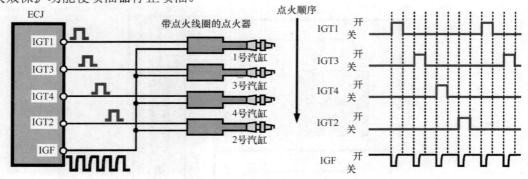

图 6-18　IGT 和 IGF 信号

小提示：

当发动机 ECU 接收到此 IGF 信号时，并不意味着对应汽缸内产生实际的火花。

2．电控双缸同时点火系统

双缸同时点火系统是指两个汽缸共用一个点火线圈，其次级绕组的两端分别与两个汽缸上的火花塞相连接，如图 6-19 所示。同时，点火系统的一个点火线圈上有两个火花塞串联，当产生高压电时，它对两个火花塞同时点火。双缸同时点火系统的汽缸组合方式是，当一个汽缸处于压缩行程准备点火时，另一个汽缸处于排气行程。对于压缩行程的汽缸，由于汽缸压力较高，放电较困难，所需的击穿电压较高。而处于排气行程的汽缸，接近于大气压，放电容易，所需的击穿电压低、很容易击穿。因此当两汽缸的火花塞同时跳火时，其阻抗几乎都在压缩汽缸的火花塞上，它承受了绝大部分电压降，与普通的只有一个火花塞跳火的点火系相比较，其击穿电压相差不大，而在排气汽缸火花塞上的电能损失也很小。

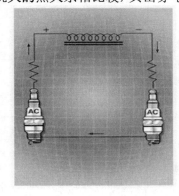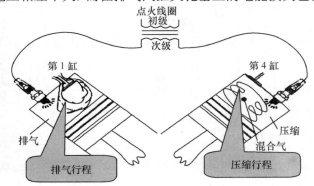

图 6-19　双缸同时点火系统

1）组成

电控双缸同时点火系统的组成与电控单缸独立系统基本相同，也是由各种传感器、发动机 ECU、点火器、点火线圈和火花塞组成。双缸同时点火系统是两个汽缸共用一个点火线圈，其点火线圈数量比单缸独立系统少一半。如图 6-20 所示为双缸同时点火系统的控制原理图，ECU 根据发动机曲轴位置传感器、凸轮轴位置传感器等信号分析和计算发动机的曲轴运行位置和点火提前角等信息，形成点火信号（IGT1、IGT2）发送给点火器，点火器分别控制相应的点火线圈产生感应高电压击穿火花塞。

2）电路分析

双缸同时点火系统的初级电路控制原理同单缸独立点火系统，如图 6-21 所示，点火器根据发动机 ECU 输出的点火信号（IGT）接通初级线圈的控制三极管，使其正常搭铁，电流从蓄电池正极出发，流过初级线圈，通过点火器的控制三极管后回到蓄电池负极，点火线圈中产生磁场；控制三极管截止时，在次级线圈上同样会感应出上万伏的高压电动势，分别击穿第 4 缸、第 1 缸火花塞后回到次级线圈，第 1 缸和第 4 缸火花塞同时产生电火花，处于压缩行程的一缸火花塞点燃汽缸内的混合气，燃烧做功，处于排气行程的一缸火花塞跳空火，不影响排气。

小提示：

双缸同时点火系统中，同一组的两个汽缸火花塞由于是同时点火的，ECU 不需要区分哪个汽缸属于进气行程或排气行程，即对同时点火的两个汽缸不需要进行判缸。

在点火器内控制三极管导通初级线圈电路时，初级电流也是逐渐加大，线圈中磁通量也逐渐增加，这样在次级线圈中便产生约 1000V 的感应电动势。这样的电压很有可能点燃处于进气行程中汽缸内的混合气，将会引起回火等现象的发生，使发动机无法正常运转。为防止产生这种现象，在点火线圈的次级绕组中串联一个高压二极管（图 6-21），使点火器内控制三极管导通初级线圈电路时，在次级线圈中无法形成回路。

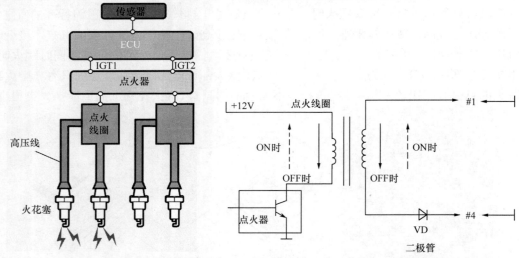

图 6-20 双缸同时点火系统控制原理图　　图 6-21 双缸同时点火系统控制原理

有的直接点火系统（DIS）在次级电路输出端与火花塞之间的连接电路中，并没有串接高压二极管，而是留有 3～4mm 的间隙，其作用与次级串接高压二极管相同，也是为了防止初级电路接通时可能引起的误点火。如日产车系部分车型发动机的点火系统就使用这种结构。

3）点火系统控制过程

如图 6-22 所示为某款丰田六缸发动机双缸同时点火系统，发动机的点火顺序为 1－5－3－6－2－4。将 6 个缸分成 1、6 缸，5、2 缸，3、4 缸 3 个组，有 3 个独立的点火线圈，每个点火线圈同时向每组两缸（如 1、6 缸）的火花塞供给点火高压。电子点火器中有与

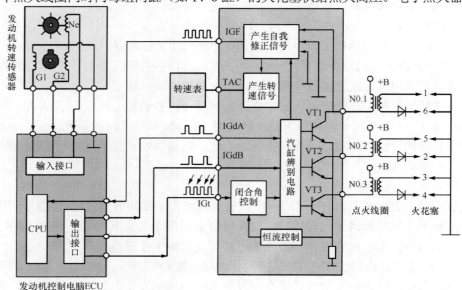

图 6-22 丰田某六缸发动机双缸同时点火系统

点火线圈数量相等的功率三极管 VT1～VT3，每个三极管分别控制一个点火线圈工作。电子点火器根据 ECU 输出的点火控制信号，按点火顺序交替控制 3 个三极管的导通与截止，各个点火线圈交替产生高压，通过高压导线直接供给同组两缸的火花塞点火。点火信号 IGT 要控制 3 个线圈的点火，因而在电子点火器内，设有汽缸缸序判别电路，以判别和控制 3 组汽缸的点火顺序。此外，电子点火器还采用了恒流控制和闭合角控制电路。

该系统采用磁感应式发动机转速与曲轴位置传感器，信号转子由配气机构的凸轮轴驱动，其作用是产生曲轴角度 NE 信号和曲轴转角基准位置 G 信号（G1 与 G2 信号），并把这些信号输入 ECU 中。ECU 根据这些信号来判别汽缸，检测发动机曲轴基准位置与发动机转速等，还通过计算确定点火控制信号，这些信号包括点火信号 IGt、汽缸缸序判别信号 IGdA 与 IGdB，并向电子点火器输出。

丰田公司的轿车发动机，一般是将 G 信号之后产生的第 1 个 Ne 信号过零点的位置，设定在第 6 缸或第 1 缸压缩行程上止点前 10°CA。ECU 控制点火正时时，就把该 Ne 信号作为控制点火正时的基准信号，把它对应的 BTDC10°CA 的位置定为点火基准位置。

（1）点火时间的确定。如图 6-23 所示，发动机运转时，ECU 接收到 G1（或 G2）信号后，就判断第 6 缸（或第 1 缸）处于压缩行程上止点前，根据紧随 G1（或 G2）信号之后产生的第 1 个 Ne 信号，确定点火基准位置。

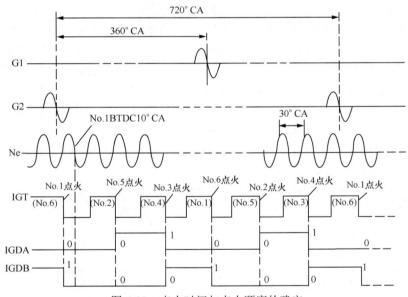

图 6-23 点火时间与点火顺序的确定

在发动机起动后正常运行的每个工作循环中，ECU 以 G（如 G2）信号后的点火基准位置为基准，根据其后接收到的 Ne 信号，确定后面的 3 次点火，这 3 次点火对应 3 个点火线圈，也就是对应 3 组缸（5、2 缸，3、4 缸，6、1 缸）的点火。这时按点火间隔 120°CA 就要产生 1 个点火信号（IGt），对应一组缸的点火。而在产生了 3 个点火信号后（即曲轴转过 360°CA 后），ECU 又收到下一个 G（如 G1）信号，由此确定其后另外 3 个点火正时信号，仍是控制这 3 组缸的点火。随着发动机工况的继续，这一控制过程反复进行。

ECU 经查表、计算、修正，得到发动机各工况下的最佳点火提前角和闭合角数据，为把这些数据转化成曲轴转过的相应角度，ECU 就以 G1、G2 信号后的点火基准位置为基准，以 Ne 信号对应的曲轴转角（最小单位为 1°CA）为计数单元，对 3 个点火线圈每次点火时的闭合角和点火提前角进行计数确定，并通过控制程序转化成点火信号 IGt，向电子点火器输出，以控制 3 组缸的点火。

在发动机起动时的瞬间，如果是在 G（如 G1）信号先前产生过了之后才开始起动，则在下一个 G（如 G2）信号产生之前这段时间内，ECU 因还没有接收到任何 G 信号，将无法实施点火控制。这时，则要等到下一个 G（如 G2）信号产生，ECU 可以确定点火基准位置以后，才开始实施点火控制。而在发动机起动时，ECU 是以固定的初始点火提前角 BTDC 10°CA，来控制各缸的点火。

（2）点火顺序的确定。发动机工作时，ECU 不停地向点火器输出点火信号 IGt，但该信号要控制 3 个点火线圈的点火，具体要控制其中哪个线圈点火（即点火顺序的确定），是由点火器根据 ECU 输出的缸序判别信号 IGd（IGdA 与 IGdB）的状态来决定的。

缸序判别信号 IGd 是由电子点火系设计时确定的，与曲轴位置传感器的结构和点火器的汽缸判别电路的设计等有关，并被固化、储存在 ECU 的内存中。

ECU 根据 G1、G2 和 Ne 信号，在每个 G（G1 或 G2）信号后，应按汽缸工作顺序确定 3 个点火线圈的点火顺序。为此，ECU 在向点火器输出 IGt 信号的同时，还要根据 G1、G2、Ne 信号，输出相应的缸序判别信号 IGdA 与 IGdB，以确定各缸的点火顺序。

点火器中的汽缸判别电路根据 ECU 输出的判缸信号 IGdA、IGdB 的逻辑值（高电平用逻辑值 "1"、低电平用逻辑值 "0" 表示），将 IGt 信号送给相应的功率三极管，由三极管控制对应的点火线圈工作，完成某一组缸的点火。汽缸判别电路的逻辑值与点火汽缸的对应关系见表 6-1。例如，当 IGdA、IGdB 信号的逻辑值分别为 "0" 和 "1" 时，点火器的判缸电路就将 IGt 信号用来控制三极管的通电和断电，即控制 1 号点火线圈的工作，从而控制 1、6 缸的点火（其中有一缸为有效点火，另一缸为无效点火）。其他汽缸的点火控制以此类推，控制原理完全一样。

表 6-1　汽缸判别电路的逻辑值与点火汽缸的对应关系

IGdA 状态	IGdB 状态	点火线圈	点火汽缸
低电平 0	高电平 1	1#	1、6 缸
低电平 0	低电平 0	2#	5、2 缸
高电平 1	低电平 0	3#	3、4 缸

ECU 和电子点火器控制了 3 个点火线圈的点火顺序，也就控制了 3 组 6 个缸的点火顺序。图 6-23 所对应的点火正时控制示意图如图 6-24 所示，图中 I1、I2、I3 分别为 1 号、2 号、3 号点火线圈初级电路的工作电流波形。

（三）发动机电控点火系统的控制内容

发动机电控点火系统的控制内容包括点火提前角的控制、通电时间控制和爆震控制三个方面。

1. 点火提前角的控制

当发动机起动时，由于其速度较低再加上进入的空气质量不稳定，电控单元不进行最

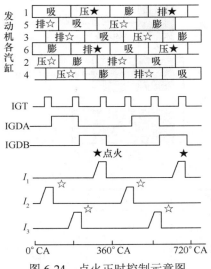

图 6-24　点火正时控制示意图

佳点火提前角调整控制，而是根据发动机转速信号（NE）和起动开关信号（STA）输入，点火时间设置在初始点火提前角，以固定不变的点火提前角点火。初始点火提前角是由发动机 ECU 的备份 IC 控制的，如图 6-25 所示。

发动机起动后，当发动机转速超过一定值时（大于 500r／min），则自动转入由电控单元控制的最佳点火提前角计算及控制程序，如图 6-26 所示。

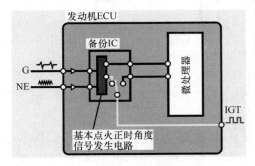

图 6-25　起动时点火提前角的控制电路

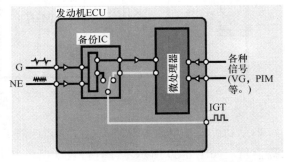

图 6-26　起动后点火提前角的控制电路

发动机起动后，ECU 对最佳点火提前角的计算和控制一般按照如下步骤进行：①根据 G 信号和 Ne 信号确定初始点火提前角；②根据发动机转速和负荷确定基本点火提前角；③根据有关传感器的信号确定修正点火提前角。

这三项点火提前角的代数和即为实际的最佳点火提前角：

最佳点火提前角＝初始点火提前角＋基本点火提前角＋修正点火提前角（或点火延迟角），如图 6-27 所示。

1）初始点火提前角

如图 6-28 所示，发动机 ECU 把 G 信号出现后第一个 Ne 信号过零点定位压缩行程上止点前 10°（不同车型角度不同），并以这个角度作为点火正时计算的基准点，称为初始点火提前角。

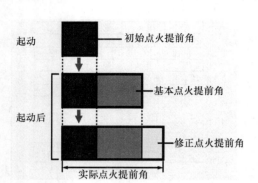

图 6-27　实际点火提前角的组成

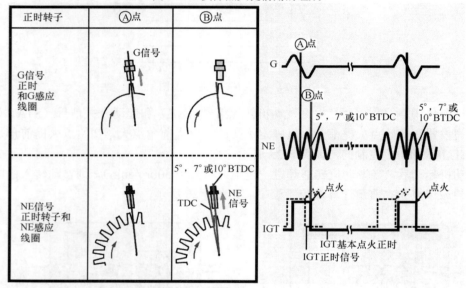

图 6-28　初始点火提前角的确定

2）基本点火提前角

当发动机处于怠速工况时，怠速触点闭合，发动机 ECU 根据发动机转速控制基本点火提前角，如图 6-29 所示。在有些发动机机型中，基本点火提前角依据空调开关（A/C）的开/闭会有所变化。

发动机处于非怠速工况时，电控单元根据发动机转速和负荷（曲轴每转进气量）信号，从预置存储在 ECU 存储器中基本点火提前角脉谱（图 6-30）中找出相应工况的基本点火提前角。

ECU 是依据空气流量计（或进气歧管压力传感器）和发动机转速信号计算发动机负荷的，即曲轴每转进气量，而不是节气门位置传感器信号。

3）修正点火提前角

除了转速和负荷外，其他对点火提前角有重要影响的因素均归入到修正点火提前角中。修正点火提前角所包括的修正值有：暖机修正、过热修正、怠速稳定性修正。

（1）暖机修正。发动机冷起动后，当冷却液温度低时，应增大点火提前角。暖机过程中，随冷却液温度升高，点火提前角逐渐减小，其变化趋势如图 6-31 所示。修正曲线的形状与提前角的大小随车型而异。

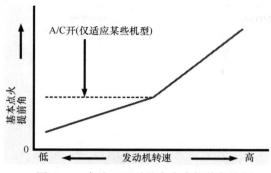

图 6-29　怠速工况时基本点火提前角控制

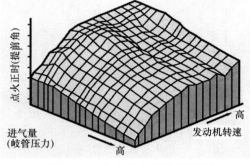

图 6-30　基本点火提前角脉谱图

（2）过热修正。过热修正曲线的变化趋势如图 6-32 所示，当发动机处于正常运行工况（怠速触点 IDL 断开），冷却液温度过高时，为了避免爆燃发生，应将点火提前角推迟，这种校正使点火时间角度延迟最大 8℃。

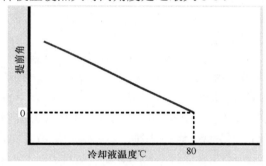

图 6-31　暖机时点火提前角控制

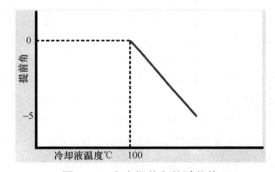

图 6-32　点火提前角的过热修正

（3）怠速稳定性修正。发动机在怠速期间，由于发动机负荷变化（如空调、动力转向等）而使转速改变，ECU 不断地计算发动机的平均转速，当平均转速低于规定的怠速目标转速时，ECU 根据两者的差值大小相应地增加点火提前角；当平均转速高于规定的怠速目标转速时，相应地推迟点火提前角，其变化趋势如图 6-33 所示。

（4）空燃比反馈修正。装有氧传感器的电控燃油喷射系统进行闭环控制时，ECU 根据氧传感器的反馈信号对空燃比进行修正。随着修正喷油量的增加和减少，发动机的转速在一定范围内波动。为了提高发动机转速的稳定性，在反馈修正油量减少时，适当地增大点火提前角，如图 6-34 所示。

空燃比反馈修正过程中，要使点火时间提前角和进入的空气量相匹配。并且，在车辆正常行驶中不执行空燃比反馈修正。

4）点火提前角极限值

当 ECU 计算出的实际点火提前角超过一定范围时，发动机将不能正常运转。为了防止出现这种情况，在电控点火系统中，由电控单元对实际点火提前角的数值范围进行限制。最大和最小点火提前角的一般范围为：

最大点火提前角：35°～45°

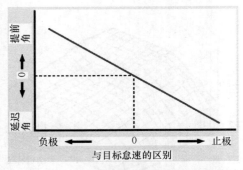

图 6-33 点火提前角的怠速稳定性修正

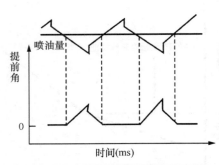

图 6-34 点火提前角的空燃比反馈修正

最小点火提前角：$-10°\sim0°$

2. 点火线圈通电时间控制

通电时间控制又称为闭合角控制。对于电感储能式点火系而言，次级线圈高压的最大值与初级断开电流成正比，而初级线圈被断开瞬间所能达到的断开电流值与初级线圈接通时间长短有关。但是，如果通电时间过长，点火线圈又会发热，并使电能消耗增大。因此，要控制一个最佳的通电时间，以兼顾上述两方面的要求。

对于传统的通过断电器控制的点火系统而言，影响初级线圈通过电流的主要因素有发动机转速和蓄电池电压。为了保证在不同的蓄电池供电电压和不同的转速下都具有相同的初级断开电流，电控单元根据蓄电池电压和发动机转速信号，从预置的闭合角数据表中查取相应的数值，对闭合角进行控制。如图 6-35 所示，当发动机转速升高时，适当增大闭合角，以防止初级线圈通过电流值下降，造成次级高压下降，点火困难。蓄电池电压下降时，基于相同的理由，也应适当增大闭合角。

而对于电控点火系统，发动机转速不再影响初级线圈通电电流，因此系统会根据蓄电池（或发电机）供电电压的变化调整通电时间。为了进一步满足点火系统在不同的工况下都具有相同的初级断开电流，很多点火系统使用了恒流控制。

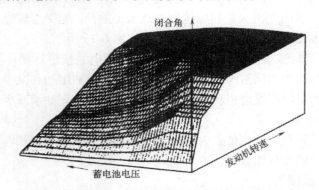

图 6-35 闭合角与发动机转速和蓄电池电压的关系

3. 爆震控制

1）爆震控制的功能

爆震是汽油机运行过程中最有害的一种故障现象。如果汽油机持续爆震，火花塞电极或活塞就可能产生**过热、烧损**等现象，导致发动机损坏，因此必须防止爆震的发生。爆震与点火时刻存在着密切的关系。点火时刻提前，燃烧的最大压力就高，因而容易产生爆震。如图 6-36 所示为爆震与点火时刻、发动机转矩的关系。

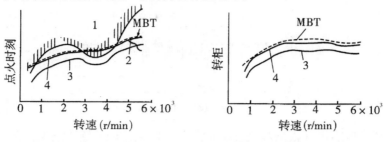

图 6-36　爆震与点火时刻、发动机转矩的关系

1—爆震范围；2—余量幅度；3—无爆震控制时；4—有爆震控制时

发动机发出的最大转矩的点火时刻（**MBT**）是在开始发生爆震点火时刻（爆震界限）的附近。对无爆震控制的点火系统，为了防止爆震的产生，其点火时刻的设定远离爆震边缘，这样势必降低发动机效率，增加燃油消耗。

爆震控制功能的点火系统能使点火时刻距离爆震边缘只有一个较小的余量，这样既可控制爆震的发生，又能更有效地得到发动机的输出功率。这种控制是用一个爆震传感器检测发动机有无爆震现象，并将信号送至发动机 ECU，ECU 根据此信号来调整点火提前角，爆震时，推迟点火，没有爆震时，则提前点火，以保证在任何工况下的点火提前角都处于接近发生爆震的最佳角度。

2）爆震控制

要控制爆震，首先必须判断爆震是否产生。如图 6-37 所示为将爆震传感器的输出信号进行滤波处理后并判别爆震是否产生的程序。来自爆震传感器的信号，含有各种频率的电压信号，先经滤波电路，将爆震信号与其他振动信号分离，只允许特定范围频率的爆震信号通过滤波电路，再将此信号的最大值与爆震强度基准值进行比较，如果大于爆震强度的基准值，表示产生爆震（图 6-38），则将爆震信号输入微机，由微机进行处理。

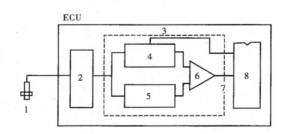

图 6-37　爆震控制输入处理回路

1—爆震传感器；2—滤波回路；3—爆震判定区间信号；4—峰值检测；

5—比较基准能量级计算；3—爆震判定；7—爆震；8—微机

爆震强度的大小以超过基准值的次数来计量，其次数越多，则爆震强度越大；次数越小，爆震强度越小。当发动机发生爆震时，ECU 通过爆震传感器输入信号和比较电路判断

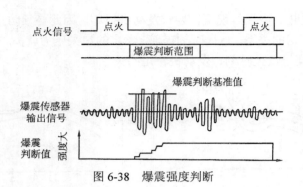

图 6-38　爆震强度判断

出发动机是否产生爆震，并根据爆震强度输入信号，由 ECU 控制点火提前角的大小。如图 6-39 所示，在检测到发动机爆震时 ECU 立即把点火提前角逐渐减小，直至无爆震产生。随后，又逐渐地增大点火提前角，一直到产生爆震时，又恢复前述的反馈控制，其反馈控制过程如图 6-40 所示。

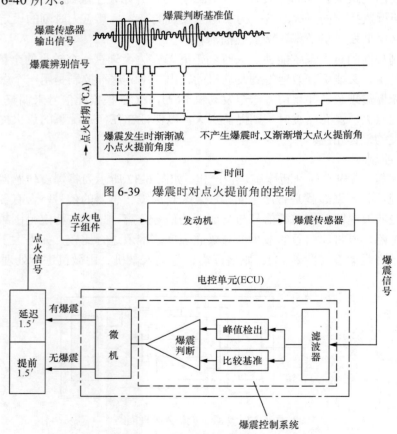

图 6-39　爆震时对点火提前角的控制

图 6-40　爆震反馈控制过程

　　爆震控制系统设置了一个安全电路，当出现爆震传感器线束断路、传感器失灵、检测电路发生故障等意外情况，安全电路将推迟点火时刻。同时，发动机故障自诊断系统将检测并记录故障信息，存储故障代码并点亮仪表板故障警告灯。

（四）发动机电控点火系统的检修

1. 点火系统故障的特征

汽车运行期间发动机不能起动或起动后运转不稳及中途熄火等，大都由点火系统和燃油系统故障所致。据统计，点火系统和燃油系统故障占汽车总故障的 50% 以上。一般说，若发动机在运转中突然熄火并发动不着，原因多为点火系统故障。

点火系统的故障特征主要表现为无火、缺火、火花弱和点火不正时，会造成发动机不能起动或运转不正常。

2. 点火系统故障的检修方法

1）高压跳火试验

发动机是否存在无火、缺火、火花弱等现象，通常可通过高压跳火试验来判断。在检查电控点火系统有无高压火花时，应采用正确的方法，不可沿用检查传统触点式点火系统高压火花的做法，以防损坏点火系统中的电子元件。

正确的检查方法是：

（1）拆下各缸喷油器的插接器，确保各缸喷油器不工作。

（2）拔下某一缸点火高压分缸线或拆下单缸独立点火系统的点火线圈，将一个火花塞接在高压分缸线或点火线圈上。

（3）将火花塞旁电极压紧在发动机缸盖上确保接地（如图 6-41 所示）。

（4）接通起动开关，用起动机带动发动机转动（时间不超过 5s~10s），同时观察火花塞电极处有无强烈的蓝色高压火花。

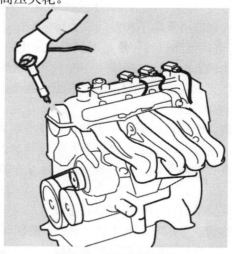

图 6-41　高压跳火试验

如果没有高压火花或火花很弱，说明点火系统有故障。汽油喷射式发动机的故障自诊断系统通常能检测出点火系统中的曲轴位置传感器及点火器的故障。如有故障码，则可按显示的故障码查找故障部位；如无故障码，则应分别检查点火系统中的高压线、点火线圈、点火器、曲轴位置传感器及发动机 ECU。点火系统最容易损坏的部件是点火器、点火线圈，应重点检查。

小提示：

没有高压火花的另一个原因是发动机的曲轴位置传感器无输出信号。有些车型当正时链轮或正时带错齿后，曲轴位置传感器信号与凸轮轴位置传感器信号不同步，也会出现无高压火的故障。

2）所有汽缸无火故障的检修方法

经发动机高压**跳火试验**，所有汽缸无高压火或单列汽缸组无高压火的，可以参照以下步骤进行诊断：

（1）连接故障诊断仪，通过发动机故障自诊断系统检测是否有故障码。如果存在故障码，则可按显示的故障码查找故障部位。重点是确认曲轴位置传感器或点火器是否出现故障，如果存在故障，按维修手册要求进行更换或排除。

（2）点火开关置于 OFF 位置，断开相应的点火线圈线束连接器。

（3）点火开关置于 ON 位置，测试连接器点火供电电压端与搭铁之间的电压。如果低于 B+，则测试点火供电电压电路是否对搭铁短路或开路（电阻过大）。如果电路测试正常且点火供电电路保险丝断开，则测试所有和点火供电电压电路相连接的部件，必要时予以更换。

（4）转动或起动发动机。测试相应的点火信号控制端子和搭铁之间的电压，一般为200mV～400mV。如果低于规定值，测试点火信号控制电路是否对搭铁短路或开路/电阻过大，如果电路正常，则更换发动机控制模块。如果高于规定值，测试点火信号控制电路是否对电压短路，如果电路正常，则更换发动机控制模块。

（5）将点火开关置于 OFF 位置（部分发动机要求持续 90s 以上），使发动机控制模块断电，测试点火线圈线束连接器搭铁端子和发动机壳体之间的电阻是否小于规定值（查阅维修手册）。如果大于规定值，则测试线束连接器搭铁端子电路是否开路或电阻过大。

（6）将点火线圈从发动机上拆下，连接线束，拆下燃油泵保险丝，起动发动机再次进行高压**跳火试验**，如果发现无火花或弱火花，则更换点火线圈。

3）单缸缺火故障的检修方法

经发动机高压**跳火试验**，个别汽缸无高压火的，可以参照以下步骤进行诊断：

（1）连接故障诊断仪，通过发动机故障自诊断系统检测是否有故障码。如果存在故障码，则可按显示的故障码查找故障部位。如果故障码提示某个缸存在缺火记录的，可以参考下列步骤继续诊断。

小提示：例如，别克某发动机控制模块可以确定缺火的是哪个汽缸，则设置该汽缸的故障诊断码，且停用相应的喷油器。如果不是当前缺火，曲轴转 4 转后发动机控制模块将重新启用该燃油喷油器。如果不是当前缺火且车辆装备手动变速器，曲轴转 8 转后发动机控制模块将重新启用该喷油器。

（2）检查点火线圈套管是否存在穿孔、裂口、漏电痕迹、机油污染或进水，如果发现上述任何故障，根据需要进行修理。

（3）点火开关置于 OFF 位置，将火花塞从缺火汽缸上拆下。检查火花塞是否存在受汽油、冷却液或机油污染，是否开裂、磨损或间隙不正确，如果火花塞有故障，则更换火花塞。

（4）将可疑火花塞与另一个正常工作汽缸的火花塞进行交换。

（5）发动机怠速时，观察故障诊断仪"Misfire Current Counter（当前缺火计数器）"参数。缺火现象应不随火花塞的交换而转移，若缺火现象与火花塞有关，则更换火花塞。

（五）尾气分析在汽车故障检测诊断中的应用

车辆使用过程中总会出现方方面面的故障，并且机械、电控、燃油、润滑和冷却等故障交织在一起，而不是单一地发生在电控系统中，以至于采用故障检测仪在车辆的故障自诊断系统中读不出故障代码，形成了所谓的疑难故障，破坏了发动机的整机性能，引发尾气排放超标，因此利用尾气分析仪检测尾气状况，可以确定车辆的健康状况和故障发生部位，从而准确、快速地排除故障。

1. 汽车排放物的生成原因及正常排放值

1）汽车排放物的生成原因

（1）尾气中 CO_2 的浓度可以反映出燃烧的效率。当发动机中的混合气充分燃烧时，CO_2 的浓度将达到峰值。不管是否装有三效催化转化器，峰值均为 13%～16%，在点火失灵或发动机故障被排除之后，通过 CO_2 的读数，便可以检测出混合气燃烧的好坏，当混合气变浓或变稀时，CO_2 值均会降低。

（2）O_2 是反映空燃比的最好指标，燃烧正常时，排气中应含有 1%～2% 的 O_2。O_2 的读数小于 1% 说明混合气太浓了，O_2 的读数大于 2% 表示混合气太稀。造成这种现象的原因很多，汽油滤清器滤芯太脏、汽油压力低、喷油器堵塞、真空泄漏、EGR 阀泄漏等，都可能导致混合气过稀。如果混合气浓，O_2 的读数就低，CO 的读数就高；反之，混合气稀，O_2 的读数就高，CO 的读数就低，若混合气偏向失火点，O_2 的读数会上升得很快，同时，CO 值低，HC 值高而且不稳定。

（3）HC 的读数高，则说明汽油没有充分燃烧。尾气中的 HC 主要由燃烧室壁面的激冷而形成。汽缸压缩压力不足、发动机温度过低、油箱中油气蒸发、混合气由燃烧室向曲轴箱泄漏、混合气过浓或过稀、点火不正时、点火间歇性不跳火、温度传感器不良、喷油器漏油或堵塞、汽油压力过高或过低等因素都将导致 HC 读数过高。

（4）CO 是因为燃烧引起的。混合气过浓将产生大量的 CO，混合气过稀引起失火将生成过多 HC。高 CO 表示燃油系统发生了故障，如混合气不洁净、活塞环胶结阻塞、汽油供应太多、空气太少、点火太早等。如果电喷发动机的 CO 过高，很可能是喷油器漏油、汽油压力过高或电控系统产生了故障。

（5）NO_x 是空气中的 N_2 和 O_2 在发动机高温、高压下的燃烧产物。燃烧温度越高，燃烧越充分，形成的 NO_x 也就越多。

（6）过量空气系数可以直观地告诉我们空燃比的情况，值为 0.97～1.04，可以看成是理想的匹配；大于该值，说明空燃比过大，混合气过稀；小于该值，则为空燃比过小，混合气过浓。理想的空燃比为 14.7:1。

2）正常排放值

汽车正常运行，发动机尾气排放中 CO、CO_2、O_2、HC 的含量之和应为 15%～16%。

（1）怠速工况的正常排放值。发动机怠速工况下，尾气排放物含量正常值应见表 6-2。

表 6-2   发动机怠速工况下尾气排放物含量正常值

排 放 物	排放物含量	
	催化转化前	催化转化后
CO	0.8%～1.5%	<0.1%
CO_2	13%～16%	13%～16%
O_2	1%～2%	1%～2%
HC	$<300\times10^{-6}$	$<50\times10^{-6}$

（2）发动机转速在 2000r/min 时的正常排放值。发动机转速在 2000 r/min 时，即中等转速工况下，尾气排放物含量正常值应见表 6-3。

表 6-3   发动机转速在 2000 r/min 时尾气排放物含量正常值

排 放 物	排放物含量	
	催化转化前	催化转化后
CO	<0.8%	<0.1%
CO_2	13%～15%	13%～16%
O_2	1%～2%	1%～2%
HC	$<300\times10^{-6}$	$<50\times10^{-6}$

2. 尾气分析测试方法

1）正常测试方法

（1）发动机故障指示灯指示正常。

（2）发动机温度正常。

（3）加速至额定功率时转速的 70%，维持 60 s。

（4）保持发动机额定转速的 50%。

（5）将废气测试管插入排气管中 400 mm，保持 15 s。

（6）读取 30 s 内平均值。

（7）怠速运转 15 s。

（8）读取 30 s 内平均值。

2）汽缸与冷却水道泄漏测试

（1）打开散热器盖。

（2）发动机达到正常温度。

（3）在散热器盖口用废气测试管测试。

（4）读取 HC 值。

（5）若有升高，说明汽缸衬垫损坏。

3）燃油蒸发排放控制系统泄漏测试（EVAP）

（1）在汽油泵处测试 HC。

（2）在活性炭罐处测试 HC。

（3）在油箱盖处测试 HC。

（4）在油管接头处测试 HC。

（5）在油箱密封处测试 HC。

4）曲轴箱通风装置测试（PCV）

（1）发动机运转至正常温度。

（2）读取尾气中 CO 及 O_2 值。

（3）拆下 PCV 阀管路（靠近测试端）并读尾气中 CO 及 O_2 值，CO 值将减少 1%以上，O_2 值将升高。

（4）用手堵住 PCV 阀，读取 CO 及 O_2 应恢复正常。

（5）若按上述步骤检查 CO 及 O_2 值均无变动，表示 PCV 阀阻塞。

5）有三效催化转化器的测试

（1）发动机运转达正常工作温度。

（2）加速至额定转速的 50%，保持 2 min。

（3）测量排气，O_2 应在 1%左右，CO 值在 0.5%以下，表示三效催化转化器工作正常。

（4）加浓混合气，O_2 值慢慢下降，CO 值增高约 0.5%，表示系统工常。

（5）超出以上标准为不正常。

6）进行尾气检测时的注意事项

（1）要查看汽车制造厂的排放标签，使空气泵和空气喷射系统停止工作，对于装有三效催化转化器的汽车，如三效催化转化器工作正常，会减少 CO 和 HC，因此，应该测量未经转换的排气，将取样探头插到三效催化转化器之前，或 EGR 阀的排气口检测（有的厂家提供一个专用接口）。

（2）柴油机排出的高浓度有害物质，会很快堵塞整个废气取样系统，故尾气分析仪不应用于检测柴油机。

（3）发动机暖机后才能使用尾气分析仪进行尾气检测。

（4）进行尾气检测前，应对尾气分析仪作泄漏试验。

（5）不要在下雨、下雪、冰冻、通风不良的环境中进行尾气检测。

（6）读取测量数据前，不要让发动机怠速运转时间过长。

（7）在进行变工况测试中，要让加速踏板稳住后再读取测量数据。

3. 尾气分析的项目和基本规则

1）尾气分析的项目

尾气分析不仅是检查排放污染物治理效果的唯一途径，而且还是对发动机工作状况及性能判定的重要手段。尾气分析是在发动机不同工作状况下，通过检测废气中不同成分气体的含量来判断发动机各系统故障的方法，其目的是对发动机的燃烧状况进行综合评价。主要分析内容有混合气空燃比、点火正时及三效催化转化器转化效率等，主要分析的参数有 CO、HC、CO_2 和 O_2，还有空燃比（A/F）或过量空气系数 λ。废气分析项目见表 6-4。

2）废气分析的基本规则

（1）HC 和 O_2 的读数高，是由点火系统不良和过稀的混合气失火而引起的。

表 6-4　废气分析项目

系统类型	有害气体		无害气体		其他参考值
无三效催化转化器	HC	CO	CO_2	O_2	A/F
有三效催化转化器			CO_2	O_2	A/F

（2）当测试的 CO、HC 高，CO_2、O_2 低时，表明发动机工作混合气很浓。

（3）如果燃烧室中没有足够的空气（氧气）保证正常燃烧，通常情况下，CO_2 的读数和 CO、O_2 的读数相反。燃烧越完全，CO_2 的读数就越高，其最大值在 13%～16%，此时 CO 的读数应该是或接近 0%。

（4）O_2 的读数是最有用的诊断数据之一。O_2 的读数和其他 3 个读数一起，能帮助找出诊断问题的难点。通常，装有催化转换器的汽车的 O_2 的读数应该是 1.0%～2.0%，说明发动机燃烧很好，只有少量未燃烧的 O_2 通过汽缸。如果 O_2 的读数小于 1.0%，则说明混合气太浓，不利于很好的燃烧。如果 O_2 的读数超过 2%，则说明混合气太稀。汽油滤清器堵塞、汽油压力低、喷油器阻塞、真空系统漏气、废气再循环（EGR）阀泄漏等都可能导致混合气过稀失火。

（5）利用功率平衡试验（根据制造厂的使用说明）和四气体排气分析仪的读数，可以指出每个缸的工作状况。在进行发动机功率平衡试验的同时，测量发动机尾气排放，如果每个缸 CO 和 CO_2 的读数都下降，HC 和 O_2 的读数都上升，且上升和下降的量都一样，则证明每个缸都工作正常。如果只有一个缸的变化很小，而其他缸都一样，则表明这个缸点火或（和）燃烧不正常。一个调整好的电控汽车排放量中，HC 大约为 55×10^{-6}、CO 低于 0.5%、O_2 为 1.0%～2.0%、CO_2 为 13%～16%。

利用四气尾气分析仪所检测得到的排放物含量数值，可以综合分析发动机故障，见表 6-5。

表 6-5　四气排放状况与发动机故障综合分析

CO	CO_2	O_2	HC	可能的原因
低	低	低	很高	间歇性失火、汽缸压缩压力不正常
很高	低	低	很高/高	混合气浓
很低	低	很高/高	很高/高	混合气稀
高	正常	正常	低	点火太迟
低	正常	正常	高	点火太早
变化	低	正常	变化	EGR 阀泄漏
很低	很低	很高	很低	空气喷射系统故障
低	低	高	低	排气系统漏气

在断开空气喷射系统的条件下，利用五气尾气分析仪所检测得到的排放物含量数值，

可以综合分析发动机故障，见表6-6。

表 6-6 五气排放状况与发动机故障综合分析

CO	CO_2	O_2	HC	NO_x	可能的原因
很高	很低	很低	很高	很低	节温器或冷却液温度传感器故障（发动机在冷态运转）
很低	很高	很低	很低	很高	节温器或冷却液温度传感器故障（发动机在冷态运转）
很低	很低	很高	很低	很低	三效催化转化器后漏气
很低	很高	很高	很低	中	喷油器故障，三效催化转化器工作有效
很高	很高	很高	很高	很高	喷油器故障；三效催化转化器未工作；真空泄漏；混合气浓
很高	很低	很低	低	很低	混合气浓；喷油器泄漏；化油器调整不当；功率阀泄漏；油面过高（油压高）；空气滤清器过脏；燃油蒸发排放控制系统故障；PCV阀系统故障；电控系统故障；曲轴箱被未燃汽油污染
高	很低	很低	低	很高	同上栏原因且三效催化转化器未工作
很高	很低	很高	很高	很低	混合气浓且点火系统失火
很低	很低	很高	很高	很高	混合气稀；点火失火；真空泄漏或空气流量传感器与节气门体间的管路漏气；EGR不良或真空管安装错误；化油器调整错误；喷油器不良；氧传感器不良或故障；电控系统故障；油面过低（或汽油压力低）
低	很低	很低	低	低	汽缸压缩压力低；气门升程不足
低	很低	很低	低	很高	点火太早；高压线与地短路或开路
低	很低	很低	低	高	电控系统对真空泄漏补偿
很低	很高	很低	很低	很低	燃烧效率高且三效催化转化器工作有效

 四、练习题

（一）判断题

1．在无分电器点火系统（一个点火线圈驱动二个火花塞）中，一缸火花塞无间隙短路，那么相应的另一缸火花塞也将无法跳火。（ ）

2．双缸同时点火系统中，其中一个为有效点火，另一个为无效点火。（ ）

3．采用爆震传感器来进行反馈控制，可使点火提前角在不发生爆震的情况下尽可能地增大。（   ）

4．为了稳定发动机转速，点火提前角不需要根据喷油量的变化进行修正。（   ）

5．点火系故障不会导致油耗过高。（   ）

6．单缸断火某一缸时，发动机运转变化，则说明该缸没有参与工作。（   ）

7．在发动机处于冷态或预热不够充分，没有达到正常工作温度的状态下测得的尾气参数，对故障没有分析价值。（   ）

8．在进尾气分析时，应该将国家标准中规定的排放限值作为诊断标准。（   ）

9．进行尾气分析时，一般要求在热机怠速并且无额外负载的条件下测试尾气。（   ）

10．AJR发动机电控点火系统的组成元件主要有点火线圈总成、分缸线、火花塞、爆震传感器等。（   ）

（二）选择题

1．一般来说，缺少了（   ）信号，电控点火系统将不能点火。

    A．进气量　　　　　　B．水温　　　　　　C．节气门开度　　　　D．上止点位置参考

2．混合气在汽缸内燃烧，当最高压力出现在上止点（   ）时发动机输出功率最大。

    A．前 10°～15°　B．后 10°～15°　C．前 5°～10°　　　D．后 5°～10°

3．当ECU根据爆震传感器信号判定发动机发生爆震时，立即把点火时刻（   ）。

    A．推迟　　　　　　　B．提前　　　　　　C．固定　　　　　　　D．不确定

4．当切断良好喷油器一缸的点火后，会引起排气中（   ）读数明显增高。

    A．CO　　　　　　　B．HC　　　　　　　C．CO_2　　　　　　D．SO_2

5．丰田发动机的自诊断系统检测到某缸断火时，系统同时会控制该缸喷油器（   ）。

    A．多喷油　　　　　　B．少喷油　　　　　C．断油　　　　　　　D．不确定

6．下列（   ）原因不可能会导致发动机断火。

    A．初级点火线圈短路　　　　　　　B．火花塞间隙大

    C．初级电流大　　　　　　　　　　D．分缸线漏电

7．当用四气体分析仪测试汽车尾气时，甲说：当混合气浓时 O_2 的读数就低；乙说：混合气浓时 CO 的读数就高。试问谁正确？（   ）

    A．甲正确　　　　　B．乙正确　　　　　C．两人都正确　　　D．两人都不正确

8．当从示波器上观察点火波形时，某一个缸的点火电压较低，可能是以下哪些原因引起的？（   ）

    A．火花塞漏电　　　　　　　　　　B．次级电路电阻太大

    C．混合气过稀　　　　　　　　　　D．该汽缸的压缩压力较高

9．如果混合气浓，排气中（   ）。

    A．O_2 的读数就低，CO 的读数就高

    B．O_2 的读数就高，CO 的读数就低

    C．O_2 和 CO 的读数都低

　　D．以上都不对

10．汽车正常运行，发动机排气中 CO、CO_2、O_2、HC 的含量之和应为（　　　）。

　　A．15%～16%　　　B．21%～23%　　C．100%　　　　　　D．以上都不对

（三）简答题

1．简述电控点火系统的控制内容。

2．电控点火系统是如何确定点火提前角的？

3．如果时超 AJR 发动机不能起动，如何对点火系统进行诊断？

项目七

发动机电控系统常见故障检修

一、项目描述

发动机电控系统常见故障检修包括发动机不能起动故障检测与排除、发动机怠速不稳故障检测与排除等任务，通过本项目的学习，应达到以下要求。

1. 知识要求

（1）掌握发动机不能起动的故障诊断与检修（诊断流程、检测项目记录、故障排除分析）。

（2）掌握发动机怠速不稳故障的诊断与检修（诊断流程、检测项目记录、故障排除分析）。

（3）了解发动机油耗异常的诊断与检修。

（4）了解发动机加速不良故障的诊断与检修。

（5）掌握发动机电控系统常见故障的诊断方法。

2. 技能要求

（1）正确使用常用工具和专用工具。

（2）能正确使用各种检测设备，快速准确排除发动机不能起动故障，正确记录相关数据，并准确叙述诊断分析思路。

（3）能正确使用各种检测设备，快速准确排除发动机怠速不稳故障，正确记录相关数据，并准确叙述诊断分析思路。

3. 素质要求

（1）5S。① SEIRI（整理）；② SEITON（整顿）；③ SEISO（清扫）；④ SEIKETSU（清洁）；⑤ SHITSUKE（自律）。

（2）劳动保护与安全操作。

①　拆燃油系统元件前，必须关断点火开关，拆下蓄电池负极接线柱。

②　在拆卸喷油器之前，要在燃油分配管周围放上抹布，以便及时吸附外泄的燃油，安装喷油器时，注意不能损坏喷油器两端的 O 形密封圈，为了便于装配，要在 O 形密封圈上涂少量润滑油。

③　在检修汽油供给系统时，应先目视各有关插接器有无脱落、熔丝有无烧断、管路有无漏泄等现象。切不可轻易大拆大卸，那样可能会造成新的故障。

④　拆下的元件应进行妥善保管，不能随意放置，维修过程中，拿电子元件（ECU、传感器等）时，要非常小心，不能让它们掉到地上。

⑤　在起动发动机之前，确保没有汽油遗漏在发动机机体上，确保分缸线连接良好，否则容易着火。

⑥　在发动机运转或用起动机带动发动机运转时，都不要去触碰或拔下高压线。

⑦　当发动机高速运转时，严禁用手触摸发动机轮系、旋转元件。

⑧　当断开和接上插接件时，一定要将点火开关置于关闭位置，否则会损坏电器元件。

⑨　在检查电路故障时，不能用传统的刮火方式来检查电路是否通断，否则容易损坏电器元件。

⑩　如果在系统加电正常的状态下，任何时候不要用手触摸发动机冷却风扇，因为冷却风扇会有突然起动的可能性。

（3）环境保护。

（4）团队协作。

（5）组织沟通能力。

（6）规范操作。

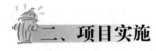

二、项目实施

任务一　发动机不能起动故障检测与排除

1.　训练目标与要求

能正确检测并排除发动机不能起动故障，完成学习工作单。

2.　训练设备

（1）每组准备一台完好的发动机台架或实车。

（2）每组准备好一个完好的万用表、诊断仪、油压表、维修手册和常用工具箱等。

（3）教师在发动机上设置一不能起动故障。

3.　训练步骤

（1）起动发动机，观察发动机的故障现象，填写学习工作单。

（2）按照学习工作单所示基础性检查项目进行检查，并填写学习工作单相应内容。

（3）连接诊断仪，读取故障码，并填写学习工作单相应内容。

（4）按照学习工作单要求检测 ECU 电源熔丝、油泵熔丝、油泵继电器、油泵线束接头、油泵搭铁线、转速传感器、喷油器熔丝等项目，并填写学习工作单相应内容。

（5）对检测结果进行综合分析，确定故障元件部位，排除故障，填写学习工作单。

（6）重新起动发动机，使用诊断仪读取/清除故障码，验证故障排除结果，填写学习工作单。

（7）根据故障现象和检测过程总结故障诊断与排除思路，填写学习工作单。

（8）5S。

任务二　发动机怠速不稳故障检测与排除

1. 训练目标与要求

能正确检测并排除发动机怠速不稳故障，完成学习工作单。

2. 训练设备

（1）每组准备一台完好的发动机台架或实车。

（2）每组准备好一个完好的万用表、诊断仪、示波器、尾气分析仪、真空表、油压表、维修手册和常用工具箱等。

（3）教师在发动机上设置一个怠速不稳故障。

3. 训练步骤

（1）起动发动机，观察发动机的故障现象，填写学习工作单。

（2）连接诊断仪，读取故障码，并填写学习工作单相应内容。

（3）按照学习工作单要求检测发动机转速，喷油时间，进气量，节气门开度，氧传感器信号，水温，进气温度，尾气中 HC、CO、O_2、CO_2，进气管真空度，油压等重要数据流状态，并填写学习工作单。

（4）按照故障码和数据流的结果初步分析故障，并检测相应的元件或部位，填写学习工作单所示检测项目内容。

（5）对检测结果进行综合分析，确定故障元件部位，排除故障，填写学习工作单。

（6）重新起动发动机，使用诊断仪读取/清除故障码，检测原有不正常检测项目，验证故障排除结果，填写学习工作单。

（7）根据故障现象和检测过程总结故障诊断与排除思路，填写学习工作单。

（8）5S。

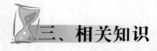

三、相关知识

（一）发动机正常工作的三个要素

电控汽油发动机要正常工作，需要符合以下三个要素：①强且正时的高压火花；②合适的空燃比；③足够的汽缸压力。在对发动机不能起动和运行不稳等故障进行诊断时，需要对这三个要素进行综合分析。首先要判断故障出在这三个方面的哪一方面，一般从点火系统入手，先看高压火，再看是否有油喷入汽缸。当然，可先看有无喷油信号（可用发光二极管灯等检查），油泵能否建立一定油压（可采用倾听油泵运转声音、脉动衰减器螺钉张力法、拆进/回油管查看、用油压表测量等方法检查）。当怀疑无油供给时，可在进气口喷化油器清洗剂，然后看能否起动，如能起动，为燃油供给系统的故障。有火有油时看点火正时，火花强不强，如果异常，要细查点火系统；再拆检火花塞有无"淹死"，如果异常要检查空燃比是否正常。如火花塞没有"淹死"现象，在进气口喷化油器清洗剂也不能起动，高压火花强且正时，就检查排气管有无堵塞，最后测量汽缸压力。如起动时有着车征兆但不能起动，伴随有排气"突突"声，车身抖动或冒黑烟或回火放炮等现象，可立即检查点火正时和高压线是否接错，接着检查混合气是否过浓或过稀，再查排气堵塞、气缸压力等。

（二）汽油机电控系统主要元件的故障现象

汽油机电控系统的各项功能是由许多元件相互配合完成的，如果元件发生故障，必将影响整个系统的工作，但是，并不是所有的元件故障都会导致发动机不能起动。因此，了解汽油机电控系统主要元件发生故障时的表现是正确、迅速地诊断故障的基础，这在电控发动机维修中是非常必要的。

例如，当发动机无高压火，也不能因为爆震传感器是点火系统的元件而首先就对它进行检查，而应抓住问题的关键，才能有的放矢，尽快诊断出故障。汽油机电控系统主要元件的故障现象如表 7-1 所示。

表 7-1　汽油机电控系统主要元件的故障现象

序号	元件名称	功能	故障现象
1	热线式（或热膜式）空气流量计（LH 型电控系统用）	该型空气流量计利用空气流经热线（或热膜）会产生冷却效应的基本原理来测量空气流量并输入 ECU，以决定基本喷油量和点火提前角	①发动机起动困难；②怠速不稳；③发动机易熄火；④发动机动力不足
2	进气歧管绝对压力传感器（博世 D 型电控系统）	在博世 D 型电控系统中，通过真空管与进气管连接所形成的负压大小测量进气量，进气歧管绝对压力传感器将相应的电压信号输入 ECU，以供决定点火与燃油喷射系统基本参数	①发动机不易起动；②发动机运转无力；③发动机怠速不稳；④发动机油耗增加
3	节气门位置传感器（线性）	节气门位置传感器检测节气门的开度和开、闭速率，ECU 根据此信号判断发动机的怠速、加速、减速等工况，修正喷油量	①发动机起动困难；②怠速不稳，易熄火；③发动机工作不良；④加速性差；⑤发动机动力性能下降
4	进气温度传感器	利用进气温度改变内部的热敏电阻所形成的对应电压信号输入 ECU，以供 ECU 修正点火、喷油正时及进行喷油量修正	①怠速不稳；②易熄火；③耗油量大；④起动困难；⑤混合气过浓；⑥发动机性能不佳
5	冷却液温度传感器	利用冷却液温度改变内部热敏电阻值的大小所形成的对应电压信号输入 ECU，以作为点火与喷油正时调整，修正喷油量，进行冷起动加浓等	①起动困难，特别是冷起动；②怠速不稳、易熄火；③发动机性能不佳
6	怠速控制阀	ECU 根据发动机各传感器的信号，指令怠速电动机作出相应动作，决定旁通空气量，以修正喷油量	①起动困难；②怠速不稳；③容易熄火；④开空调易熄火；⑤怠速过高；⑥发动机易失速

（续）

序号	元件名称	功能	故障现象
7	怠速电动机位置传感器	怠速电动机位置传感器是利用电位计监测怠速电动机位置，并以电压信号输入ECU，以供修正混合比	①怠速不稳；②容易熄火，不易起动；③加速不良
8	氧传感器	用来监测排气歧管中的氧含量，以供ECU修正和调整空燃比	①怠速不稳，耗油量大；②空燃比不当，有害气体的排放高
9	曲轴箱通风阀（PCV阀）	曲轴箱通风阀开启时，将曲轴箱内的燃油、机油蒸气和燃烧气体漏入曲轴箱的废气引入进气管，以降低废气排放	①发动机不易起动；②无怠速或怠速不稳；③加速无力、耗油增加
10	废气再循环阀（EGR阀）	控制废气引入燃烧室的量，从而降低发动机的温度，以减少NO_x排放量	①发动机温度过高；②发动机不易起动；③发动机无力、耗油量大；④爆震；⑤加速不良；⑥排气中NO_x含量高；⑦减速熄火
11	炭罐电磁阀	发动机起动后，ECU指令炭罐电磁阀动作，使炭罐内的燃油蒸气经由电磁阀进入燃烧室	①发动机性能不佳；②怠速不良；③空燃比不正确
12	爆震传感器	爆震传感器检测到爆震信号，将信号送入ECU，以修正点火正时	①发动机爆震，特别是加速时爆震；②点火正时不准，发动机工作不良
13	曲轴位置传感器	利用电磁感应（或霍尔效应）将曲轴转速与上止点信号输入ECU，作为点火正时与喷油量控制的主信号	①发动机无法起动或起动困难；②加速不良；③怠速不稳；④容易熄火，间歇性熄火
14	电动燃油泵	燃油泵在接通点火开关后，可运转2s～3s，以补充系统初始压力；起动后，向系统连续供油	①发动机起动困难，甚至无法起动；②发动机起动后熄火或运转途中熄火；③发动机运转无力，汽车加速性差
15	燃油滤清器	燃油滤清器用来滤去燃油中的杂质	①发动机无法起动，或起动困难；②发动机工作不良，运转不稳；③发动机运转中有"打嗝"现象；④喷油器堵塞；⑤发动机运转无力，汽车加速性差
16	燃油压力调节器	燃油压力调节器用以调整系统压力，使其稳定供油	①起动困难、怠速不稳、易熄火；②运转无力、供油不足；③发动机排气冒黑烟
17	喷油器	根据ECU发出的喷油脉冲信号，向进气歧管喷入适量的燃油	①发动机起动困难，或无法起动；②发动机工作不稳、抖动；③怠速不稳；④容易熄火；⑤排气冒黑烟，排污增加
18	点火线圈	接收从点火器（模块）送来的放大信号，产生初级与次级电流	①无高压火花；②高压火花强度不足；③发动机无法起动
19	点火器	接收点火信号发生器或ECU发出的点火信号并将点火信号放大后，控制点火线圈初级电路的通断	①无高压火花；②高压火花弱；③闭合角值混乱；④发动机难起动
20	发动机ECU	根据各传感器输入的信号，进行综合处理，发出各种补偿修正信号	①发动机无法起动；②发动机工作不良、性能失常

（三）电控发动机故障诊断的程序和分析方法

1. 故障诊断的基本程序

故障诊断的基本程序如图 7-1 所示。

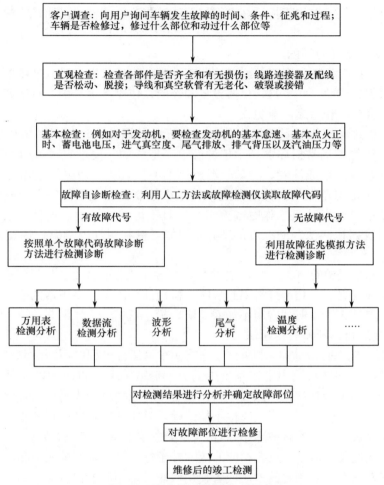

图 7-1 汽车故障诊断基本程序

2. 故障诊断的常用方法

1）直观检查法

直观检查也叫感官法检查。即通过外部检验，利用人体的感觉器官看、听、摸、闻，从而根据汽车故障现象分析故障原因，判定故障之所在。感官法往往是进行故障诊断的第一步，其目的是为了在进入更为细致的**检测**和诊断之前，能够消除一些一般性的故障因素。

（1）看。

① 看清是什么车型、哪年款式、发动机和变速器等的型号，必要时要记下原始型号、代号或编号，以便于后面的故障诊断。

② 看停驶状态下汽车的状况。在车下**检查**有无漏油、漏液，连接部件有无松动，线

229

束是否有弯曲、折断处，导线连接器处是否脱落，熔断器是否松动、烧断。散热器是否太脏，油管是否弯曲、变瘪，节气门拉线、拉杆是否调整得太松或太紧，调节螺钉是否松动。这些检查一定要认真仔细。当然不可否认的是经验在这一环节起着很重要的作用。

③ 看工作状态下发动机的状况。在发动机工作时，观察发动机转速、声响、振动等是否有异常变化，仪表盘故障指示灯有无提示或警告，冷却液、汽油量等油液量是否在规定的范围内。

④ 看发动机排气的颜色。

（2）听。所谓听就是利用工具或直接监听，判断工作状态或异响产生的部位，并分析可能产生的原因。借助一些工具、仪器设备和经验，使诊断更准确。听诊要注意不同工况交叉，进行综合分析和考虑，避免误诊。

（3）摸。通过触摸来感觉温度变化和电气元件的温度。油温对各工作装置的影响很大，很多运动件的不正常损坏都是由于油温过高造成的。反过来，运动件运动不畅也会造成油温过高，当然造成油温、冷却液温度高的原因较多，故障原因不尽相同。用手触摸的另一个作用是感觉电气元件的温度，如点火控制器、电磁阀等，检查其是否过热。需要特别注意的是，发动机工作时温度很高，且不可随便触摸，这种方法有其局限性。建议尽量采用仪器检测法判断温度的变化，例如可以利用红外测温仪快捷地检测出温度的变化。

（4）闻。闻就是检查有无异味，通过闻可以感知故障的产生，如导线有无过热熔化，或高温使导线外皮烧焦；胶带打滑引起异味；机械部件磨损、不正常的摩擦产生异味；各种油液变质出现异味等。但其应用不如看、听、摸广泛。

2）原车故障自诊断系统诊断法

ECU 内部一般都有故障自诊断电路，它能在车辆运行过程中不断监测汽车电控系统各部分的工作情况，并能检测出电控系统中的大部分故障，并将故障以代码的形式存储在 ECU 的存储器内，多数情况下，只要不拆下蓄电池，这些故障代码将一直保存在 ECU 内，有些车辆即使拆下蓄电池，故障代码也不能清除，只能使用相应的检测设备进行清除。当代车辆一般在仪表板上设置有故障指示灯，如 CHECK ENGINE 灯，如果 ECU 发现电控系统中有异常情况便发出信号，点亮相应的故障指示灯，以告诉驾驶人员和维修人员系统存在故障。维修人员可按照特定的方法或者使用汽车故障电脑检测仪读取相应的故障代码，分析判断故障类型和范围。

故障代码的读取方法有两种：一种是利用汽车故障电脑检测仪；一种是采用人工的方法（随车故障自诊断）。各种故障代码的读取方法均不尽相同，请维修人员参照各车型的维修手册进行。

3）故障征兆模拟法

汽车的很多故障是在特定的环境和状态下才发生的，一旦故障的条件不满足，对外便没有故障现象，此时可以利用故障征兆模拟的方法进行检测诊断。故障征兆模拟的方法，实际上就是以调查研究和科学试验的方式，让待检修车辆以相同或相似的条件和工作环境再现其故障，然后经过模拟验证和分析判断后，确切诊断出故障原因和部位。常用的故障征兆模拟方法主要有以下几种。

（1）环境模拟方法。汽车有些故障是发生在特定环境中的。例如，发动机冷车时无故障，暖车后故障症状出现；行驶时有故障，而停驶时诊断却无故障；当出现故障后，汽车在平坦道路与坎坷道路上行驶时，故障症状表现不一致；在清洗汽车后或雨天时，发动机出现运转不平稳、产生喘抖等现象。

这些特定的外界环境，使电控系统产生故障的主要是由于电子元器件对颠簸、发热和潮湿等因素非常敏感所致。对由环境因素所造成的故障，一般常用以下3种环境模拟法进行诊断。

① 振动模拟方法。如图7-2所示，针对某些怀疑有故障的元器件、线束、导线连接器、传感器和执行器等进行敲打（用锤柄敲击、用手拍打）和摇摆（导线及导线连接器进行垂直、水平方向摇摆和前后拉动），以检查是否存在虚焊、松动、接触不良和导线断裂等故障。操作时注意不可用力过大，以免损坏电子器件，尤其在拍打继电器部件时，千万不可用力过度，否则，将会引起继电器开路。利用振动法进行模拟检测时，应随时注意被检装置的工作反应，以确定故障部位。如果在振动某一元件时故障再现，则说明该故障与此元件有关。

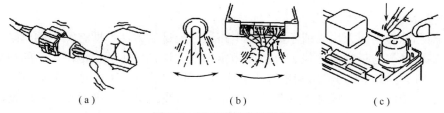

$$(a)\qquad\qquad(b)\qquad\qquad(c)$$

图7-2　振动模拟方法举例

（a）轻轻摇动；　（b）轻轻摆动；　（c）轻拍振动。

② 加热模拟方法。如果有些故障只是在热车时才出现，可能是因有关零部件或传感器受热而引起的。此时应针对某些怀疑有故障的元器件、线束、导线连接器、传感器和执行器等进行局部加热，检查故障是否出现。加热器具宜选用电热风机或类似的加热器，加热时不可直接加热ECU中的电子元器件，加热温度不得高于80℃。在电控系统出现软性故障（车辆起动后或电子设备开机后，经过一段时间故障才出现）时，说明有电子元器件出现软击穿（达到一定温度后异常，冷却后又恢复正常）故障，这时应根据故障出现的征兆，初步确定需要加热的部位或元器件，在起动或开机的状态下，用20W的电烙铁进行烘烤，顺序是先晶体管和集成块，后阻容元件。当烘烤到哪个部位或元件时故障出现，说明该部位或元件与车辆故障有关，应更换该元件。

③ 加湿模拟方法。当故障发生在雨天或洗车之后时，可使用加湿模拟方法（用水喷淋汽车外部）进行高湿度环境模拟试验。注意：喷淋前应对电子设备予以保护，以免积水锈蚀电子设备；喷水角度应尽量喷到空中，让水滴自由落下，千万不可将水直接喷淋在相关零部件上。当对车辆进行喷淋之后，如果故障再现，此时可以沿着水迹确定故障部位和元件。

（2）增减模拟方法。在电控系统故障的检测诊断中，针对油路和电路故障常采用增减模拟方法。它是利用油、电路中增减荷载模拟验证油、电路的故障症状，以诊断由荷载（负荷）而引起的故障。由荷载（负荷）大小所造成的故障，必须在与产生故障时相似的荷载条件下再现，一般常用以下两种增减模拟方法进行检测诊断。

① 增加模拟方法。当怀疑故障可能是由于油路荷载过大而引起，而故障症状的表现又不明显时，可采用增加模拟法来进行模拟验证，即不断增加油路的荷载，使故障部位和症状充分显示出来，便于进行检测诊断。对于电路中由于用电负荷过大而引起的故障，可以接通车辆所有的用电设备，如加热器、刮水器、鼓风机、空调、冷却风扇和前照灯等，在增加负荷的情况下，检查是否发生故障，以便进行检测诊断。

② 减少模拟方法。在检测由于局部电路短路引起负荷过大并烧断熔丝的故障时，常采用减少模拟法来模拟诊断。此时只要将各路负载逐一减少，一般就会很快找到短路的故障部位。当某一个局部电路出现短路故障时，通过它的电流就会大大增加。这时如果采用其他方法检测，在检测时间较长时就会导致其他故障（烧坏元器件）。使用减少模拟法诊断，将一部分电路断开，用万用表测量电阻、电压和电流，以此来诊断故障。使用最多的是测量电流，观察总电流的变化，就可以诊断出故障的大致范围，又不至于损坏其他电路或电子元器件。如果断开被怀疑的某一电路后，总电流立即降为正常值，则说明故障就在这一电路中。

4）电路检测法

电路检测法是利用万用表或示波器对电路进行测试的方法，即将测得的电阻、电压、电流、数字信号等与正常值比较、分析而做出判断。这是一种适用范围广泛的检测方法，如在 ECU 的信号输入端与输出端进行检测比较，可以判断出 ECU 是否有故障；对传感器与开关等进行检测，可以很好地判断其是否正常；对线路也可以进行测试和检查，看其是否有故障。使用这种方法的关键是掌握所检测车型的参数与电路图等资料。

5）按照故障症状诊断表诊断

汽车的故障较为复杂，一般具有非确定性的特征，其表现形式为某故障原因可能产生多个故障，或某个故障迹象可能由多个故障原因引起，即故障现象与故障原因之间不具有确定性的关系。这类故障多表现为既不能在故障代码诊断中得到证实，也不能在基本检查中得到证实的特征，这种情况可按照故障症状诊断表的编号顺序进行检查。多数车型的维修手册中均会给出本车型的故障症状诊断表，并给出相应的故障症状、检查顺序、需要检查的电路或零件名称、每个故障检查流程在维修手册中的页码。图 7-3 所示是天津一汽丰田威姿（VIZI）轿车 1SZ-FE 型发动机维修手册中给出的故障症状诊断表及相关说明。

此方法的优点在于可有效地缩小故障范围，迅速捕捉到故障部位，若结合某些先进的诊断仪器，不失为行之有效的方法之一。

6）其他常用诊断方法

（1）替换法。进行故障诊断尤其是电器和电路故障诊断时常用替换法，即采用同规格、功能良好的元件来替换怀疑有故障的元器件。若替换后，故障现象消失，则表明被替换的元件已损坏。

（2）断路法。断路法是将被怀疑的电器或电路的导线或连接器断开，然后再观察结果，并与未断开时的结果进行比较，或用万用表进行测量分析，这种方法用来检查搭铁十分有效，也广泛用于分析电子电路。

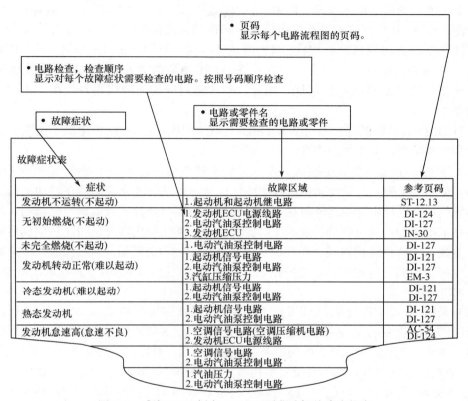

图 7-3　威姿(VIZI)轿车 1SZ-FE 型发动机故障症状表

（3）短路法。短路法是使用跨接线，将被怀疑的某一器件或某一部分电路短路，观察其结果并与短路前的结果进行比较，或用万用表进行测量分析来诊断故障。

（4）试灯法。试灯法就是用带电源或不带电源的测试灯来检查电器和电路故障。对带电源的测试灯，常用于检测模拟脉冲触发信号等；不带电源的测试灯，常用来检查电器和电路有无断路或短路故障。通过试灯的闪烁情况来判断 ECU 的输出控制信号是否正确、电磁阀是否损坏。例如，对电磁阀电路的检测常用试灯法。

无论用哪种方法，一定注意所测数据的前后对比，并做好保存，积累好资料，注意对故障分析的记录、整理，将思路搞清。在工作实践中，成功人士都是善于总结、积累，将自己遇到的故障、检测方法和排除过程认真加以总结，同时不断更新知识结构，使检测和维修水平得到提高。

（四）车载故障自诊断系统应用分析

1. OBD-Ⅱ车载故障自诊断系统

1）OBD-Ⅱ车载故障自诊断系统结构特点

1994 年，美国汽车工程师协会(SAE)在 OBD-I 标准（主要是当时的通用汽车公司和福特汽车公司的车载故障自诊断系统标准）的基础上，统一了故障代码和软硬件结构，制定了一套标准规范，即第二代车载故障自诊断系统(OBD-Ⅱ)，并要求各汽车制造厂依照 OBD-Ⅱ 的标准提供统一的诊断模式及统一的诊断插座，只需要一台故障诊断仪即可对各车种进行诊断检测。OBD-Ⅱ 具有监测发动机电控系统和排放系统部件的能力，如果某汽车的排放量超过该车型按美国联邦试验规程(FTP)测试年度允许标准值的 1.5 倍时，其 OBD-Ⅱ 的故障指示灯必须自动点亮；倘若某部件或 ECU 控制策略出了故障，导致排放超过这个水平，也必须自动点亮故障指示灯。同时，与故障对应的故障代码自动存入 ECU 的随机存储器中。

具有 OBD-Ⅱ 功能的电控系统与非 OBD-Ⅱ 系统相比，在 ECU 中增加了范围广泛的监测系统和控制策略，并增加或改变了以下硬件：

（1）增加一个加热型氧传感器。在三元催化转化器下游增加了一个加热型氧传感器(HO$_2$S)，如图 7-4 所示。当发动机进入闭环运行状态，三元催化转化器在发动机富氧运转时储存氧气，在发动机富油运转时放出所储存的氧气，以烧掉过量的碳氢化合物，使发动机在各种工况下均维持良好的排放水平。安装在三元催化转化器下游的加热型氧传感器就是用于监视三元催化转化器减少废气中有害物效率大小的监测器。当三元催化转化器的催化转化效率变小到一定程度后，故障指示灯就会自动点亮，同时相关的故障代码(DTC)自动存入 ECU 中。

（2）采用 16 针数据连接器(DLC)。OBD-Ⅱ 使用规则要求 DLC 必须采用 16 针的数据连接器(图 7-5)，且必须装在乘客视野外的汽车客舱内。SAE 对 16 针数据连接器中的多个端子的功能作了规定，如表 7-2 所列，表中制造厂应用（自定义）的端子由各个厂家规定。OBD-Ⅱ 的数据连接器具有数值分析资料传输功能，资料传输线有两个标准：ISO 标准引用 OBD-Ⅱ 数据连接器的 7 号端子和 15 号端子传输数据；SAE 标准(SAE J1850)利用 2 号端子和 10 号端子。

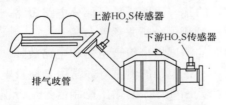

图 7-4　三元催化转化器下游氧传感器

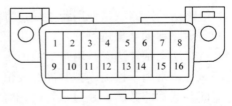

图 7-5　OBD-Ⅱ 的 16 针的数据连接器

（3）采用快存式电可擦除可编程只读存储器(FEEPROM)。FEEPROM 是带 OBD-Ⅱ 的 ECU 内部的一个集成电路芯片；芯片中包含了 ECU 用于动力控制的程序。若需对 ECU 中控制策略进行修改，不必更换 ECU，也无需将这种芯片从 ECU 上拆下来，可采用维修诊断系统(SBDS)通过数据连接器(DLC)对 FEEPROM 重新编程。例如，若针对某一种在加州销售的车型，欲刷新汽车标定值，这时就可用 SBDS 来擦除 FEEPROM，然后根据新的信息对 FEEPROM 重新编程。

2）OBD-Ⅱ 的功能及工作原理

要了解 OBD-Ⅱ 动作方式，必须先了解"OBD-Ⅱ 测试项目"、"测试结果"及"通信方式"。在 OBD-Ⅱ 中控制整个系统运作的元件为诊断执行器。依据车辆废气排放控制系统的数量，诊断执行器的废气系统监测器最多可进行 7 项废气系统的监测，另外可测试

表 7-2　标准 OBD-Ⅱ数据连接器各端子功能说明

车种　端子代号	通用	福特	克莱斯勒	奔驰	沃尔沃	丰田	三菱
1	—	—	—	DM7 号 HFM 15/1	—	—	触发发动机故障码
△2 SAE—J2012	"M"发动机资料	BUS ⊕	—	—	—	SDL	—
3	悬架	—	SRS—4 号	—	A2 号 BUS⊖	—	—
⊙4	搭铁	搭铁	搭铁	搭铁	搭铁	搭铁	搭铁
⊙5	搭铁	搭铁	搭铁	搭铁	搭铁	搭铁	搭铁
6	"B"触发	—	发动机 9 号	—	—	—	A/T 故障码 9 号
☆7 ISO—9141	—	—	发动机 30 号 ABS5 号	DM23 号/1	A6 号 BUS⊖	—	发动机资料 92 号
8	防盗	—	—	—	—	—	ABS 故障码 22 号
9	BCM 资料	—	—	DM 6/1 HFM 16/1	—	—	—
△10 SAE—J1012	—	BUSS	—	—	—	—	发动机资料 86 号
11	悬架	—	SRS	—	—	—	—
12	—	—	—	—	—	—	SRS 诊断 9 号
13	—	触发	—	—	—	—	定速 24 号
14	音响空调	—	—	—	—	—	—
☆15 ISO—9141	—	—	—	—	—	—	—
⊙16	B⁺	B⁺	B⁺	B⁺	B⁺	B⁺	B⁺

的第 8 项系统称为综合元件监测器(CCM)。综合元件监测用来监测包括发动机控制系统的各传感器。OBD-Ⅱ诊断执行器的监测功能如图 7-6 所示，图中的 8 项监测功能各自测试其系统是否正常，并将结果反馈到诊断执行器，由诊断执行器设定故障代码及控制故障指示灯。在诊断监测器进行测试前，会检查是否符合测试的"动作条件"，条件符合即进行监控测试，不符合则不执行测试的程序。

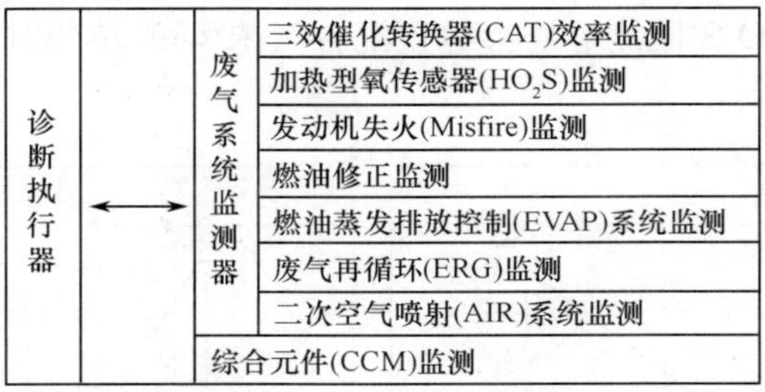

图 7-6　OBD-Ⅱ诊断执行器的监测功能

（1）三元催化转化器效率监测。OBD-Ⅱ的三元催化转化器效率检测，必须使用位于三元催化转化器下游加装的第二个加热型氧传感器(HO₂S)——三元催化转化器效率监测传感器。当三元催化转化器工作正常时，它能正常地储存氧气，下游氧传感器给出 HO₂S 电压信号变动频率比较低(图 7-7)，如果三元催化转化器工作不正常，下游氧传感器给出电压信号的频率就会升高，所以位于三元催化转化器上游的氧传感器的变动频率应远远高于下游的氧传感器，三元催化转化器监测器比较上游和下游氧传感器的变动次数来判定三元催化转化器是否老化。当下游氧传感器给出电压信号的频率达到一定值时，在 ECU 的 RAM 存储器中便设定一个故障代码。如果在 3 个连续的行驶循环（这是一种测试模式）中都发生上述同一故障，ECU 便点亮仪表板上的故障指示灯(MIL 灯)。

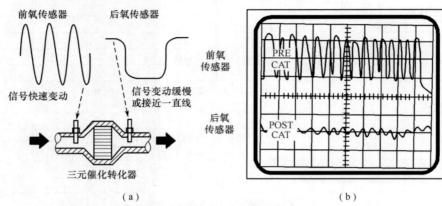

图 7-7　三元催化转化器效率的双氧传感器的监测示意图
（a）双氧传感器的监测；（b）前后氧传感器的波形比较。

　　（2）加热型氧传感器(HO₂S)监测。在每个行驶循环中，所有上游和下游氧传感器的输出信号至少要被加热型氧传感器(HO₂S)监测器监测一次。依照传感器的形式，HO₂S 监测器的监测方式也不尽相同，一般来说，HO₂S 监测器会监测上游和下游氧传感器的线路及 ECU 提供的参考信号线路是否断路或短路，三元催化转化器上游的氧传感器会监测其信号电压的高—低变化，以及切换频率。

　　HO₂S 监测器对上游 HO₂S 电压信号切换频率的测试，是通过 ECU 检查一固定时间内，HO₂S 信号电压跨跃中点(0.45V)的次数是否与内定值相吻合，如果发现其电压信号的切换频率过低，则表明该 HO₂S 有故障；HO₂S 监测器改变燃油供应量若干次并检验其响应，如 HO₂S 电压信号频率变化响应缓慢，也表明 HO₂S 有故障；HO₂S 信号的电压值是否过高也属监测范围；另外，HO₂S 监测器还会检查混合气浓/稀的转变时间，并与 ECU 内定的值进行比较，如图 7-8 所示。

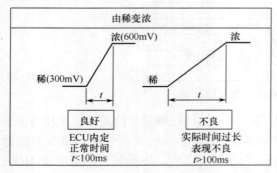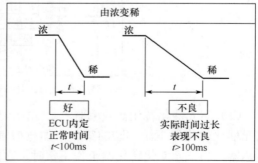

图 7-8　混合气浓度监测

236

三元催化转化器下游 HO_2S 的检测方式一般是以击穿(Pouch Out)测试进行，ECU 固定以浓/稀的方式供油，直到三元催化转化器无法进行氧化／还原反应时，三元催化转化器下游 HO_2S 也应有浓／稀电压信号的变化。HO_2S 监测器还检查下游 HO_2S 电压信号的频率，并检查其输出信号的电压是否过高。如果监测器发现信号频率不在指定范围内，便可认定该 HO_2S 出了故障；HO_2S 监测器命令 ECU 改变空燃比，当下游 HO_2S 传感器电压信号频率响应缓慢时，也认定该 HO_2S 有故障。

（3）发动机失火(Misfire)监测。如果某个汽缸的压力不足、喷油控制不精确、喷油雾化不良，或者点火不良等，混合气在汽缸中燃烧时就会导致发动机失火(Misfire)。假如某个汽缸失火，则未燃烧的碳氢化合物(HC)从汽缸内排出，进入三元催化转化器。当三元催化转化器把这些过多的 HC 转化成二氧化碳(CO_2)和水时，三元催化转化器的工作负荷增大，出现过热现象，加速三元催化转化器的失效。OBD -Ⅱ加设失火监测器的目的就是监测失火（燃烧不良）的汽缸，一旦发现某缸连续数次未点燃，ECU 根据发动机的即时工况，采取不同处理措施。

① 失火监测器的工作原理。失火监测器的工作原理是通过测出每个汽缸对发动机功率的贡献来判定每缸是否点燃。如果某汽缸正常点燃，那它就能提供正常的动力，与发火汽缸对应的曲轴加速度符合规定值；反之，若汽缸失火，就不能向发动机提供正常的动力，与该汽缸对应的曲轴加速度将下降。由此可见，只需测出某一时刻的曲轴加速度，并与失火监测器内的曲轴加速度标准值相比较，就能判定这一时刻所对应的汽缸是否正常点燃。图 7-9 所示的高数据传送率曲轴位置传感器可实现监视瞬时曲轴加速度的功能。

另外，ECU 利用曲轴位置(CKP)传感器和凸轮轴位置(CMP)传感器的信号便可以监测发动机哪个汽缸存在失火现象。CKP 传感器在运动时会产生平均的峰值，由于失火会导致发动机曲轴转速下降，CKP 传感器的波形就会出现中断，如图 7-10 所示，通过对比 CKP 传感器和 CMP 传感器的信号，ECU 就能判断出哪一个汽缸出现失火(Misfire)。

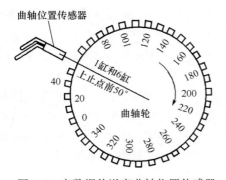

图 7-9　高数据传送率曲轴位置传感器

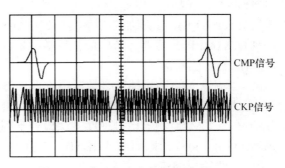

图 7-10　发动机失火的监控波形

② 发动机失火故障的处理措施。在 OBD-Ⅱ的分类中，根据失火造成的污染情况，将失火分成甲类失火和乙类失火，不同类型的失火故障，ECU 采取不同的处理措施。

a. 甲类失火处理。如果发动机在 200r/min 状态下，某缸失火率在 2%～20%，监测器便认为该缸失火过度——甲类失火。在这种情况下，ECU 会切断供给失火汽缸的燃油，以限制三元催化转化器的发热。在这种工况下，ECU 最多同时关闭两个失火汽缸的喷油器。

不过，当发动机大负荷运行时，即使发生上述情况，ECU 也不关闭失火汽缸的喷油器。如果失火监测器已检测出一个甲类失火，而 ECU 还未关闭喷油器，MIL 灯就开始闪亮；当失火监测器检测出一个甲类失火并且 ECU 已经关闭喷油器时，MIL 灯将连续点亮。

b．乙类失火处理。如果发动机在 1000r/min 状态下，某汽缸的失火在 2%～3%，监测器便认为该缸失火过度——乙类失火。不过，这种程度的汽缸失火不会导致三元催化转化器过热，但会引起排放增加。当 ECU 检测到一个乙类失火时，一个未定的故障代码(DTC)被置入 ECU 的存储器中。若在连续第二个行驶循环中均检测到这个故障，MIL 灯就会点亮。

（4）燃油修正监测。燃油修正监测器用于检查 ECU 工作在闭环状态时的短期燃油修正(ST-Fuel Trim，SFT)和长期燃油修正(LT-Fuel Trim，LFT)。短期燃油修正依据氧传感器的信号来快速地增减喷油时间，当短期燃油修正值超出±10%一段时间后，长期燃油修正即以新的供油时间来取代 ECU 内定的供油时间（学习）。这两组修正值在 ECU 中分别设有修正的上/下限，以避免学习过度而造成车辆性能不良的现象，如图 7-11 所示，OBD-Ⅱ设定的上/下限约在 20%之间，当修正值超出限制时，ECU 即设定故障代码。

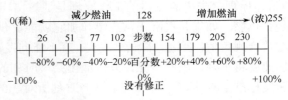

图 7-11　百分比燃油修正值

（5）综合元件(CCM)监测。综合元件监测器主要监测发动机各主要传感器和执行器。它采用 2 种策略监测各输入，采用另 2 种策略监测各输出。

① 监测输入的策略。

a．监测输入的一种策略是通过用模数转换器检查模拟输入信号来确定某些输入设备的电气故障或超限值。以发动机控制系统为例，以这种方式监测的输入信号有：下游加热型氧传感器(HO2S)、上游加热型氧传感器(HO2S)、进气质量流量(MAF)传感器、手动变速器手柄位置(MLP)传感器、节气门位置传感器(TPS)、发动机冷却液温度(ECT)传感器和进气温度(IAT)传感器。

b．监测输入的另一种策略是运用推理性方法检查输入信号正确与否。在推理性检查过程中，监测器运用其他传感器的读数通过计算来确定某个传感器的读数是否符合当前的实际情况。CCM 监测器用推理性方法检查下列输入：点火位置(PIP)传感器、输出轴转速传感器(OSS)、点火诊断监测器(IDM)、汽缸识别(CID)传感器和车速传感器(VSS)。

② 监测输出的策略。

a．CCM 监测器中的输出状态监测是通过监测 ECU 中输出驱动器内的各输出线圈、继电器或执行器的电压来检查大部分输出。若输出关断时监测电压就应该高；而输出开通时监测电压则变低。用这种方式监测的执行器有：节气门大开空调自动切断器(WAC)、换挡电磁阀、液力变矩器离合器(TLC)电磁阀、加热型氧传感器(HO2S)的加热器、高速风扇控制器(HFC)、风扇控制器(FC)和电子压力控制(EPC)电磁阀。

b．CCM 监测器中的另一种输出状态监测是通过自学习反馈监测来完成的。例如，ECU

输出操纵怠速空气控制(IAC)电动机的物理量（如占空比脉冲等），通过对照，由 ECU 对 IAC 电动机提供的闭环怠速转速修正，检查由输入要求的怠速转速并加以监测。在进行监测时，CCM 监测器首先检查各元件线路电压是否过高（断路）、过低（短路）、信号超出范围（与其他线路短路），其次再检查信号的合理性，例如：在速度—密度型的汽油喷射系统中，CCM 检测器会将 TP 传感器的信号与 MAP 传感器的信号作比较，当节气门开度变化时，进气歧管真空应随之变化。

3）OBD - Ⅱ 系统的自检测试模式

前面所述的监测器是否工作正常，关系到 OBD - Ⅱ 系统故障指示灯的点亮和所储存的故障代码是否正确。为此，在 OBD - Ⅱ 内设置了一套检测以上监测器是否正常工作的自检程序。当发动机或汽车的运行满足自检测试模式时，OBD - Ⅱ 便自动地完成了对以上监测器的自检。检测结果可用故障诊断仪显示。

（1）预热循环。预热循环是指汽车在发动机停止工作一段时间后运行。这时发动机冷却液温度至少要达到 70℃。关于某个问题的故障指示灯熄灭后，如果没有再出现此类问题，大多数故障代码在 40 个预热循环后都被擦除。

（2）试车。OBD-Ⅱ 系统中的试车是指起动和驾车行驶，直到除三元催化转化器效率监测器外的 5 个监视器完全检验为止的一段过程。试车前必须有一段点火开关断开期。

点火开关断开期过后，发动机重新起动，汽车行驶。失火监测器、综合元件监测器和燃油修正监测器是从发动机预热开始连续被检验着。为了完成 HO$_2$S 监测器的检验，需要在发动机预热后，以 32～72 km/h 某一车速稳定行驶 4 min(图 7-12)。三元催化转化器效率监测器的检验不包括在 OBD-Ⅱ 系统的试车中。整个试车过程可完成 5 个监测器的检验，检验结果可用故障诊断仪显示。当完成 5 个监测器的检验时，故障诊断仪显示"OK"；反之，扫描检测仪则显示"NO"。

（3）行驶循环。行驶循环是指一种特定的驾驶方法，用于验证故障征兆或对该征兆进行维修后的检验。行驶循环也是一种开始和结束检验 OBD-Ⅱ 系统中某些监测器的驾驶方法。行驶循环如图 7-12 所示，最小驱动循环从发动机起动和汽车行驶开始，直到 ECU 程序进入闭环控制之后结束。完成一个行驶循环，5 个监测器的检测必须全部结束后，才能进行三元催化转化器效率监测器的检测。为了完成三元催化转化器效率监测器的检测，需要保持节气门开度不变，车速在 64～104 km/h 范围内行驶 80s。

2. 故障代码分析的基本流程

车载故障自诊断系统时刻监测汽车电控系统的工作，一旦发现问题便设定相应的故障代码，维修人员利用汽车故障电脑检测仪通过数据连接器可以读取故障代码，依据故障代码的提示便可以确定车辆的具体故障部位。故障代码分析是目前汽车故障检测诊断中使用非常普遍的一种故障诊断方法。根据故障代码进行车辆故障分析的基本流程如图 7-13 所示。

3. 故障现象和故障代码的相互关系

车载故障自诊断系统显示的故障代码有两重性：一是"自生故障"，替换被读码诊断的零件后即可排除；另一种是"他生故障"，是由其他因素影响而产生的，很容易造成误诊断，需要采用读码配合系统原理分析，并了解故障代码与故障现象的相互关系，方能准确判断。

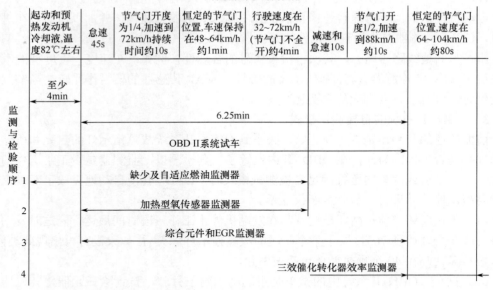

图 7-12　OBD-Ⅱ系统的试车及行驶循环图

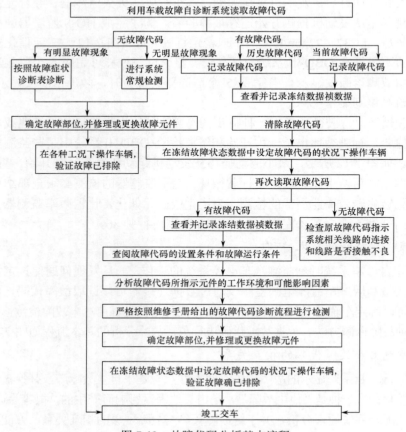

图 7-13　故障代码分析基本流程

故障代码所覆盖的内容，是 ECU 直接控制的输入和输出相关元件（如电动汽油泵的继电器），非直接控制的电控元件的好坏，只能通过现象来判断故障（如电动汽油泵）。因此，故障代码和故障现象之间也存在着因果关系和非因果关系。

1）有故障代码，却无故障现象

车辆在运行中曾经发生过轻微的、瞬时的偶发性间歇故障，很快又恢复正常。例如：

（1）偶发性 1、2 次失火故障，瞬时断油故障。

（2）瞬时外界电磁波干扰故障。

（3）瞬时误操作又改正的故障。

（4）相关电元件偶发性影响的故障。

对于此类问题，在进行故障检测的过程中，能读出故障代码，但起动发动机后故障指示灯熄灭。此为 ECU 未检查到故障而熄灭故障指示灯，读出的故障代码可能是未从 ECU 存储器中清除的历史故障代码，只要清码即可。因此，需注意一种情况，有时读出的故障代码中有几个可能是当前已不存在的历史码。这种情况，在大众/奥迪车系中，读出的故障代码后面会带"/SP"；在通用车系中，明确划分为"当前故障代码"和"历史故障代码"。

2）有故障现象，却无故障代码

凡不受 ECU 直接控制的电子元件和机械元件，或电控元件，因未超出值域和时域范围的，有故障现象，但无故障代码。如电动汽油泵油压偏低时，有怠速不稳和加速不良的故障现象，但无故障代码，严重时氧传感器会代为报警。这类故障往往是由于以下情况引起的：信号没有开路或短路，但是由于器件老化，输出特性发生变化，使信号偏离完好器件的标准信号，由于信号数值还在许可范围内，从而产生有故障无故障代码的现象。这类故障车载故障自诊断系统无法存储故障代码，在进行故障诊断的时候应特别注意。属于这类情况的有以下传感器（发动机控制系统）：发动机冷却液温度传感器、节气门位置传感器、空气流量传感器、进气歧管绝对压力传感器、氧传感器、曲轴位置和凸轮轴位置传感器等。

3）线路有故障，也不设置故障代码

在电控系统中，车载故障自诊断系统可以监测电路系统中存在的故障（断路或短路），但是，ECU 并不是监测汽车上的每一条线路，而有些线路即使发生相关故障，ECU 也不记录故障代码。例如，在如图 7-14 所示的日产车系电路图中，表示电路的线条有粗、细两种，其中，粗线条表示车载故障自诊断系统能够诊断其故障代码的电路，细线条表示自诊断系统不能诊断其故障代码的电路。

（五）车辆数据流检测及分析

1. **数据流常用分析方法**

数据流常用分析方法有以下几种，即数值分析法、时间分析法、因果分析法、关联分析法、比较分析法等。

1）数值分析法

数值分析是对数据的数值变化规律和数值变化范围的分析，即数值的变化，如转速、车速、故障诊断仪读值与实际值的差异等。在电控系统运行时，ECU 将以一定的时间间隔不断接收各个传感器的输入信号和向各个执行器发出控制指令，对某些执行器的工作状态

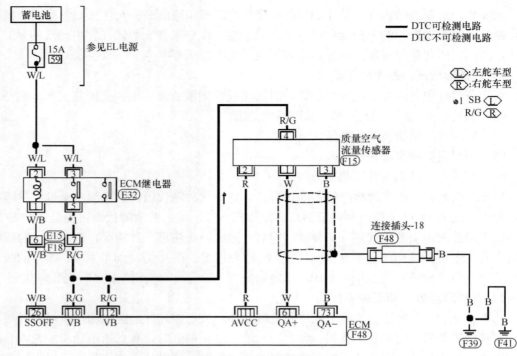

图 7-14　日产车系电路图

还根据相应传感器的反馈信号再加以修正。我们可通过故障诊断仪读取这些信号参数的数值加以分析。

　　例如，某些车型冷却风扇的控制不是采用安装在散热器上的温控开关，而是发动机ECU 接收冷却液温度传感器的电压信号，判断冷却液的温度变化，当达到规定的温度点时，ECU 将控制风扇继电器接通，使风扇工作。如一辆克莱斯勒汽车，发动机起动时间不长，冷却风扇即工作，此时凭手感只有 40～50℃。根据该车的电路图，可确定该车的风扇是由发动机 ECU 控制的，故接上故障诊断仪，没有故障代码存在，但在观察数据时发现，ECU读取的冷却液温度为 115℃。该车发动机电动冷却风扇的工作点为 102～105℃，停止点为96～98℃。所以，可以判断，ECU 对风扇的控制电路是正常的，问题在于 ECU 得到的温度信号是不正确的，这可能是由于冷却液温度传感器、导线连接器或 ECU 本身有故障。经检查，发现传感器的阻值不正确，更换后一切正常。

　　采用数值分析法的关键是诊断车型的标准数据，只有知道了该车型在该状态下的标准运行数据，我们将实际检测值和标准数据进行比较，才可以非常直观地判断故障所在。

　　2）时间分析法

　　时间分析是对数据变化的频率和变化周期的分析。ECU 在分析某些数据参数时，不仅要考虑传感器的数值，而且要判断其响应的速度，以获得最佳的控制效果。如氧传感器的信号，不仅要求有信号电压和电压的变化，而且信号电压的变化频率在一定时间内要超过一定的次数（如某些车要求大于 8 次/10s），当小于此值时，就会产生故障代码，表示氧传感器响应过慢。有了故障代码的故障是比较好解决的。但当次数并未超过限定值，而又已经反应迟缓时，并不会产生故障代码。可接上故障诊断仪观察氧传感器的数据（包括信号电压和在 0.45V 上下的变化状态以判断传感器的好坏）。比如奥迪车，当氧传感器的响应迟缓时，往往在 1600～1800r/min 出现转速自动波动（加速踏板不动）约 100～200r/min，甚至影响加速性能。这往往是由于氧传感器响应迟缓，导致空燃比变化过大，造成转速的波动。还有对采用 OBD-Ⅱ系统的车，三元催化转化器前后氧传感器的信号变化频率是不一样的。通常后氧传感器的信号变化频率至少应低于前氧传感器的一半，否则，可能是三元催化转化器的转化效率已减低了。

例如，一辆奥迪 A6 1.8T(手动变速器)轿车发动机怠速运转时偶尔抖动一下，间隔 2～3 min 一次，发动机起动、加速等一切正常。用 VAS5052 进入 01-08-02 读取数据流，实测数据见表 7-3。从第 4 显示区可以看出，空气质量流量数据随着时间推移和故障的出现在 0.3～3.5g/s（正常值为 2.0～4.0g/s，小于 2.0g/s 说明空气流量传感器处漏气，大于 4.0g/s 说明发动机有额外负荷）呈现周期性的频繁跳动，从而说明进气系统存在漏气故障。经检查，发现空气滤清器壳体与进气软管处的下部由于卡箍没有卡接好，造成漏气，处理后故障排除。

表 7-3　奥迪 A6 1.8T 轿车发动机系统 002 组实测数据

发动机转速	发动机负荷	喷油脉宽	空气质量流量
800r/min	2.20ms	4.37ms	0.3～0.5g/s（跳动频繁）

3）因果分析法

因果分析是对相互联系的数据间响应情况和响应速度的分析。在各个系统的控制中，许多参数之间是有因果关系的。如 ECU 得到一个输入，肯定要根据此输入给出下一个输出。在认为某个过程有问题时，可以将这些参数连贯起来观察，以判断故障出现在何处。

例如，一辆丰田佳美轿车慢加速后松加速踏板发动机易熄火，转速常常下降至 400r/min 以下。系统无故障码，读取数据流发现：怠速时，节气门位置传感器的怠速开关为"闭合"状态，节气门位置传感器信号电压为 0.3V(标准信号电压为 0.5V)，稍微偏低，怠速步进电动机的步数为 30 步；当踩下加速踏板进行加速时，怠速开关的状态依然为"闭合"，步进电动机步数从 30 步下降至 2 步；当发动机转速上升至 1800r/min 时，怠速开关从"闭合"转为"断开"，此时步进电动机步数从 2 步迅速上升至 50 步左右。本故障案例中节气门开度数据、怠速开关状态数据和步进电动机步数之间具有因果关系：在正常情况下，怠速开关在发动机怠速运转状态下处于"闭合"，一旦踩加速踏板加速，怠速开关便立即由"闭合"转换为"断开"，以向 ECU 传输发动机脱离怠速状态的信息；正常情况下，当车辆由怠速状态开始加速时，ECU 依据怠速开关状态信号控制怠速步进电动机将怠速通道打开，以增大进气量，所以，怠速步进电动机步数应该由怠速时的步数提高到 50～70 步，为车辆的减速做好缓冲的准备。由发动机转速到 1800r/min，怠速开关状态由"闭合"转为"断开"后，步进电动机步数便从 2 步迅速上升到 50 步左右，所以在 1800r/min 以前 ECU 一直认为车辆是在怠速工况，虽然车辆在加速，但是 ECU 是以怠速开关信号为准，即进行怠速稳定控制，因此，当发动机转速上升时，ECU 便指令怠速步进电动机关小进气量以促使转速下降，由于踩下加速踏板使节气门有了一定开度，大量气体从主进气道流入汽缸使发动机转速上升，而步进电动机将怠速气道几乎关闭；当继续加速至发动机转速大于 1800r/min 时，怠速开关打开，ECU 认为车辆此时进入加速工况，为满足加速工况的要求，ECU 将步进电动机开大。从上述的因果关系分析中我们不难发现，该车的故障是由于节气门位置传感器固定位置不准确引起的，对节气门位置传感器进行调整，使怠速开关在节气门刚刚开启时即打开，使节气门位置传感器初始信号电压为 0.5V 之后，故障排除。

4）关联分析法

关联分析是对互为关联的数据间存在的比例关系和对应关系的分析（指几个参数之间逻辑关系）。ECU 有时对故障的判断是根据几个相关传感器信号的比较，当发现它们之间的关系不合理时，会给出一个或几个故障代码，或指出某个信号不合理。此时一定不要轻易地断定是该传感器不良，而要根据它们之间的相互关系作进一步的检测，以得到正确的结论。

例如，一辆捷达车，在检查时给出空气流量传感器信号不合理，若简单地更换空气流量传感器就可能导致错误的修理。此时应想一想，为什么没给出空气流量传感器开路或短路的故障，而是指出不合理呢？那么这个不合理是相对于哪几个传感器信号而言的呢？实际上，ECU 是根据发动机转速、节气门位置信号与空气流量传感器信号的比较来确定的。在进一步的检查中，发现节气门位置传感器的最大和最小学习值与规定值不符，且无法正确完成基本设定（始终输出错误信号），故基本确定是节气门位置传感器故障。更换节气门体总成并进行基本设定后，故障排除。

5）比较分析法

比较分析是对相同车种及系统在相同条件下的相同数据组进行的对比分析。在很多时候，我们没有足够的技术资料和详尽的标准数据，无法很准确地断定某个器件的好坏。此时可与同类车型或同类系统的数据加以比较。当然在修理中，很多人会使用替换实验进行判断，这也是一种简单的方法。但在进行时，注意应首先做一定的基本诊断，在基本确定故障趋势后，再替换被怀疑有问题的器件。再一个要注意的是，用于替换的器件一定要确认是良好的，而不一定是新的，因新的未必是良好的。这是做替换实验的基本准则。

例如，一辆 2000 款上海通用别克新世纪 3.0 轿车，加速无力，且仪表板上的发动机故障指示灯常亮。用 TECH 2 读取故障代码为 P0171，表示燃油微调系统过稀。起动车辆，使车辆运行到闭环状态，用 TECH 2 检测发动机的各项数据，并与正常数据进行对比（表 7-4）。

表 7-4　上海通用别克新世纪 3.0 轿车发动机实测数据与正常数据的对比

项　　目	实 测 数 据	正 常 数 据
发动机怠速转速	737～749r/min	737～749r/min
发动机设定怠速转速	720r/min	720r/min
ECT（冷却液温度）	94℃	94℃
IAC（怠速空气控制）	24 步	24 步
MAF（质量空气流量）	2.92g/s	3.67g/s
TP（节气门开度）	0%	0%
大气压力	104kPa	104kPa
氧传感器信号电压	108～911mV	108～911mV
长期燃油修正	19%	0%

（续）

项　　目	实　测　数　据	正　常　数　据
短期燃油修正	3%	0%
喷油脉宽	2.4ms	2.4ms
点火提前角	20°	20°
空燃比	14.7:1	14.7:1
EVAP 开度	20%	20%
EGR 阀开度	0%	0%

根据表 7-4 所列的实测数据与正常数据的对比，我们很容易发现：MAF 数据、长期燃油修正、短期燃油修正 3 个数据与正常数据有所不同。

供油量变化可以通过故障诊断仪进行监视的长期和短期燃油修正值表示出来，理想的燃油修正值接近 0%。如果加热氧传感器信号指示混合气过稀，动力系统控制模块将增加喷油脉宽，使燃油修正值稍稍高于 0%；如果检测到混合气过浓，燃油修正值将稍稍低于0%，表示动力系统控制模块正在减少供油量。动力系统控制模块控制长期燃油修正的最大值为-25%～+20%，动力系统控制模块控制短期燃油修正的权限为-27%～+27%。

通过上述分析，MAF 是提供主要喷油量的信号。PCM 根据 MAF 的信号来确定增加或减少喷油量，而短期燃油修正是 PCM 对喷油量过多或过少的实时反馈，长期燃油修正是 PCM 对喷油量总结的规律。

相同转速下，发动机的进气量是相同的。该上海通用别克新世纪 3.0GS 故障车的大气压力信号和 EGR 数据正常，说明没有真空漏气现象，而 MAF 传感器感知的进气量却比正常的数值少，喷油脉宽和空燃比都很正常，说明喷油量并没有根据 MAF 传感器感知的进气量的减少而减少，而氧传感器的跳动数据也很正常，这说明氧传感器是好的。另外，长期燃油修正值已经接近 19%的最大加浓权限，说明 PCM 正在根据短期燃油修正值在控制增加喷油量，也就是说 MAF 信号减小后，造成 PCM 对发动机喷油量的减少，当反馈信号感知混合气过稀时，为了保证理论空燃比 14.7∶1，PCM 会根据反馈信号逐步增加喷油量，直到离理论空燃比最近为止。

通过数据对比，很容易分析出该车加速无力的故障是由空气流量传感器失准造成的。检查 MAF 传感器发现传感器并没有脏，而是发现 MAF 传感器前部的整流网有太多的杂物，影响了进入 MAF 传感器内部的空气流向，使一部分空气没有被 MAF 传感器感知到就进入了发动机，所以信号失准，混合气过稀，从而引起发动机加速无力的故障。清洁 MAF 传感器及整流网后，所有数据正常，故障排除。

6）成组分析法

所谓成组分析就是将相关的几个数据组成一组，通过观察相互之间的比例关系或者协调性进行数据分析的一种方法。

2. 数据流分析的一般步骤

1）有故障代码时

在进行故障代码分析并确认有故障代码存在时，一方面可以利用查看记录故障代码时的冻结数据帧，确认故障代码发生时的车辆运行工况，同时可以使车辆在冻结数据帧提示的工况下进行故障验证，从而快速准确地确定故障部位（参见故障代码分析的相关内容）；另一方面可以直接找出与该故障代码相关的各组数据进行分析，并根据故障代码设定的条件分析故障代码产生的原因，进而对数据的数值波形进行分析，找出故障点。

2）无故障代码时

故障代码分析后确认无故障代码存在时，从故障现象入手，根据控制系统的工作原理和结构，推断相关数据参数，再用数据分析的方法对相关数据参数进行观察和全面分析。在进行数据分析时，常常需要知道所修车系统的基本原理和结构、基本的控制参数及其在不同工况条件下的正确读值，并经过认真的分析，才有可能得出准确的判断。

3）数据流综合分析步骤

（1）数据综合测量。

① 发动机故障代码测量。这是一项基本测量，也是故障表现的一种形式。当发动机故障指示灯点亮时，故障代码一定存在，此时经过查阅维修手册，便可明确故障类型，并相应地找到解决办法。

② 发动机数据流测量。这是进一步的测量。当系统中没有故障代码时，读取标准工况下的 ECU 数据比较关键，特别要注意数据标准及数据变化量。常规测量工况应选择热车状态下的怠速工况和发动机转速在 2000r/min 时的无负荷工况。

③ 发动机真实数据流测量。这一步为利用设备工具进行的实际测量，一般需要测量的数据应该是车辆工作的基本数据，例如对于发动机系统，这些数据包括：进气歧管的真空度、汽缸压缩压力、点火正时、发动机转速、燃油系统压力、机油压力、发动机冷却液温度、进气阻力（真空法测量）、废气排放值、排气阻力及曲轴箱通风压力等。测量完成后需要将实测值与故障诊断仪读取的数值进行对比，差值过大的数据即为故障所在。例如，发动机 ECU 显示冷却液温度为 60℃，而实测冷却液温度为 85℃，则说明发动机冷却液温度传感器数据存在偏差，故障原因可能在于线路接触电阻过大、ECU 的 A/D 转换器数值偏差等。

（2）数据综合分析。

① 建立数据群模块。所谓建立数据群模块，即将某一故障现象所涉及到的数据集中起来，逐一检查、对比及分析。例如，发动机怠速转速过高，达到 1000r/min，那么所涉及到的数据将包括冷却液温度、节气门开度、怠速控制阀步数（或开度）、点火提前角、进气歧管绝对压力、氧传感器信号、喷油脉宽、燃油系统压力、蓄电池电压、空调开关状态、转向助力开关状态、车速、挡位开关状态及发动机废气排放等。

② 分析数据。分析数据时应注意以下几点：

a. 将 ECU 的数据与实际测量数据进行对比，差值越小，说明 ECU 及传感器越精确。

b. 将 ECU 数据与维修手册标准对比，若误差值超过极限，说明相应的数据为工作不良数据。

c. 找出疑问数据进行分析。例如，氧传感器信号电压变化值为 0.1～0.9V，无故障代码。简单看氧传感器无故障，数据也在维修手册规定范围内，但与新车 0.3～0.7V 的正常值相比却有了很大变化。由此说明氧传感器接触到的发动机废气中的氧含量变化不稳定，即燃烧的混合气的空燃比不稳定。而导致此种故障发生的原因包括：发动机进气管漏气、气门积炭、气门关闭不严、曲轴箱通风阀堵塞及发动机活塞环密封不严等。

③ 综合分析。为了准确地分析故障，需要将几个问题数据间的关联关系逐一进行分析。例如，一只火花塞工作不良，其关联关系为：部分燃油不能有效燃烧→发动机怠速抖动→废气中的 HC 值过高→氧传感器信号电压偏低→发动机油耗增加→发动机动力不足→三元催化转化器温度过高（烧坏）→发动机 ECU 记录失火故障。

3. 短期燃油修正和长期燃油修正的应用

长期燃油修正值和短期燃油修正值两个数据经常出现在不同车型的发动机数据流中。维修人员常常会对这两个数据漠然而过，忽略不计。究其原因，不是数据作用不大，而是不明白这两个数据的含义和作用。事实上恰恰相反，在电控汽车发动机的控制中，这两个数据是我们判断发动机运行工况的重要依据。

只要发动机工况允许，就要求在理论空燃比下工作。然而，发动机的某些工况要求混合气要调节到偏离理论空燃比，例如，对冷机工况要求专门的空燃比，这就意味着混合气形成系统必须有能力适应各种变化的空燃比。为了能控制理想空燃比达到 14.7:1，必须由氧传感器来监视燃烧后的废气状态，并将此信号送入发动机 ECU，发动机 ECU 据此再发出指令控制喷油器的开启时间。由于"监控废气（氧传感器）→ECU 喷油器→燃烧排放废气→监控废气"的路径构成封闭回路，故称为闭式回路（Close Loop），或称闭环控制（图 7-15）。

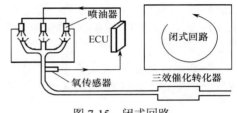

图 7-15　闭式回路

氧传感器要能有效地监控废气的状态，则必须达到其工作温度（550～660℉），在传感器未达到工作温度前，ECU 不采用氧传感器的信号来控制燃油，因为此时回路出现中断，故称为开式回路（Open Loop），或称开环控制。一般情况下，发动机 ECU 大多利用以下条件来判断是否该以闭环控制燃油：

（1）发动机冷却液温度（冷却液温度传感器/ECT）是否达到工作温度。

（2）氧传感器是否达到工作温度。

（3）发动机发动记时器（Timer）倒数记时完成（表 7-5）。

表 7-5　发动机冷却液温度与进入闭环时间关系

发动机冷却液温度/℉	发动机进入闭环控制时间/s	发动机冷却液温度/℉	发动机进入闭环控制时间/s
-40	180	64	22
10	90	170	13
35	41	219	10

当发动机热机达到正常工作温度后，将空燃比准确地、连续地保持在 $\lambda=1$ 的状态，这对于废气的三元催化净化是非常重要的。为满足这个要求，必须严格地监视吸入的空气质量并且精确计算燃油质量。决定燃油喷油量的最重要参数是发动机的负荷状况，也就是负荷监测参数。发动机的燃油喷油量取决于喷油器的喷油持续时间，最终的喷油持续时间由三部分构成：①基本喷油持续时间；②根据操作状况进行时间修正；③蓄电池电

压修正。

1）喷油器的电压补偿（蓄电池电压修正）

电磁式喷油器的自感应特性使其在喷油脉冲开始时打开较慢，而且在喷射脉冲结束时关闭也较慢。打开和关闭时间大约为 0.8ms。蓄电池的电压是决定打开时间的主要因素，但它对关闭时间却影响较小。如果没有 ECU 的电压修正，会导致喷油器起动延迟，而使喷油器持续时间过短，造成喷射的燃油量不充足。换句话说，蓄电池电压越低，进入发动机内的燃油就越少。所以，蓄电池电压降低时必须根据电压变化相应地增加喷油持续时间，这就是所谓的喷油器附加修正系数。ECU 记录实际的蓄电池电压，并通过与电压对应的喷油器喷油持续时间进行比对做出修正。

基本喷油持续时间取决于发动机负荷及发动机转速，还有一个没有引起大家足够注意力的参数是短期和长期燃油修正。

2）短期燃油修正

基本喷油持续时间的数值是发动机 ECU 使发动机燃油和空气混合气达到理论空燃比所需的实际喷油持续时间的最佳值。在设计上，这个时间是非常准确的，它占到了实际喷油持续时间的绝大部分，但是，在实际的运行中，还有一个根据实际操作做出的时间修正，也就是发动机 ECU 根据氧传感器的反馈将空燃比修正，即将空燃比准确地、连续地保持在 $\lambda=1$ 的状态。

短期燃油修正根据氧传感器反馈信号快速地进行喷油脉冲修正，当氧传感器反馈电压经过"转变点"时，短期燃油修正将改变修正方向，如图 7-16 所示。

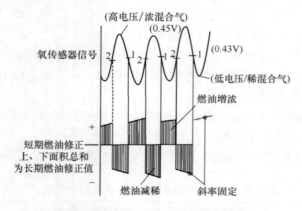

图 7-16　短期和长期燃油修正示意图
1—混合气由浓转稀（转变点）；2—混合气由稀转浓（转变点）。

转变点 1 表示混合气由浓转稀的电压值，转变点 2 表示混合气由稀转浓的电压值，短期燃油修正在经过转变点时，迅速往相反方向修正，由于短期燃油修正时以发动机实际燃烧的废气监测为依据，因此不论是发动机机件的磨损、汽油压力的大小差异或机件上的不良因素（漏气、油压不当），都可以导致短期燃油修正。但是，氧传感器的反馈修正是有限的，也就是说，短期燃油修正工作在一个相对小的工作范围之内。例如，当短期燃油修正值小于 10% 时，发动机的燃油控制就很容易地将混合气控制在 $\lambda=1$ 的状态。当这个修正值达到将近 20%时，对发动机的燃油控制就非常困难了。所以，为了完成准确的空燃比控制，ECU 首先通过增加或缩短基本喷油持续时间，也就是通过对长期燃油修正值的学习，并且记忆在 ECU 中，使得 ECU 能够将氧传感器的修正维持在一个可以接受的范围内。若发动机长期有混合气过浓的趋势，则短期燃油修正的上下面必定为负值，所以，长期的学习记忆值也应为负值（长期燃油修正随短期燃油修正值变动），因此，在下次起动时，发动机会以长期燃油修正学习值对发动机状况进行修正（减油）。

3）长期燃油修正

长期燃油修正是一个学习值，是发动机 ECU 通过逐渐变化来适应控制系统的设定要素。系统的变化主要是指发动机的磨损、空气的泄漏、汽油压力的变化、燃油的质量、电子元器件的参数漂移等。长期燃油修正系数是基本喷油持续时间计算的一部分，它根据燃油系统的实际工作状况与理论空燃比的比较来决定。由于它是一个基本喷油持续时间计算的参数，所以它也是一个对喷油持续时间进行持久修正的值，它的变化很慢，正常的变化范围是±20%。

明白了燃油修正以后，就可以很容易理解长期燃油修正和短期燃油修正这两个数据的作用和意义了。短期燃油修正根据氧传感器的反馈快速进行波动，设计的变化范围是 20%，但在正常的工作条件下，很少会超过 10%。长期燃油修正受短期燃油修正的影响，如果短期燃油修正长时间处在超出 10%的状态，长期燃油修正将发生变化，改变基本喷油持续时间。这个新的基本喷油持续时间，可以使得短期燃油修正的变化发生在 10%的正常范围之内。这样，短期燃油修正就可以快速并且是很准确地对喷油时间做出修正，达到最终的燃油修正的目的：使 $\lambda=1$。

例如，一辆上海通用别克 GL 轿车（装备 V6 3.0 L 发动机）使用过程中出现发动机故障指示灯常亮，但未出现其他明显故障症状。连接 Tech 2 进行检测，调出故障代码 P0171——燃油修正系统过稀。之所以产生该故障代码，是由于该车为了实现动力性、燃油经济性和排放净化性的最佳组合，采用闭环空燃计量系统。其中动力系统控制模块(PCM)会根据氧传感器的信号电压调节供油量，理想的燃油修正值为 0%。如果氧传感器检测到混合气过稀或过浓的情况，PCM 将适时增加或减少供油量，燃油修正值将高于或低于 0%。另外，燃油修正分为长期燃油和短期燃油修正，长期燃油修正值为-10%～+10%，短期燃油修正值为-10%～+10%。当长期燃油修正值达到 10%时，PCM 就会设置此故障代码。读取动态数据，发现该车长期燃油修正值仍然大于 19%。造成此故障的原因一般为：喷油器过脏、真空泄漏、空气流量传感器或氧传感器信号不正确等。检查中发现，当把曲轴箱通风阀与进气管相连的真空管拔下后，堵住进气管，长期燃油修正值就会变为 0%。检查发现，发动机后面的曲轴箱通风阀与真空管的连接处松动，重新牢固连接后，清除故障代码，故障排除。

（六）电控发动机常见故障的诊断

故障诊断的基础是熟悉整个控制系统的组成与工作原理，熟悉每个组成元件的结构、工作原理及参数的变化对发动机性能的影响。同时，还要掌握故障诊断的思路与方法，从故障的现象入手，分析每一步检测的结果，最后检查出故障的具体部位。诊断时要紧紧抓住汽油发动机正常工作的三个要素：密封性能的好坏、空燃比的好坏、点火性能的好坏。每个元件、部件或子系统发生故障，都是通过上述三个要素对发动机产生影响的。根据发动机的故障性质与**现象**特征，可以将发动机的常见故障分为发动机不能起动、发动机动力不足、发动机耗油量大、发动机怠速过高、发动机怠速不良、发动机进气管回火、发动机排气管放炮、发动机冷起动困难等。

不同的故障，引发的原因**也**不尽相同，故障部位一般有空气流量计、节气门体、冷却液温度传感器、汽油泵、汽油滤清器、汽油压力调节器、喷油器、火花塞、高压**线**、点火**线圈**、点火放大器、氧传感器、ECU、怠速空气调节器、EGR 阀等。

1. 发动机不能起动

（1）故障**现象**：曲轴转动正常，有起动转速，但发动机长时间不能起动。

（2）故障主要原因及处理方法：电子控制系统引起发动机不能起动的基本原因是无高压火、点火正时严重失准和不喷油。引起无高压火的故障部位一般为火花塞、点火放大器与点火**线圈**、曲轴位置（或凸轮轴位置）传感器、ECU 以及上述元件的**线路**故障。引起点火正时严重失准的原因一般为曲轴位置（或凸轮轴位置）传感器及电路。引起不喷油的故障部位一般为喷油器及其电路、汽油泵及其电路、汽油压力调节器或丧失点火信号等。处理的方法一般为更换。

（3）故障诊断流程：故障诊断流程如图 7-17 所示。

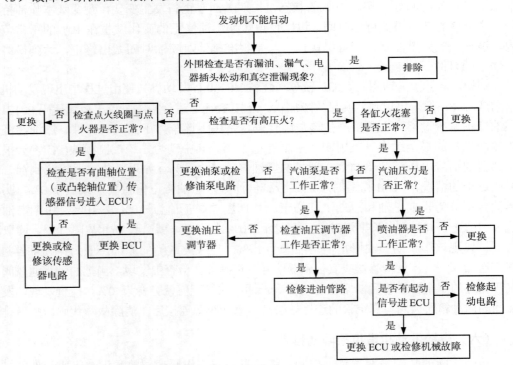

图 7-17 发动机不能起动故障诊断流程图

（4）解释说明：点火放大器与点火线圈在很多车型上是合在一起的，故放在一起检查。在电子控制系统都正常的情况下，故障往往发生在机械部分，如汽缸压力过低、分电器装配错位等将造成发动机无法起动。

2．发动机动力不足

（1）故障现象：车辆加速时速度增加缓慢，有踩空油门的感觉。

（2）故障主要原因及处理方法：子控制系统引起发动机动力不足的基本原因是高压火弱、点火正时失准、喷油量少等。引起高压火弱的故障部位一般是火花塞、高压线、点火器、点火线圈和ECU等。引起点火正时失准的故障部位一般是分电器错位、爆震传感器和ECU等。引起喷油量少的故障部位一般是喷油器、空气流量计（或进气管绝对压力传感器）、节气门位置传感器、汽油泵、汽油滤清器、油压调节器和ECU等，一般采取更换的方法。

（3）故障诊断流程：故障诊断流程如图7-18所示。

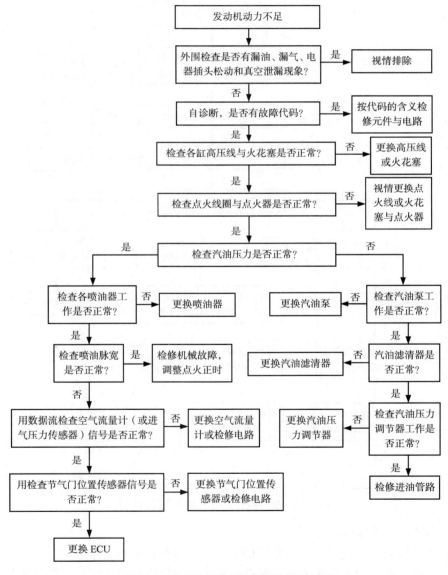

图7-18　发动机动力不足故障诊断流程图

3. 发动机耗油量大

（1）故障现象：发动机油耗明显偏高，有时伴发动机性能不良和冒黑烟等现象。

（2）故障主要原因及处理方法：电子控制系统引起发动机动力不足的基本原因多数情况是由于火花塞点火弱、缺火和喷油量不足或过多造成，火花弱与缺火一般由火花塞、高压线、点火器与点火线圈等引起，喷油量不足或过多一般由汽油泵、汽油滤清器、油压调节器、空气流量计（或进气管绝对压力传感器）、发动机冷却液温度传感器和ECU等引起。处理的方法一般是清洗或更换。

（3）故障诊断流程：故障诊断流程如图7-19所示。

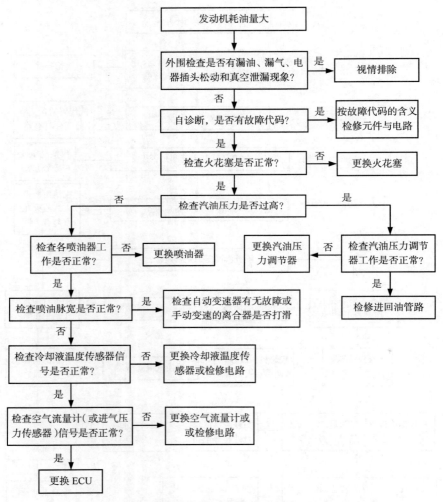

图 7-19　发动机耗油量大故障诊断流程图

4. 发动机怠速过高

（1）故障现象：发动机热车后怠速仍然偏高，调整怠速不起作用。

（2）故障主要原因及处理方法：发动机的怠速一般都是由ECU根据冷却液的温度、转向助力状态、空调运转状态和挡位开关的状态，通过控制怠速空气调节器来自动调整怠速工况的空气量，进而自动调整怠速工况的喷油量来调节怠速的转速。冷却液温度传感器信号错误、转向助力开关信号错误、空调开关信号错误、挡位开关信号错误、怠速空气调节器失调、节气门后方漏气、汽油压力过高、空气流量计（或进气管绝对压力传感器）信号错误、ECU 故障等都将导致发动机怠速过高。处理的方法一般是清洗和更换。

（3）故障诊断流程：故障诊断流程如图 7-20 所示。

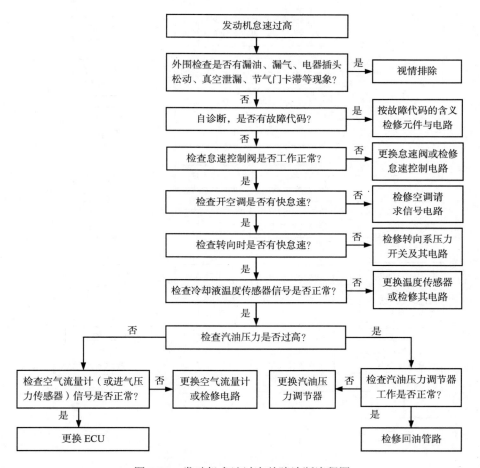

图 7-20　发动机怠速过高故障诊断流程图

5. 发动机怠速不良

（1）故障现象：发动机经过初始状态调整获得了准确的怠速后，在实际运转中，经常产生怠速偏低、抖动、游车或熄火现象，发动机低温、空调运转与转向助力的时候都有提速现象，但都不是很稳定，有时在其它工况下伴有动力不足的现象。

（2）故障主要原因及处理方法：怠速不良情况往往是由于发动机在怠速时所发出的动力较小，难以克服发动机自身运转与附件运转的摩擦阻力。引起发动机怠速动力的故障原因有个别缸不工作或工作不良、怠速进气量较少或怠速时混合气浓度不正常等，引起上述情况的故障部位有火花塞、高压线、漏气、漏油、汽油泵、油压调节器、汽油滤清器、喷油器、怠速空气调节器、空气流量计（或进气管绝对压力传感器）、氧传感器、节气门位置传感器等。处理的方法一般是清洗、调整和更换。

（3）故障诊断流程：故障诊断流程如图 7-21 所示。

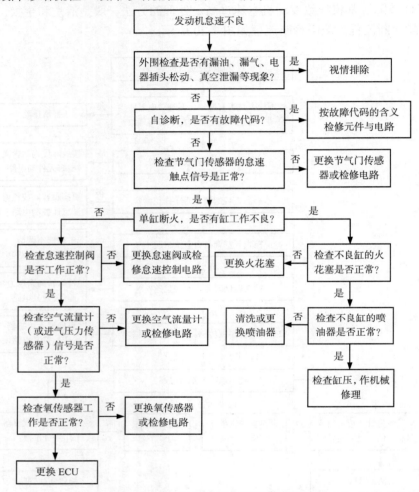

图 7-21　发动机怠速不良故障诊断流程图

6.　发动机进气回火

（1）故障现象：发动机工作不正常，迅速增加节气门开度时进气管有回火，加速无力。

（2）故障主要原因及处理方法：如果混合气过稀，混合气的燃烧速度下降，燃烧火焰会延续到下一次进气门打开，使进气歧管内的可燃混合气燃烧，造成进气管内有回火现象。引起混合气过稀的主要故障部位是进气系统漏气、汽油泵、汽油压力调节器、汽油滤清器、喷油器、节气门位置传感器、空气流量计（或进气管绝对压力传感器）和汽缸压力过低等。处理的方法一般是清洗、检修、调整和更换。

（3）故障诊断流程：故障诊断流程如图 7-22 所示。

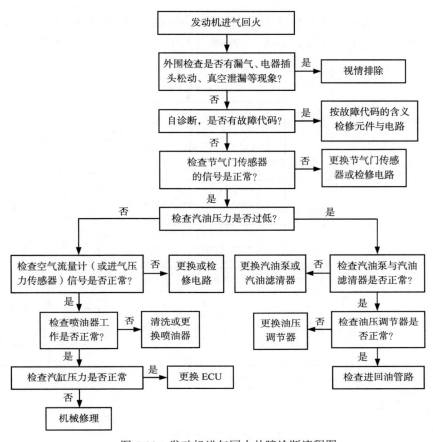

图 7-22　发动机进气回火故障诊断流程图

7.　发动机排气管放炮

（1）故障现象：发动机工作不正常，排气管放炮，同时伴随有冒黑烟现象，发动机动力下降，油耗增加。

（2）故障主要原因及处理方法：当可燃混合气的浓度过高或点火过迟时，混合气在作功行程未燃烧彻底，进入排气管后继续燃烧，并产生放炮声。引起混合气过浓的部位有喷油器、油压调节器、空气流量计（或进气管绝对压力传感器）、节气门位置传感器等。处理方法一般为检修、调整和更换。

（3）故障诊断流程：故障诊断流程如图 7-23 所示。

8.　发动机冷起动困难

（1）故障现象：发动机在热车时起动正常，而冷态时需要经过较多次、长时间地转动起动机，但起动后发动机运转正常。

（2）故障主要原因及处理方法：造成冷起动困难的基本原因是混合气浓度不够、火花塞跳火弱、汽缸压力偏低、混合气雾化不良等。引起混合气浓度低的故障部位有冷却液温度传感器、进气系统漏气、喷油器、油压调节器、冷起动喷油器及其温控开关（部分车型装备）、起动控制电路（向 ECU 输送起动信号）等。引起火花塞跳火弱的故障部位有火花塞、高压线、点火线圈与点火器等。引起汽缸压力低的原因是机械故障。引起混合气雾化不良的主要原因是喷油器故障。处理方法一般是检修、清洗和更换。

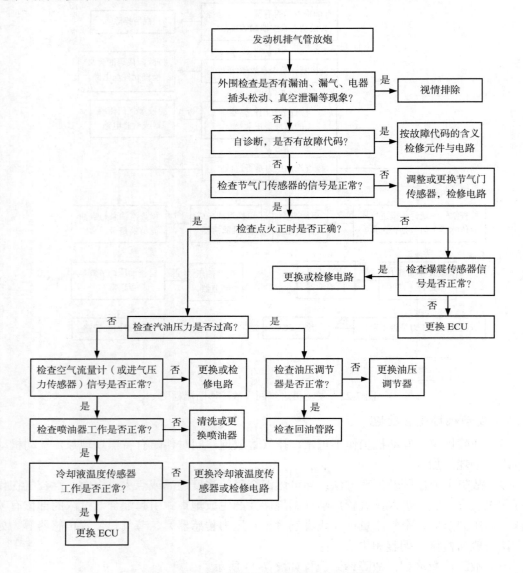

图 7-23 发动机排气管放炮故障诊断流程图

（3）故障诊断流程：故障诊断流程如图 7-24 所示。

（4）解释说明：起动时的喷油量是 ECU 中程序设定的，并根据冷却液温度传感器信号进行修正，所以只需要检查冷却液温度传感器、汽油子系统中的元件和执行器，并检修送至 ECU 的起动信号电路。

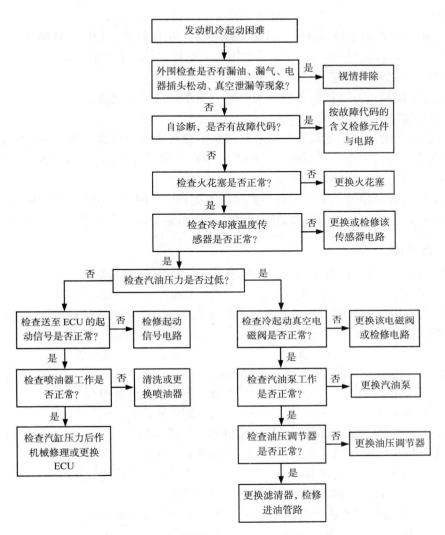

图 7-24 发动机冷起动困难故障诊断流程图

四、练习题

（一）判断题

1．时代超人车不能用人工方法读取故障码。（　　　）

2．要进入 V.A.G 1552 诊断仪的发动机电控系统，需输入地址码 02。（　　　）

3．标准 OBD Ⅱ-16PIN 诊断座的第 16 脚是电源（+12V）引脚。（　　　）

4．所谓直观检查**也**叫感官法检查，即通过外部检验，利用人体的感觉器官看、听、摸、闻，从而根据汽车故障**现象**分析故障原因，判定故障之所在。（　　　）

5．ECU 在记录了某个故障代码之后，为了维持车辆的基本功能，往往会采取一定的

应急保护措施。（　　　）

6. 在 ECU 检测的电控系统中，只要出现故障，ECU 就记录相应的故障代码。（　　　）

7. 当传感器输出的信号电压在正常范围内，而且从时间上也检查不出其存在故障时，ECU 便无法进行故障识别了。（　　　）

8. 采用加湿模拟方法诊断车辆的故障时，为了让故障尽快再现，可以利用水枪对怀疑部位进行直接喷淋。（　　　）

9. 由于短期燃油修正是以发动机实际燃烧的废气监测为依据，故不论是发动机机件的磨损、汽油压力的大小差异或机件上的不良因素（漏气、油压不当），都会导致短期燃油修正。（　　　）

10. ECU 有时是根据几个相关传感器信号的比较对故障进行判断，当发现它们之间的关系不合理时，会给出一个或几个故障代码，或指出某个信号不合理。（　　　）

（二）选择题

1. 人工读丰田发动机故障码的方法是将（　　　）端子短接。

A. T_C-E_1　　　　　B. T_B-E_1　　　　　C. T_S-E_1　　　　　D. T_{E1}-E_1

2. 若采用切断汽车 ECU（主要指微机部分）电源方法来清除故障代码，可以把蓄电池负极搭铁线拆下约（　　　）s。

A. 10　　　　　B. 20　　　　　C. 30　　　　　D. 5

3. 桑塔纳 2000GSi 轿车的故障诊断插座在（　　　）处。

A. 发动机舱内　　　　　　　　　　B. 变速器操纵杆前

C. 仪表板上　　　　　　　　　　　D. 副驾地板上

4. ECU 一方面接收来自空气流量传感器的进气量信号，一方面通过节气门开度与发动机转速来计算进气量，当两个的差值超过预设值时，判断为（　　　）。

A. 空气流量传感器失准　　　　　　B. 节气门位置传感器失准

C. 发动机转速传感器信号不良　　　D. 以上都不对

5. 当空气流量传感器进气格栅过脏时，会导致发动机加速时混合气（　　　）。

A. 过稀　　　　　B. 过浓　　　　　C. 滞后　　　　　D. 不确定

6. OBD-Ⅱ的数据连接器的（　　　）号引脚直接接蓄电池正极。

A. 2　　　　　B. 10　　　　　C. 16　　　　　D. 7

7. ECU 利用（　　　）的信号可以监测发动机哪个汽缸存在失火现象。

A. 曲轴位置传感器和凸轮轴位置传感器

B. 氧传感器和爆震传感器

C. 曲轴位置传感器和氧传感器

D. 节气门位置传感器和氧传感器

8. 依据氧传感器的信号来快速地增减喷油时间的是（　　　）。

A. 短期燃油修正　　　　　　　　　B. 长期燃油修正

C. 中期燃油修正　　　　　　　　　D. 以上都不对

9. 在大众车系中，如果读出的故障代码后面带"/SP"，则说明该故障代码是（　　　）。

A．偶发性故障代码　　　　　B．当前存在的故障代码

C．虚假性故障代码　　　　　D．以上都不对

10．装有电子燃油喷射系统的发动机在冷车时怠速不稳，甲说氧传感器损坏可引起此现象；乙说可能是怠速空气控制系统有故障。试问谁正确？（　　　）

A．甲正确　　　B．乙正确　　　C．两人均正确　　　D．两人均不正确

（三）简答题

1．画出框图说明电控发动机故障诊断的基本流程。

2．叙述对电控发动机进行故障诊断的基本方法。

3．画出框图说明发动机怠速不良故障诊断流程。

项目八

考核与报告

一、项目描述

本项目主要包括操作考核和学习报告两部分。

1. 知识要求

（1）掌握故障检测与排除方法。

（2）掌握学习报告书写要求。

2. 技能要求

（1）正确使用常用工具和专用工具。

（2）能正确使用各种检测设备，快速准确排除教师设置的故障，正确记录相关数据。

3. 素质要求

（1）5S：① SEIRI（整理）；② SEITON（整顿）；③ SEISO（清扫）；④ SEIKETSU（清洁）；⑤ SHITSUKE（自律）。

（2）劳动保护与安全操作。

（3）环境保护。

（4）团队协作。

（5）组织沟通能力。

（6）规范操作。

二、项目实施

1. 考核目标与要求

能够在规定时间内检测并排除发动机故障，并完成学习工作单。

2. 训练设备

（1）每组准备一台完好整车。

（2）每组准备好一个完好的万用表、诊断仪、示波器、尾气分析仪、真空压力表、油压表、维修手册和常用工具箱等。

（3）教师在发动机上设置故障。

3. 故障设置方案

电控发动机故障诊断排除工位故障设置方案见表 8-1。

表 8-1　故障设置方案

序　号	故障点设置	选取原则
1	油泵熔丝故障	在所列故障中任意选取一项
2	ECU 电源熔丝	
3	油泵继电器故障故障	
4	进气管真空泄漏故障	
5	空气流量传感器损坏	
6	喷油器堵故障	
7	火花塞无间隙故障	
8	进气管堵故障	

4. 操作步骤

1）油泵熔丝故障

（1）打开车门，检查手刹、变速器挡位，踩下离合器踏板或制动踏板，起动发动机，观察仪表指示灯，关闭点火开关。

（2）打开引擎盖，垫上左右翼子板和前围护垫。

（3）打开检测端口罩盖，接上诊断仪器，打开点火开关。

（4）通过诊断仪读取故障码，使用最终控制诊断功能测试燃油泵的工作情况（或给发动机卸压，接上三通管和油压表，起动发动机，读取油压）。

（5）拔下油泵熔丝，将万用表打到蜂鸣挡或电阻挡，校表并检测油泵熔丝通断。

（6）更换油泵熔丝，接上，起动发动机，确认故障排除。

（7）读取（或清除）故障码，验证故障是否清除彻底。

（8）发动机熄火，将棉纱布、仪器、元件、工量具等收好复位，装上检测端口罩盖和熔丝盖，将左右翼子板和前围护垫收好，关上车门和发动机罩。

（9）填写学习工作单。将读到的故障信息填写在学习工作单上故障码检测一栏相应位置，分析故障原因并总结诊断思路。

2）ECU 电源熔丝

（1）打开车门，检查手刹、变速器挡位，踩下离合器踏板或制动踏板，起动发动机，观察仪表指示灯，关闭点火开关。

（2）打开引擎盖，垫上左、右翼子板和前围护垫。

（3）打开检测端口罩盖，接上诊断仪器，打开点火开关。

（4）使用断仪诊断电控发动机，仪器显示控制单元无响应。

（5）拔下 ECU 电源熔丝，将万用表打到蜂鸣挡或电阻挡，校表并检测 ECU 电源熔丝通断。

（6）更换 ECU 电源熔丝，接上，起动发动机，确认故障排除。

（7）读取（或清除）故障码，验证故障是否清除彻底。

（8）发动机熄火，将仪器、元件、工量具等收好复位，装上检测端口罩盖和熔丝盖，将左、右翼子板和前围护垫收好，关上车门和发动机罩。

（9）填写学习工作单。将读到的故障信息填写在学习工作单上故障码检测一栏相应位置，分析故障原因并总结诊断思路。

3）油泵继电器故障

（1）打开车门，检查手刹、变速器挡位，踩下离合器踏板或制动踏板，起动发动机，观察仪表指示灯，关闭点火开关。

（2）打开引擎盖，垫上左右翼子板和前围护垫。

（3）打开检测端口罩盖，接上诊断仪器，打开点火开关。

（4）通过诊断仪读取故障码，发现有多个故障码。

（5）使用最终控制诊断功能测试燃油泵的工作情况，油泵不工作（或给发动机卸压，接上三通管和油压表，起动发动机，读取油压）。

（6）更换油泵继电器，接上，起动发动机，确认故障排除。

（7）读取（或清除）故障码，验证故障是否清除彻底。

（8）发动机熄火，将仪器、元件、工量具等收好复位，装上检测端口罩盖和熔丝盖，将左、右翼子板和前围护垫收好，关上车门和发动机罩。

（9）填写学习工作单。将读到的故障信息填写在学习工作单上故障码检测一栏相应位置，分析故障原因并总结诊断思路。

4）进气管真空泄漏故障

（1）打开车门，检查手刹、变速器挡位，踩下离合器踏板或制动踏板，起动发动机，观察仪表指示灯，关闭点火开关。

（2）打开引擎盖，垫上左、右翼子板和前围护垫。

（3）打开检测端口罩盖，接上诊断仪器，起动发动机。

（4）通过诊断仪读取故障码，无故障码。

（5）通过诊断仪读取数据流，观察到进气量信号、喷油时间、氧信号不正常。

（6）观察发动机的工作状态，能听到清晰的漏气声音，结合数据流情况确定故障原因是漏气导致。

（7）对进气管进行检查（如果堵住某进气管，故障消失，即可确认该处漏气），确认漏气部位。

（8）修复故障，起动发动机，重新读取（或清除）故障码，读取相关数据流，验证故障是否清除彻底。

（9）发动机熄火，将仪器、元件、工量具等收好复位，装上检测端口罩盖和熔丝盖，将左、右翼子板和前围护垫收好，关上车门和发动机罩。

（10）填写学习工作单。将读到的故障信息填写在学习工作单上故障码检测一栏相应位置，分析故障原因并总结诊断思路。

5）空气流量传感器损坏

（1）打开车门，检查手刹、变速器挡位，踩下离合器踏板或制动踏板，起动发动机，观察仪表指示灯，关闭点火开关。

（2）打开引擎盖，垫上左右翼子板和前围护垫。

（3）打开检测端口罩盖，接上诊断仪器，起动发动机。

（4）通过诊断仪读取故障码。

（5）通过诊断仪读取数据流，观察到进气量信号、喷油时间、氧信号。

（6）观察发动机的工作状态，发动机怠速抖动明显，结合数据流情况确定故障原因是进气信号不正常导致。

（7）用万用表检测空气流量计线路，正常。

（8）更换空气流量计，起动发动机，重新读取（或清除）故障码，读取相关数据流，验证故障是否清除彻底。

（9）发动机熄火，将仪器、元件、工量具等收好复位，装上检测端口罩盖和熔丝盖，将左、右翼子板和前围护垫收好，关上车门和发动机罩。

（10）填写学习工作单。将读到的故障信息填写在学习工作单上故障码检测一栏相应位置，分析故障原因并总结诊断思路。

6）喷油器堵故障

（1）打开车门，检查手刹、变速器挡位，踩下离合器踏板或制动踏板，起动发动机，观察仪表指示灯，关闭点火开关。

（2）打开引擎盖，垫上左右翼子板和前围护垫。

（3）打开检测端口罩盖，接上诊断仪器，起动发动机。

（4）通过诊断仪读取故障码。

（5）通过诊断仪读取数据流，观察到喷油时间、节气门开度、氧信号。

（6）观察发动机的工作状态，发动机怠速抖动明显，结合数据流情况确定故障原因可能是缺缸。

（7）逐缸断油，确认工作不正常汽缸（例如3缸不工作）。

（8）使用尾气分析仪检测排气成分，确定是喷油器工作异常，更换喷油器，起动发动机，重新读取（或清除）故障码，读取相关数据流，验证故障是否清除彻底。

（9）发动机熄火，将仪器、元件、工量具等收好复位，装上检测端口罩盖和熔丝盖，将左、右翼子板和前围护垫收好，关上车门和发动机罩。

（10）填写学习工作单。将读到的故障信息填写在学习工作单上故障码检测一栏相应位置，分析故障原因并总结诊断思路。

7）火花塞无间隙故障

（1）打开车门，检查手刹、变速器挡位，踩下离合器踏板或制动踏板，起动发动机，观察仪表指示灯，关闭点火开关。

（2）打开引擎盖，垫上左、右翼子板和前围护垫。

（3）打开检测端口罩盖，接上诊断仪器，起动发动机。

（4）通过诊断仪读取故障码。

（5）通过诊断仪读取数据流，观察到喷油时间、节气门开度、氧信号。

（6）观察发动机的工作状态，发动机怠速抖动明显，结合数据流情况确定故障原因可能是缺缸。

（7）逐缸断油，确认工作不正常汽缸（例如3缸不工作）。

（8）使用尾气分析仪检测排气成分，确定是点火系统工作异常，拆下火花塞，并更换，起动发动机，重新读取（或清除）故障码，读取相关数据流，验证故障是否清除彻底。

（9）发动机熄火，将仪器、元件、工量具等收好复位，装上检测端口罩盖和熔丝盖，将左、右翼子板和前围护垫收好，关上车门和发动机罩。

（10）填写学习工作单。将读到的故障信息填写在学习工作单上故障码检测一栏相应位置，分析故障原因并总结诊断思路。

8）进气管堵故障

（1）打开车门，检查手刹、变速器挡位，踩下离合器踏板或制动踏板，起动发动机，观察仪表指示灯，关闭点火开关。

（2）打开引擎盖，垫上左、右翼子板和前围护垫。

（3）打开检测端口罩盖，接上诊断仪器，起动发动机。

（4）通过诊断仪读取故障码，无故障码。

（5）通过诊断仪读取数据流，观察到进气量信号、喷油时间、氧信号不正常。

（6）观察发动机的工作状态，即加速，发动机加速无力，进气软管有收缩变形，确定故障原因是进气堵塞导致。

（7）对进气管进行检查，修复故障部位。

（8）起动发动机，重新读取（或清除）故障码，读取相关数据流，验证故障是否清除彻底。

（9）发动机熄火，将仪器、元件、工量具等收好复位，装上检测端口罩盖和熔丝盖，将左、右翼子板和前围护垫收好，关上车门和发动机罩。

（10）填写学习工作单。将读到的故障信息填写在学习工作单上故障码检测一栏相应位置，分析故障原因并总结诊断思路。

5. 考核要点

1）评分标准

发动机故障诊断排除评分标准见表8-2、表8-3。

其中表8-2适用于"电控发动机故障诊断与排除方案"中1、2、3所设故障；表8-3适用于"电控发动机故障诊断与排除方案"中4、5、6、7、8所设故障。

表 8-2　发动机故障诊断排除评分表 1

考核项目	考核内容	考核要求	分值	评分标准
故障诊断排除	1. 安全操作	1. 保证车辆及人身的安全 2. 做好清洁保护工作 3. 文明生产	10	1. 手划伤，扣 1 分； 2. 清洁保护物未放置，每处扣 1 分； 3. 清洁保护物不收，扣 1 分； 4. 仪器、元件、工具及棉纱等遗留，扣 1 分； 5. 未关门，扣 1 分； 6. 发动机罩未盖好，扣 1 分
	2. 量具、仪器、仪表、工具使用的规范性	1. 正确选择仪器、仪表及工具 2. 正确安装和摆放仪器、工具、元件 3. 熟练使用万用表及诊断仪	10	1. 仪器选择不当，每项扣 1 分； 2. 仪器安装不正确，扣 1 分； 3. 万用表未校准，扣 1 分； 4. 工具放置位置错误扣 1 分，使用不当扣 1 分，脱落扣 1 分； 5. 造成仪器损坏，扣 10 分
	3. 故障检测方法及有效性	正确检测元件和线路	20	1. 未关闭点火开关，拆装熔丝、继电器或电器元件，每次扣 2 分； 2. 熔丝、继电器或电器元件检测方法不正确，每次扣 5 分
	4. 检测结果的分析	正确分析故障原因，确定故障部位	25	1. 故障分析思路不清晰的，扣 5 分； 2. 故障原因分析不准导致错误换件的，扣 5 分； 3. 未确定故障部位的，扣 10 分
	5. 资料查询	正确查找维修资料	20	资料查错，每次扣 5 分
	6. 排除故障	正确排除故障并验证	15	1. 排除方法不正确的，扣 2 分； 2. 故障未排除的，扣 15 分 3. 故障排除完后未读取（清除）故障码验证故障的，扣 2 分

表 8-3　发动机故障诊断排除评分表 2

考核项目	考核内容	考核要求	分值	评分标准
故障诊断排除	1. 安全操作	1. 保证车辆及人身的安全 2. 做好清洁保护工作 3. 文明生产	10	1. 手划伤，扣 1 分； 2. 清洁保护物未放置，每处扣 1 分； 3. 清洁保护物不收，扣 1 分； 4. 仪器、元件、工具及棉纱等遗留，扣 1 分； 5. 未关门，扣 1 分； 6. 发动机罩未盖好，扣 1 分

考核项目	考核内容	考核要求	分值	评分标准
故障诊断排除	2. 量具、仪器、仪表、工具使用的规范性	1. 正确选择仪器、仪表及工具 2. 正确安装和摆放仪器、工具、元件 3. 熟练使用万用表及诊断仪	10	1. 仪器选择不当，每项扣1分； 2. 仪器安装不正确，扣1分； 3. 万用表未校准，扣1分； 4. 工具放置位置错误扣1分，使用不当扣1分，脱落扣1分； 5. 造成仪器损坏，扣10分
	3. 故障检测方法及有效性	正确检测元件和线路	20	1. 拆装电器元件，未关闭点火开关的，每次扣2分； 2. 电器元件检测方法不正确，每次扣5分； 3. 未读取故障码、数据流的，各扣5分
	4. 检测结果的分析	正确分析故障原因，确定故障部位	25	1. 故障分析思路不清晰的，扣5分； 2. 未读取关键数据流，扣5分； 3. 故障原因分析不准导致错误换件的，扣5分； 4. 未确定故障部位的，扣10分
	5. 资料查询	正确查找维修资料	20	资料查错一次，扣5分
	6. 排除故障	正确排除故障并验证	15	1. 排除方法不正确的，扣2分； 2. 故障未排除的，扣15分； 3. 故障排除完后未读取（清除）故障码验证故障的，扣2分； 4. 故障排除完后未读取数据流验证故障的，扣2分

2）考核要点分析

（1）安全操作。

① 在该工位考核过程中，如果考生发生手划伤情况扣2分。

② 如果使用整车进行考核，要求考生按规定垫好四件套（方向盘护套、脚垫、翼子板护套、前围护套），如果未放置每处扣2分。

③ 考核结束后，考生使用的仪器、元件、工具及棉纱等物体要求恢复原位，遗留一件扣2分；如果使用整车进行考核，要求考生按规定将四件套（方向盘护套、脚垫、翼子板护套、前围护套）收好，关闭车门和发动机罩盖，四件套不收一处扣2分，未关门扣1分，发动机罩未盖好扣1分。

④ 考核过程发生着火、伤亡，人为引起车辆损坏等重大事故该项扣10分。

⑤ 该项目总分为 10 分，扣完为止。

（2）仪器、仪表和量具使用的规范性。

① 检测故障码、数据流时选择仪器不当一项扣 2 分。

② 诊断仪安装、连接要规范，不正确一项扣 2 分，特别要注意接上或拆下诊断仪接口时要关闭点火开关，带电拆、装诊断仪接口一项扣 2 分。

③ 使用万用表时要求先校表，未校表使用扣 1 分。

④ 考核过程使用的仪器、仪表和工量具放置要规范，放置位置错误一次扣 1 分。

⑤ 考核过程使用的仪器、仪表和工量具使用要规范，使用不当一次扣 2 分。

⑥ 考核过程使用的仪器、仪表和工量脱落一次扣 2 分。

⑦ 考核过程造成仪器、仪表和工量具损坏的扣 10 分。

⑧ 该项目总分为 10 分，扣完为止。

（3）故障检测方法及有效性。

① 电器元件检测方法不正确，每次扣 5 分。

② 未关闭点火开关，拆装熔丝、继电器或电器元件每次扣 2 分。

③ 故障设置方案 4、5、6、7、8 中未读取故障码、数据流的，各扣 5 分。

④ 熔丝、继电器或电器元件检测方法不正确每次扣 5 分。

⑤ 该项目总分为 20 分，扣完为止。

（4）检测结果分析。

① 故障分析思路不清晰的扣 5 分。

② 故障原因分析不准导致错误换件的扣 5 分。

③ 未确定故障部位的，扣 10 分。

④ 故障设置方案 4、5、6、7、8 中漏测关键数据流一项扣 5 分。

⑤ 该项目总分为 25 分，扣完为止。

（5）资料查询。

① 在考核过程中，选手如果查询维修手册，资料查错一次扣 5 分，不查资料本项不扣分。

② 该项目总分为 20 分，扣完为止。

（6）排除故障。

① 排除方法不正确的，扣 2 分。

② 故障未排除的，扣 15 分。

③ 故障排除完后未读取（清除）故障码验证故障的扣 2 分。

④ 故障设置方案 4、5、6、7、8 中故障排除完后未读取数据流验证故障的扣 2 分。

⑤ 该项目总分为 15 分，扣完为止。

三、学习报告

（一）内容要求

1. ×××发动机电控系统的结构与原理

（1）发动机电控系统的组成。

（2）电控燃油喷射系统结构与原理。

（3）电控点火系统结构与原理。

（4）辅助控制系统结构与原理。

2. 常用检测设备的功能与使用

（1）专用诊断仪的功能与使用。

（2）万用表的功能与使用。

（3）示波器的功能与使用。

（4）尾气分析仪的功能与使用。

（5）油压表的功能与使用。

（6）真空压力表的功能与使用。

（7）其他测试仪的功能与使用。

3. ×××发动机电控系统的检测与诊断

（1）发动机电控系统检修的安全事项及规范操作要求。

（2）发动机电控系统的常见故障及产生原因分析。

（3）典型故障的诊断流程。

（4）电控系统故障诊断方法探讨（包括有故障代码诊断和无故障代码诊断）。

（5）电控系统主要部件的检测与维修。

（6）典型故障诊断维修实例分析（故障要有代表意义，维修实例要分析透彻，要有自己见解）。

（二）格式要求

学习报告要求条理清晰，语句通顺，图表清晰，内容正确，必须按参考格式要求提交 A4 纸打印稿（并附电子文稿），字数要求正文在 10 页纸以上。

参考格式要求参见学习工作单与学习评价表。

参考文献

[1] 杨益明. 汽车发动机构造与维修. 西安：西安电子科技大学出版社，2007.

[2] 中国汽车维修行业协会. 发动机与底盘检修技术（模块 D）. 上册/下册. 北京：人民交通出版社，2008.

[3] 陈文华. 发动机构造与维修. 北京：人民交通出版社，2003.

[4] 王遂双，等. 汽车电子控制系统的原理与检修：电喷发动机部分. 北京：北京理工大学出版社，2007.

[5] 闵永军. 汽车故障诊断与维修技术. 北京：高等教育出版社，2006.

[6] 张志沛. 汽车发动机原理. 北京：人民交通出版社，2003.

[7] 魏庆曜. 发动机与汽车理论. 北京：人民交通出版社，2000.

[8] 李全利. 汽车发动机构造与维修. 北京：电子工业出版社，2002.

[9] 国家技术监督局. GB 7258—2004 机动车运行技术安全条件. 北京：中国标准出版局，2004.

[10] 交通部. 汽车运输业车辆技术管理规定. 北京：人民交通出版社，1990.

[11] 交通部公路司. 汽车综合性能检测. 上海：上海科学技术文献出版社，1999.

[12] 余志生. 汽车理论. 北京：人民交通出版社，2000.

[13] 陈焕江. 汽车检测与诊断. 北京：机械工业出版社，2002.

[14] 交通部公路司. 汽车维修质量检测员岗位培训教材. 北京：科学技术文献出版社，2000.

[15] 明平顺. 现代汽车检测技术. 北京：人民交通出版社，2001.

[16] 孙勇. 现代汽车故障检修技术. 北京：科学技术文献出版社，2000.

[17] 杨益明. 汽车使用性能与检测. 北京：人民交通出版社，2002.